McLaren Formula 1

Rainer W. Schlegelmilch Hartmut Lehbrink

McLaren
Formula 1

KÖNEMANN

© 1999 Könemann Verlagsgesellschaft mbH
Bonner Straße 126, D-50968 Köln

Photography: Rainer W. Schlegelmilch
Text: Hartmut Lehbrink

Design: Christian Maiwurm
Design assistant: Ralf Podratzky
Project manager: Sally Bald
Project assistant: Monika Dauer
Typesetting: g.win./köln
Drawings: Jochen von Osterroth
Translation into English: Peter L. Albrecht
Translation into French: Jean-Luc Lesouëf
Production director: Detlev Schaper
Production assistant: Nicola Leurs
Production: Mark Voges
Reproductions: Typografik, Cologne
Printing and binding: Neue Stalling, Oldenburg
Printed in Germany

ISBN 3-8290-0945-3
10 9 8 7 6 5 4 3 2 1

Contents   Inhalt   Sommaire

6	Foreword by Emerson Fittipaldi Vorwort von Emerson Fittipaldi Préface par Emerson Fittipaldi	
8	1963–1965 Taking the Initiative Eigeninitiative Place à l'initiative	
12	1966–1970 McLaren for McLaren McLaren auf McLaren McLaren sur McLaren	
	Inset: Bruce McLaren (1937–1970) The Overachiever Exkurs: Bruce McLaren (1937–1970) Der Frühvollendete Encadré: Bruce McLaren (1937–1970) Le jeune génie	
42	1971–1979 The Mayer Era Die Ära Mayer L'ère de Mayer	
92	1980–1987 Rebirth and Renaissance Revirement und Renaissance Revirement et renaissance	
140	1988–1992 New Heights with Honda Höhenflug mit Honda La mainmise de Honda	
	Inset: The Hour before the Race Exkurs: Die Stunde vor dem Start Encadré: L'heure avant le départ	
186	1993–1996 The Lean Years Magere Jahre Les années des vaches maigres	
216	1997–1999 Comeback with Mercedes Comeback mit Mercedes Come-back avec Mercedes	
250	McLaren Cars 1966–1999	
256	Specifications	
258	Glossar / Glossaire	
259	Positions / Positionen	
259	Bibliography / Bibliographie	

Le Castellet (F) 1975

São Paulo (BR) 1994

Hockenheim (D) 1997

Festival of Speed, Goodwood (GB) 1999

Foreword

Foreword

by Emerson Fittipaldi

My decision to leave Lotus was by no means an easy one. In 1972, I had won the World Championship driving for Lotus; in 1973, I was second behind Jackie Stewart. But four years in one team is a long time, and moreover my relationship with Colin Chapman was a fairly difficult one.

I was looking for a racing team with which I could win again when McLaren presented itself. The team had not yet claimed any championships, but its prospects seemed excellent. In Teddy Mayer, the team had an extremely competent man at the helm. Gordon Coppuck was a brilliant designer, and created an outstanding car in the M23. I got along well with the many New Zealanders and Australians in the team, just as I had from the outset with Bruce, whom I met just before his death in 1970. The same was true for my teammates during those two years. Denny Hulme was a very special champion, extraordinarily tough and reticent, while Jochen Mass was open and collegial. I have happy memories of Mike Hailwood, against whom I also drove in Formula 2 in 1972. Mike the Bike enjoyed racing on two and four wheels as immensely as he enjoyed life itself, and was always ready to have some fun. We had many a laugh together.

Over the years, like any other racing team, McLaren has gone through good times and bad. Today, with Mika and Mercedes, the team enjoys a strong position which in many ways resembles that of 1974: a dedicated group of professionals and friends, highly motivated and enthusiastic – a combination with its sights on nothing but victory.

I still have strong ties to McLaren International. Mansour Ojjeh has been a good friend for many years. I got to know Ron Dennis from his time in Formula 2 in the early 1970s. Adrian Newey is a terrific designer. Few people are aware that I was responsible for bringing him into Formula 1 in 1979, for our Copersucar team.

I am very proud to have been McLaren's first world champion.

Vorwort

von Emerson Fittipaldi

Die Entscheidung, Lotus zu verlassen, war keineswegs einfach für mich. 1972 war ich auf Lotus Weltmeister, 1973 zweiter im Championat hinter Jackie Stewart. Aber vier Jahre in einem Team sind eine lange Zeit, und überdies gestaltete sich mein Verhältnis zu Colin Chapman ziemlich schwierig.

Ich sah mich nach einem Rennstall um, mit dem ich wieder siegen konnte, und da bot sich McLaren an. Man hatte zwar noch keine Meisterschaft vorzuweisen, aber die Vorzeichen standen glänzend. Mit Teddy Mayer fand sich ein sehr fähiger Mann an der Spitze des Unternehmens, Gordon Coppuck war ein brillanter Konstrukteur und hatte mit dem M23 ein hervorragendes Auto gebaut. Mit den vielen Neuseeländern und Australiern im Team kam ich gut zurecht, so wie ich mich auf Anhieb mit Bruce verstanden hatte, den ich 1970 kurz vor seinem Tod kennenlernte. Das gleiche gilt für meine Teamkollegen im Laufe jener zwei Jahre. Denny Hulme war ein sehr besonderer Champion, ungemein knorrig und schweigsam, Jochen Mass offen und kollegial. Gerne denke ich an Mike Hailwood zurück, gegen den ich 1972 auch in der Formel 2 gefahren bin. Mike the Bike genoß den Rennsport auf zwei und auf vier Rädern immens, so wie sein Leben überhaupt, und war immer für einen Spaß zu haben. Wir haben viel miteinander gelacht.

Wie jeder andere Rennstall ist McLaren im Laufe der Jahre durch Höhen und Tiefen gegangen. Heute ist das Team mit Mika und Mercedes in einer sehr starken Position, die in vieler Hinsicht der im Jahre 1974 ähnelt: eine verschworene Gemeinschaft, Profis und Freunde zugleich, sehr motiviert und enthusiastisch, eine Kombination, die nichts als den Sieg auf ihre Fahnen geschrieben hat.

Ich habe noch immer starke Bindungen zu McLaren International. Mansour Ojjeh ist seit vielen Jahren ein guter Freund. Ron Dennis lernte ich bereits während seiner Zeit in der Formel 2 Anfang der siebziger Jahre kennen. Adrian Newey ist ein großartiger Designer. Kaum jemand weiß, daß ich es war, der ihn in die Formel 1 geholt hat, 1979 bei Copersucar.

Ich bin sehr stolz darauf, der erste Weltmeister für McLaren gewesen zu sein.

Préface

par Emerson Fittipaldi

La décision de quitter Lotus n'a vraiment pas été facile à prendre. En 1972, j'avais été sacré champion du monde sur Lotus et, en 1973, j'avais terminé 2e au championnat derrière Jackie Stewart. Mais quatre ans dans la même écurie sont bien longs, d'autant plus que mes rapports avec Colin Chapman n'ont pas toujours été sans nuages.

Je me suis donc mis en quête d'une écurie qui m'offrait les moyens de vaincre à nouveau, et celle-ci s'est présentée sous les couleurs de McLaren. Elle ne pouvait, certes, encore se prévaloir d'aucun championnat, mais les présages étaient excellents. Avec Teddy Mayer, elle avait à sa tête un homme très capable et Gordon Coppuck était, quant à lui, un brillant ingénieur qui avait construit une voiture remarquable avec la M23. Je m'entendais bien avec les nombreux Néo-Zélandais et Australiens de l'écurie, de même que je me suis, d'emblée, très bien entendu avec Bruce, que j'ai connu en 1970 peu avant sa mort. Je peux en dire autant de mes coéquipiers de ces deux années-là. Denny Hulme a été un champion très particulier, extrêmement bourru et silencieux. Jochen Mass était ouvert et affable. C'est volontiers que je repense à Mike Hailwood, contre lequel j'avais déjà couru en Formule 2. Mike the Bike appréciait énormément la compétition sur deux et quatre roues, de même qu'il savait profiter de la vie et était toujours partant pour une bonne plaisanterie. Nous avons beaucoup ri ensemble.

Comme toute autre écurie aussi, McLaren a connu des hauts et des bas au cours de son histoire. Aujourd'hui, avec Mika et Mercedes, l'équipe est dans une position de force incomparable qui rappelle, à de nombreux égards, l'année 1974: une communauté soudée, constituée à la fois de professionnels et d'amis, très motivés et enthousiastes, une combinaison qui s'est donné un seul et unique objectif : voir vaincre ses pilotes.

J'entretiens aujourd'hui encore des liens très étroits avec McLaren International. Mansour Ojjeh est un grand ami depuis de nombreuses années. J'ai déjà fait la connaissance de Ron Dennis alors qu'il opérait en Formule 2, au début des années 70. Adrian Newey est un designer exceptionnel. Mais presque personne ne sait que c'est moi qui l'ai fait venir en Formule 1, quand je l'ai recruté en 1979 pour Copersucar.

Je suis très fier d'avoir été le premier champion du monde pour McLaren.

McLaren 1963–1965

"By winning with one's own car," Bruce McLaren once said, "both other drivers and other cars have been beaten... the usual ambition once a person becomes serious about motor racing is to be a works driver. This is the pinnacle of GP racing, but one can go beyond it, full circle." The ambitious New Zealander brushed aside any consideration that this coin has a flip side: doubled glory in victory is bought at the expense of even greater ignominy in defeat.

An incubation period of five years stretched between seed and harvest, between the founding of Bruce McLaren Motor Racing Limited on September 2, 1963 and the surprise victory of the youthful company founder at the wheel of his own race car at the Belgian Grand Prix in June 1968. By that time, the tautologically noteworthy concept of "McLaren wins in a McLaren" had established itself in other forms of auto racing.

At the beginning, though, we find McLaren uneasy with his job. From the start of his Grand Prix career in 1958, he has been in the employ of John Cooper. At first, his rising star is eclipsed by the long shadow of Jack Brabham, who captured the 1959 and 1960 world championships for the small racing stable. The quiet Australian leaves at the end of the 1961 season, and is henceforth to be found in race results under "Jack Brabham, driving Brabham" – to John Cooper's great discomfort. McLaren rises to the now vacant position of number one driver, backed by South African Tony Maggs. He proves his mettle in 1962 with first place finishes in Monaco and a non-championship Formula 1 event in Reims. But from that point, things go downhill. Spectacular Cooper coups become a rarity, especially since John Cooper is seriously injured in a traffic accident near the end of the 1963 season and loses much of his old fire.

McLaren's proposal for an expedition to contest the Tasman series in Australia and New Zealand in January and for two new custom-built specials in February 1964 is met with yawning disinterest by the Coopers, father and son. Added to this, new talent Timmy Mayer, who is to replace Tony Maggs, is a completely unknown quantity in the antipodes and can only command

Open to suggestions: Bruce McLaren and Ken Tyrrell, Monza, 1962.
Noch offen für Anregungen: Bruce McLaren und Ken Tyrrell 1962 in Monza.
Encore avide de conseils: Bruce McLaren avec Ken Tyrell, en 1962 à Monza.

"Seltsam", sagte Bruce McLaren einmal, „in der Formel 1 wollen alle am liebsten Werkspiloten werden. Dabei gibt es Höheres: Jeder Erfolg in einem Wagen, der deinen eigenen Namen trägt, zählt zweifach. Denn du schlägst ja andere Fahrer in anderen Autos." Daß auch diese Medaille eine Kehrseite hat, daß der Doppel-Genuß bei einem ersten Rang mit Doppel-Verdruß bei einer Niederlage erkauft werden muß, kommt im Kalkül des ehrgeizigen Neuseeländers erst gar nicht vor.

Zwischen Saat und Frucht, zwischen der Gründung der Bruce McLaren Motor Racing Limited am 2. September 1963 und dem Überraschungssieg des jugendlichen Firmen-Vaters im eigenen Fabrikat beim Großen Preis von Belgien im Juni 1968 verstreicht eine Inkubationszeit von fünf Jahren. Da hat sich indes die tautologisch anmutende Zauberformel „McLaren gewinnt auf McLaren" bereits andernorts eingeschliffen.

Am Anfang aber steht Unbehagen am Arbeitsplatz. Seit Beginn seiner Grand-Prix-Karriere 1958 zählt McLaren zum Aufgebot John Coopers. Zunächst wird sein aufgehender Stern vom langen Schatten Jack Brabhams verdunkelt, der die beiden Weltmeisterschaften 1959 und 1960 an die Fahnen des kleinen Rennstalls geheftet hat. Zum Ende der Saison 1961 geht der schweigsame Australier jedoch und ist künftig seinerseits in den Ergebnislisten unter der festen Wortverbindung „Jack Brabham auf Brabham" zu finden – nicht ohne bei John Cooper nachhaltigen Groll zu hinterlassen. In die vakante Position der Nummer 1 steigt McLaren auf, sekundiert vom Südafrikaner Tony Maggs. Er revanchiert sich 1962 mit ersten Plätzen in Monaco und einem Formel-1-Lauf in Reims, der nicht für das Championat zählt. Doch von nun an geht's bergab. Spektakuläre Cooper-Coups werden rar, zumal sich John Cooper bei einem Verkehrsunfall gegen Ende der Saison 1963 schwer verletzt und viel von seinem alten Feuer verliert.

Als McLaren für die Expedition zur Tasman-Serie in Neuseeland und Australien im Januar und Februar 1964 den Bau von zwei maßgeschneiderten Specials einfordert, begegnen ihm Vater und Sohn Cooper mit gähnendem Desinteresse. Hinzu kommt, daß das Nachwuchstalent Timmy Mayer, der den scheidenden Tony Maggs ersetzen soll, für die fernen Antipoden ein gänzlich unbeschriebenes Blatt ist und lediglich für karges Startgeld gut sein wird. Das aktuelle Formel-1-Modell, mit dem Climax-FPF-Vierzylinder von 2,5 Litern im Heck, tue es doch auch, gibt man dem energischen Bittsteller zu verstehen. Das Projekt gerät ins Wanken, mithin auch das Heimspiel für den bekennenden Kiwi Bruce McLaren.

Da platzt ihm der Kragen. Zusammen mit Timmy Mayers Bruder Teddy gründet er sein eigenes Unternehmen. Natürlich vertieft das die Risse im Zwischenmenschlichen mit den Coopers. Allerdings läßt man es nicht zum offenen Bruch kommen: Für die restlichen Jahre der 1,5-Liter-Formel bleibt Bruce Werksfahrer, 1964 an der Seite von Phil Hill, 1965 zusammen mit Jochen Rindt. Auch umspielen seine ersten eigenen Kreationen das Generalthema Cooper, variieren und verbessern Konzepte seines bisherigen Arbeitgebers. Gebaut von den beiden McLaren-Angestellten Wally Willmott und Tyler Alexander, sind die zwei Wagen für den Tasman-Zyklus schmuck und schlank, in kleidsamem Dunkelgrün mit Silberstreifen. Monocoque-Ansätze im Mitteltrakt verstärken den Gitterrohrrahmen. Im September 1963 steht ein Prototyp auf den Rädern.

Mitte der sechziger Jahre halten sich im Rennsport noch vielerorts die letzten Hochburgen des Amateurs. Der Ansatz von McLaren ist indessen von Beginn an methodisch. Man testet viel und kleckert nicht, sondern klotzt im Rahmen der Möglichkeiten. So gebietet die Tasman-Riege über fünf Triebwerke, vier Getriebe und eine Fülle wohlsortierter Ersatzteile; ein Aufwand, der von etlichen Konkurrenten mit wenig Wohlwollen aufgenommen wird.

"C'est étrange», dit un jour Bruce McLaren, «en Formule 1, tous n'ont qu'une idée en tête: devenir pilotes d'usine. Et pourtant, il y a plus glorieux: chaque succès que tu remportes avec une voiture qui porte ton propre nom compte double. En effet, tu bats d'autres conducteurs au volant de voitures d'autres constructeurs.» Mais, comme toute médaille, cela a aussi son revers et le double plaisir en cas de victoire va aussi de pair avec une double déception en cas de défaite. Mais cela ne figure bien évidemment pas dans le plan de carrière de l'ambitieux Néo-Zélandais.

Entre les semailles et les moissons, entre la fondation de la Bruce McLaren Motor Racing Limited, le 2 septembre 1963, et la victoire surprise du juvénile fondateur de la firme au volant de sa propre voiture, lors du Grand Prix de Belgique de juin 1968, il s'écoule une période de cinq ans. Entretemps, la formule magique «McLaren gagne sur McLaren» à consonance

McLaren, Gran Premio d'Italia, 1962.
McLaren beim Gran Premio d'Italia 1962.
McLaren au Gran Premio d'Italia 1962.

tautologique nous est déjà devenue familière, mais dans d'autres catégories du sport automobile.

Au début, un certain malaise flotte dans l'équipe qui a recruté le jeune pilote. Depuis qu'il a entamé sa carrière en Grand Prix, en 1958, McLaren porte la casaque de John Cooper. En un premier temps, son étoile montante pâtit de l'ombre tutélaire de Jack Brabham. Celui-ci a, en effet, inscrit les deux titres de champion du monde de 1959 et 1960 au blason de la petite écurie.

Mais, à la fin de la saison 1961, le taciturne Australien prend ses valises et on le verra désormais figurer dans les palmarès sous un binôme qui allait devenir célèbre: «Jack Brabham sur Brabham» – ce qui lui vaudra dorénavant la vindicte éternelle de John Cooper. McLaren hérite du statut vacant de pilote numéro 1 et est secondé par le Sud-Africain Tony Maggs. Il se dédouane, en 1962, en remportant la première place au Grand Prix de Monaco ainsi que lors d'une manche de Formule 1 organisée à Reims qui ne compte pas pour le championnat. Mais l'équipe est déjà sur la pente descendante. Les scoops spectaculaires se feront rares chez Cooper, d'autant plus que John Cooper sort grièvement blessé d'un accident de la circulation dont il est victime à la fin de la saison 1963 et que, dès lors, le feu sacré ne brûlera plus jamais avec autant d'intensité en lui.

Lorsque McLaren demande que soient construites deux voitures conçues spécialement pour la série Tasman organisée en Nouvelle-Zélande et en Australie en janvier et février 1964, les Cooper père et fils font preuve du désintérêt le plus total. A cela s'ajoute que le jeune espoir Timmy Mayer, qui est appelé à remplacer Tony Maggs prêt à raccrocher, est un pilote encore totalement inconnu des habitants des Antipodes et va donc pouvoir être recruté pour un salaire de misère. L'actuelle Formule 1 propulsée par le quatre-cylindres Climax FPF de 2,5 litres en position arrière suffira bien, laisse-t-on entendre à l'exigeant impétrant. Le projet risque donc de capoter et, par la même occasion, le match à domicile du brûlant kiwi Bruce McLaren serait d'emblée condamné à l'échec.

Cette fois, c'en est trop. Avec Teddy Mayer, le frère de Timmy, il fonde sa propre structure. Cela fait se fissurer encore plus les rapports avec les Cooper père et fils, mais les parties ne couperont toutefois jamais complètement les ponts: pour les dernières années de la formule 1,5 litre, Bruce restera pilote d'usine, en 1964 aux côtés de Phil Hill et, en 1965, comme coéquipier de Jochen Rindt. D'ailleurs, ses propres premières créations

minimal starting money. The Coopers tell the energetic McLaren that the current Formula 1 model, powered by a rear-mounted 2.5 liter Climax FPF, should be good enough. The prospects for the project, and with it the Kiwi driver's appearance on home turf, are questionable at best.

This is more than McLaren can stand. With Timmy Mayer's brother, Teddy, he founds his own company. Naturally, this widens the growing rift with the Coopers. Still, matters do not progress to a complete break; for the remaining years of the 1.5 liter formula, Bruce stays on as a works driver, in 1964 teamed with Phil Hill, in 1965 with Jochen Rindt. McLaren's first creations echo the general Cooper theme, modifying and improving his former employer's concepts. Built by McLaren employees Wally Willmott and Tyler Alexander, the two cars for the Tasman series are slim and trim, in dark green with silver stripes. The beginnings of monocoque design, applied to the center section, stiffen the tube frame chassis. The first prototype is finished in September 1963.

In the mid-1960s, motor racing was in many ways still the private domain of the amateur. By comparison, McLaren's effort is methodical from the very beginning. Development is characterized by extensive testing, little wasted effort, and staying within the limits of the available possibilities. By contrast, McLaren's Tasman effort includes five engines, four transmissions and a good supply of selected spare parts. Such thorough preparation is rather unwelcomed by several competitors. The effort pays off, but the 1964 expedition "down under" sees triumph and tragedy in close association. On February 29, during practice for the last race of the season at Longford, Tasmania, Timmy Mayer's car leaves the track at 200 kph and smashes against a tree. The 26-year-old driver dies en route to the hospital. Bruce McLaren however is season champion, simultaneously boss of his own team and the driving force behind his race car concept. Ahead lies the road to the future.

Early on, the young entrepreneur avoids any trace of monoculture. On the North American continent, big-bore sports cars are coming into fashion, free of the displacement limits and technical refinement found on designs elsewhere in the world. At the Players 200 in Mosport, on June 6, 1964, a green Cooper-Oldsmobile aims its eight exhaust stacks into the Canadian sky, like some caricature of a quad flak gun. Its pilot is Bruce McLaren, who wins both 100-mile heats. The bellowing one-off already has three years of history under its wheels, years characterized by reconstruction, conversion, and even evolutionary non sequiturs. It is also a perfect example of the early work of Bruce McLaren Motor Racing Limited. The car is based on a Cooper T53, which American racer and auto enthusiast Briggs Cunningham lends to 42-year-old fellow American, Walt Hansgen, for one of his two Grand Prix attempts at Watkins Glen in October 1961. Hansgen wrecks the borrowed car, which is subsequently bought by Roger Penske, who rebuilds it as a two-seater fitted with a 2.7 liter Climax engine like those used at Indianapolis. In the opinion of its second owner, these measures justify a new name: Zerex Special. The passenger seat, mandated by the racing regulations, consists of no more than a cramped emergency seat on the left, next to the centrally located driver's seat. This layout draws the fire of – and banishment by – the international motor sports regulatory body, the FIA (Fédération Internationale de l'Automobile).

Shortly thereafter, Texan oil magnate John Mecom adds the mutant racer to his stable and converts it to a two-seater, which not only meets the letter but also the spirit of the regulations. However Mecom soon loses interest in his new toy, which is again put up for sale in the spring of 1964, complete with a spare 3.9 liter Oldsmobile aluminum-block V8 built by Traco Engineering (named for Jim Travers and Frank Coon) of California. Bruce

Er zahlt sich aus, aber während der Mission „Down under" 1964 liegen Triumph und Tragödie nahe beieinander. Am 29. Februar kommt beim Training zum letzten Rennen der Serie in Longford/Tasmanien das Fahrzeug von Timmy Mayer mit 200 Stundenkilometern vom rechten Wege ab und wird von einem Baum in Stücke gerissen. Der Fahrer stirbt, gerade 26 Jahre alt geworden, auf dem Weg ins Krankenhaus. Bruce McLaren hingegen ist Champion, Chef seiner eigenen Equipe sowie treibende Kraft hinter dem Konzept seiner Rennwagen in Personalunion. Der Weg in die Zukunft ist vorgezeichnet.

Schon frühzeitig meidet der junge Unternehmer jegliche Monokultur, getreu – wenn auch in Unkenntnis – der Devise der deutschen Klassik, alle Vereinzelung sei verwerflich. Auf dem nordamerikanischen Kontinent kommen großkalibrige Sportwagen in Mode, fern jener Hubraum-Knauserigkeit und technischen Raffinesse, die vergleichbare Konstruktionen in der alten Welt auszeichnen. Beim Players 200 zu Mosport am 6. Juni 1964 reckt ein grüner Cooper-Oldsmobile seine acht Auspuffrohre wie zwei Vierlingsflaks drohend in den kanadischen Himmel. Pilot ist Bruce McLaren, der beide 100-Meilen-Läufe gewinnt. Das brüllende Unikat hat bereits ein wild

With Graham Hill, John Surtees, Maurice Trintignant, Jim Hall, Trevor Taylor and Innes Ireland; Monaco, 1963.
Mit Graham Hill, John Surtees, Maurice Trintignant, Jim Hall, Trevor Taylor und Innes Ireland 1963 in Monaco.
Avec Graham Hill, John Surtees, Maurice Trintignant, Jim Hall, Trevor Taylor et Innes Ireland, en 1963 à Monaco.

bewegtes Autoleben auf dem Buckel – drei Jahre, in denen Rekonstruktion und Umbau und selbst die evolutionäre Ungereimtheit zum Normalzustand wurden. Es ist zugleich ein Musterbeispiel für das frühe Wirken der Bruce McLaren Motor Racing Limited. Basis ist ein Cooper T53, den der amerikanische Rennfahrer und Auto-Enthusiast Briggs Cunningham seinem 42jährigen Landsmann Walt Hansgen für einen seiner beiden Grand-Prix-Ausritte insgesamt zur Verfügung stellt, in Watkins Glen im Oktober 1961. Hansgen ramponiert den Leihwagen, den Roger Penske daraufhin kauft, als Zweiplätzer neu erstehen läßt und mit einem 2,7-Liter-Climax-Triebwerk versieht, wie sie in Indianapolis verwendet werden. Diese Maßnahmen rechtfertigen nach Ansicht des rührigen Zweitbesitzers auch einen neuen Namen: Zerex Special. Die behördlich vorgeschriebene Mitfahrgelegenheit

sont fortement inspirées de ce qu'il connaît le mieux, la Cooper, puisqu'il s'agit d'extrapolations et d'améliorations des voitures de son ancien employeur. Construites par les deux mécaniciens de McLaren, Wally Willmott et Tyler Alexander, les deux voitures s'alignent à la série Tasman habillées d'une jolie et mince carrosserie de couleur vert foncé avec une bande argentée. Une ébauche de monocoque pour la partie centrale renforce le châssis tubulaire. En septembre 1963, un prototype est prêt.

Jusqu'au milieu des années 60, le dilettantisme est encore très fréquent même dans la compétition automobile. L'approche choisie par McLaren est, en revanche, dictée d'emblée par la méthode. L'équipe fait de nombreux essais, mais elle met aussi à profit toutes les possibilités qui lui sont offertes. Ainsi, en Tasmanie, l'équipe dispose-t-elle de cinq moteurs, de quatre boîtes de vitesses et d'un riche assortiment de pièces de rechange, une sophistication qui fait pâlir d'envie nombre de ses concurrents. Et cette tactique porte ses fruits. Mais, durant la mission «Down under», en 1964, triomphe et tragédie se côtoient. Lors des essais de l'ultime course de la série, à Longford, en Tasmanie, la voiture de Timmy Mayer quitte la piste à 200 km/h et se désintègre contre un tronc d'arbre. Le pilote, âgé de 26 ans,

décède dans l'ambulance qui l'emmène à l'hôpital. McLaren, à la fois chef de sa propre équipe et cheville ouvrière derrière le concept de ses voitures de course, par contre, est sacré champion. L'avenir lui tend les bras.

Très tôt déjà, le jeune chef d'entreprise évite toute monoculture. Sur le continent nord-américain, la mode est aux voitures de sport de grosse cylindrée, aux antipodes des moteurs de petite cylindrée et des raffinements techniques qui caractérisent leurs rivales de l'Ancien Monde. Pour la course des Players 200 organisée à Mosport, le 6 juin 1964, une Cooper Oldsmobile de couleur verte dresse de façon menaçante ses huit pots d'échappement telle une batterie de DCA vers le ciel canadien. Le pilote en est Bruce McLaren, qui gagne les deux manches de 100 miles. Le monstre a déjà derrière lui une vie bien mouvementée – trois années durant

McLaren gets wind of the car and sends Tyler Alexander to the States; Alexander buys the car on April 6. Time is of the essence. The car is entered for a race at Oulton Park on the following weekend, and in the days remaining two absurdities still need to be installed: Appendix C of the FIA regulations require a luggage compartment and spare tire. The rewards for McLaren's efforts are two victories that April, at Aintree and Silverstone. While the boss is travelling abroad in May, to drive for Cooper at the Grands Prix of Monaco and Holland and for Ford at the Nürburgring 1000 km race, the perennial patient is admitted into the dark, primitive quarters of Bruce McLaren Motor Racing Ltd. in New Malden, near Cooper's base in Surbiton, for some much-needed surgery. Bruce complains that the chassis "has the torsional rigidity of a soapbox." Alexander and Willmott address the problem and also swap the Indy Climax for the Traco Olds. In this configuration, the revitalized veteran again becomes a wanderer between worlds, crossing the pond to race at Mosport.

In mid-year, motivated by continued success, the team moves into a more attractive area in Feltham, Middlesex, rolls up its sleeves, and goes to work. Following established tradition, the agenda includes preparation of two Coopers for the 1965 Tasman series, development assistance for Ford's GT program, and transformation of the Ford GT40 into an open Group 7 version, under contract to the Dearborn-based auto giant. On top of it all, the six men working with McLaren begin planning their own sports car, with the aim of rising above their ambiguous, semi-autonomous existence of the past. Simple solutions are required; the McLaren-Oldsmobile Mark I, presented in September, is classically simple. A 3.9 liter, 310 bhp Traco-built V8 snarls at the driver's back. In those days, the unlikely happened immediately, while miracles took a little longer. For the Sports Car Grand Prix on September 26 at Mosport, the debutante came and saw, but did not conquer; it is relegated to third, thanks to a throttle linkage problem. Nevertheless, the scribes note that the fastest lap was set by Bruce McLaren driving a McLaren. After the race, several potential customers express interest in buying a replica of the Group 7 racer.

To unburden his handful of employees and to earn desperately needed money, in 1965 McLaren arranges with Peter Agg, the dynamic boss of mini-manufacturer Trojan (first based in Rye on England's south coast, later in Purley Way, Croydon) for a small production run of "McLaren-Elva Oldsmobiles." The deadline for the first example is the Earls Court Racing Car Show in January. Indeed, 24 copies of the prototype are built, many powered by Ford. Meanwhile, in Feltham, the McLaren payroll now numbers 18 employees. The attempt to simplify the driver's job by means of a Ferguson two-speed automatic transmission is a dead end; the concept used so successfully by the avant garde Chaparrals built by Jim Hall of Texas is a failure in the McLaren M1A. In mid-May 1965, Bruce celebrates his first win in a sports car race at Brands Hatch, using a conventional transmission. On Whit Sunday, Graham Hill adds to the victory list with a win at the helm of a McLaren-Elva Oldsmobile, and also proves that seven cylinders are sufficient – a good recommendation for a customer car. The next model, simply known as the McLaren-Elva Mark 2, is on the horizon, easily distinguished from its predecessor by its flowing curves.

By this time, Formula 1 has long enjoyed highest priority at McLaren. The timing seems right: with the start of the new three liter formula in 1966, everything changes. For the British teams, dismissed by Enzo Ferrari as "a small band of backyard mechanics," the shortage of engines is particularly acute. In Feltham, the first approach is to use the Indy motor of McLaren's own customer, Ford, reduced from its normal 4.2 liters to the Grand Prix displacement limit. In Robin Herd, Bruce McLaren has found an open-

Again Monaco, 1963: third place in the Cooper T66.
Wieder Monaco 1963: im Cooper T66, Platz drei.
De nouveau à Monaco en 1963 : troisième place sur Cooper T66.

besteht indessen lediglich aus einer dürftigen Notunterkunft links neben dem weiterhin zentral angeordneten Fahrersitz. Und so ereilt das Penske-Mobil der Bannstrahl der Motorsport-Legislative FIA (Fédération Internationale de l'Automobile).

Kurz darauf verleibt der texanische Ölmagnat John Mecom den Mutanten seinem rasenden Fuhrpark ein und verwandelt ihn in einen Zweisitzer, der nicht nur den Buchstaben, sondern auch dem Geiste des Gesetzes gehorcht. Mecom verliert jedoch bald die Lust an seinem neuen Spielzeug, das im Frühjahr 1964 erneut zum Verkauf steht, einschließlich eines 3,9 Liter Oldsmobile V8 des kalifornischen Tuners Traco Engineering (für Jim Travers und Frank Coon) als Reservemotor; Werkstoff: Aluminium. Bruce McLaren bekommt von der Sache Wind und schickt Tyler Alexander in die Vereinigten Staaten, der den Zerex Special am 6. April erwirbt. Die Zeit drängt: Schon am folgenden Wochenende ist er zu einem Sportwagenrennen in Oulton Park gemeldet, und in den verbleibenden Tagen sind noch zwei Absurditäten zu installieren, nach denen der Appendix C des FIA-Sportgesetzes verlangt: Kofferraum und Reserverad. Lohn dieser Liebesmüh: zwei Siege noch im April in Aintree und in Silverstone. Während der Chef im Mai unterwegs ist, um bei den Großen Preisen von Monaco und von Holland für Cooper und beim 1000-Kilometer-Rennen auf dem Nürburgring für Ford zu starten, wird der Dauerpatient zu stationärer Behandlung in die düster-primitive Unterkunft der Bruce McLaren Motor Racing Limited zu New Malden in der Nähe des Cooper-Standorts Surbiton eingewiesen. Das Chassis, beschwert sich Bruce, sei von der Verwindungssteifigkeit einer Seifenkiste. Alexander und Willmott schaffen Abhilfe und tauschen zugleich den Indy-Climax gegen den Traco-Olds aus. In dieser Konfiguration tritt der taufrische Veteran die Reise nach Mosport an, ein Wanderer zwischen den Welten.

Mitte des Jahres zieht man, guter Dinge und glänzend motiviert wegen des anhaltenden Erfolges, in eine attraktivere Umgebung in Feltham in der englischen Grafschaft Middlesex um und krempelt alsbald die Ärmel hoch. Auf der Agenda stehen – durchaus in der bisherigen Tradition – die Vorbereitung zweier Cooper im Hinblick auf die Tasman-Serie 1965, Entwicklungshilfe für das GT-Programm von Ford sowie die Sublimation einer offenen Gruppe-7-Version aus dem Ford GT40 von der Stange – ein Auftragswerk für den Giganten in Dearborn. Überdies beginnen die sechs Männer um McLaren mit dem Bau eines eigenen Sportwagens, mit dem man aus dem Zwitterdasein und der Halbautonomie der Vergangenheit herauszufinden gedenkt. Gleichwohl sind einfache Lösungen angesagt: Der McLaren Oldsmobile Mark I, im September vorgestellt, präsentiert sich in

lesquelles reconstruction et transformation et, même, des errements évolutionnistes ont été son lot de tous les jours. C'est simultanément un exemple d'anthologie pour la démarche précoce° de la jeune firme Bruce McLaren Motor Racing Limited. La base est une Cooper T53 que le pilote de course américain et fanatique d'automobiles Briggs Cunningham met à la disposition de Walt Hansgen, son compatriote de 42 ans, pour l'un des deux seuls Grands Prix que celui-ci disputera, en l'occurrence à Watkins Glen en octobre 1961. Hansgen endommage la voiture qui lui a été prêtée, Roger Penske l'achète immédiatement et fait reconstruire cette biplace dans laquelle il monte un moteur Climax de 2,7 litres similaire à ceux qui sont utilisés à Indianapolis. De l'avis de son second propriétaire ces mesures justifient aussi qu'on lui donne un nouveau nom: Zerex Special. Le siège passager prévu par le règlement consiste en revanche en un minuscule strapontin monté à gauche du siège conducteur toujours placé au centre. On ne s'étonnera donc pas que les fonctionnaires de la FIA (Fédération Internationale de l'Automobile) jettent l'anathème sur cette Penske. Peu de temps après, John Mecom, le magnat du pétrole texan, ajoute à sa collection de voitures de course ce mutant apatride et le transforme en une biplace. Mecom se désintéresse cependant vite de son nouveau jouet, qui est donc de nouveau mis en vente au printemps 1964, y compris un moteur V8 Oldsmobile de 3,9 litres de Traco Engineering (pour Jim Travers et Frank Coon, deux préparateurs californiens) en tant que moteur de réserve, matériau: aluminium. Bruce McLaren a vent de la chose et dépêche Tyler Alexander aux Etats-Unis avec pour mission d'y acheter la Zerex Special, ce qu'il fait le 6 avril. Le temps presse: le week-end suivant, déjà, une course de voitures de sport est programmée à Oulton Park et il va encore falloir installer, au cours des quelques jours qui restent, deux absurdités qu'exige l'Appendice C du règlement sportif de la FIA: un coffre et une roue de secours. Récompense de ces efforts: deux victoires dès avril, à Aintree et à Silverstone. En l'absence du boss, qui dispute les Grands Prix de Monaco et de Hollande pour Cooper ainsi que les 1000 km du Nürburgring pour Ford, le malade chronique est envoyé en thérapie stationnaire dans les primitifs et sombres ateliers de la Bruce McLaren Motor Racing Limited à New Malden, non loin de Surbiton, où réside également Cooper. Le châssis, se plaint Bruce, est aussi rigide qu'une caisse à savon. Alexander et Willmott y remédient et en profitent pour remplacer le Climax d'Indianapolis par l'Oldsmobile de chez Traco. Dans cette configuration, le vétéran frais comme un gardon franchit l'Atlantique en direction de Mosport, faisant la navette entre les mondes.

Vers le milieu de l'année, débordante d'optimisme et gonflée par un succès qui ne se dément pas, la jeune firme déménage dans une usine plus attrayante à Feltham, dans le comté anglais du Middlesex, où elle retrousse aussitôt ses manches pour se mettre à l'ouvrage. Respectant en cela la tradition, l'ordre du jour prévoit la préparation de deux Cooper pour la série Tasman de 1965, un programme de développement pour la GT de Ford ainsi que la sublimation d'une version Groupe 7 découverte en prenant comme base la Ford GT40 de série – un contrat lucratif passé avec le géant de Dearborn. En marge de tout cela, les six hommes de l'équipe McLaren s'attellent à la construction de leur propre voiture de sport destinée à mettre définitivement un terme aux demi-mesures et à la semi-autonomie passées. Pour cela, ils adoptent des solutions guidées par la simplicité: la McLaren Oldsmobile Mark I présentée en septembre est de la plus pure sobriété. Dans le dos du pilote, un V8 Traco de 3,9 litres et 310 ch fait entendre ses borborygmes. A cette époque-là, ce qui est impossible est immédiatement résolu, seuls les miracles durent un peu plus longtemps: inscrite pour le Grand Prix des voitures de sport du 26 septembre, de

minded engineer who is also very eager to learn. Later, Herd will be the "H" in March (for Max Mosley, Alan Rees, Graham Coaker and Robin Herd). In the fall of 1965, the prototype M2A turns its first laps on the short kidney-shaped circuit at Brands Hatch, powered by a towering 4.5 liter Traco Oldsmobile V8 at the driver's back. The car also serves as a test bed for Firestone, with whom McLaren has signed a lucrative contract. The "Mallite" monocoque, employing sandwiches of aluminum sheet and balsa wood, draws on aerospace construction practices. Later, Herd concedes that on the M2A, he gave his creative fantasies a free rein, inevitably at the cost of practicality in everyday test track use. By contrast, the M2B, Bruce McLaren Motor Racing Limited's present to itself just before Christmas, seems better suited to the testing role.

For the many motor sports journalists in and around London, as well as for the team itself, business travel is simplified by a move to new quarters at 17 David Road, Poyle Estate, Colnbrook, Buckinghamshire, a stone's throw from Heathrow Airport.

Portrait of the artist as a young man: Spa, 1962.
Portrait des Künstlers als junger Mann: Spa 1962.
Portrait de l'artiste comme jeune homme : Spa 1962.

klassischer Schlichtheit. Im Nacken des Piloten brutzelt ein Traco-V8 von 3,9 Litern und 310 PS. Unmögliches geschieht in jenen Jahren sofort, Wunder benötigen etwas länger: Für den Grand Prix der Sportwagen am 26. September wiederum in Mosport gemeldet, kommt und sieht der Debütant, siegt aber noch nicht, denn er wird durch einen Schaden am Gasgestänge auf den dritten Platz zurückgeworfen. Immerhin vermerken die Chronisten, Bruce McLaren auf McLaren sei die schnellste Runde gefahren. Zugleich melden sich zahlreiche potentielle Kunden, die an einer Replica des Gruppe-7-Renners interessiert sind.

Um seine wenigen Mitarbeiter zu entlasten und ein dringend benötigtes Zubrot zu verdienen, vereinbart McLaren mit Peter Agg, dem dynamischen Boß der Mini-Manufaktur Trojan (ansässig erst in Rye an der englischen Südküste und später Purley Way, Croydon), für 1965 eine kleine Serie mit dem Markennamen McLaren-Elva-Oldsmobile aufzulegen, Termin für den Erstling: die jährliche Rennwagenshow in Earls Court im Januar. In der Tat entstehen 24 Kopien des Prototyps, etliche davon mit Ford-Triebwerken. Inzwischen stehen in Feltham 18 McLaren-Bedienstete in Lohn und Brot. Der Versuch, dem Piloten dank einer Zweigang-Automatik von Ferguson das Handwerk zu legen, endet in einer Sackgasse: Was sich in dem avantgardistischen Chaparral des Amerikaners Jim Hall durchaus bewährt hat, entpuppt sich im McLaren M1A als Flop. Mitte Mai 1965 feiert Bruce bei einem Sportwagenlauf in Brands Hatch seinen Premierensieg, mit herkömmlichem Getriebe. Am Pfingstsonntag sattelt Graham Hill drauf mit einem ersten Platz am Lenkrad eines McLaren-Elva-Oldsmobile, wobei sich sieben Zylinder als ausreichend erweisen – für einen Kundenwagen allemal eine schöne Empfehlung. Der künftige, schlicht McLaren-Elva Mark 2 genannt, ist bereits in Sicht, vom Vorgänger durch seine schwellende Rundlichkeit gut zu unterscheiden.

Priorität genießt indessen längst das Thema Formel 1. Der Zeitpunkt scheint günstig: Mit dem Start der 3-Liter-Formel im Jahre 1966 muß man sich allenthalben neu orientieren. Prekär für die englischen Teams – von Enzo Ferrari hochmütig als ein Fähnlein von Bastlern verunglimpft – ist vor allem der Notstand auf dem Motorenmarkt. In Feltham gedenkt man sich zunächst mit der Indy-Maschine des McLaren-Kunden Ford zu behelfen, deren 4,2 Liter Hubraum allerdings auf Grand-Prix-Format geschrumpft werden müssen. Einen aufgeschlossenen und ungemein lernfähigen Ansprechpartner hat Bruce McLaren in seinem jungen Designer Robin Herd, dem „H" im späteren Markennamen March (für Max Mosley, Alan Rees, Graham Coaker und Robin Herd). Im Herbst 1965 dreht der Prototyp M2A seine ersten Runden über die „Niere" des Kurses von Brands Hatch, den mächtig aufragenden Traco-Oldsmobile V8 von 4,5 Litern im Rücken des Fahrers. Er dient nicht zuletzt als Testwagen für Firestone, mit denen McLaren einen lukrativen Vertrag abgeschlossen hat. Sein Mallite-Monocoque aus Aluminiumblättern und Balsaholz zitiert Lösungen aus der Luftfahrtindustrie. Später räumt Herd ein, er habe am McLaren M2A ein wenig seine kreative Phantasie ausgetobt – auf Kosten der Praktikabilität im unerbittlichen Alltagsbetrieb auf der Piste. Dem scheint der M2B, mit dem sich die Bruce McLaren Motor Racing Limited kurz vor Weihnachten selber ein Geschenk bereitet, schon eher gewachsen.

Für die zahlreichen in und um London herum ansässigen Motorsportjournalisten sowie für das Team selbst sind zugleich die Dienstwege kürzer geworden: Als neuer McLaren-Standort dient bis auf weiteres das Anwesen in der 17 David Road, Poyle Estate, Colnbrook, Buckinghamshire, einen Steinwurf vom Flughafen Heathrow entfernt.

nouveau à Mosport, la débutante est venue, a vu, mais n'a pourtant pas vaincu. Une timonerie d'accélérateur défectueuse l'a fait retomber à la troisième place au classement général. Au moins les journalistes pourront-ils noter dans leurs tablettes que Bruce McLaren sur McLaren aura signé le tour le plus rapide en course. Simultanément, de nombreux clients potentiels font part de leur intérêt et souhaitent acheter une réplique de ce bolide du Groupe 7.

Pour décharger ses collaborateurs d'une partie de leur travail et pour faire rentrer dans les caisses l'argent dont il a besoin, McLaren passe un contrat avec Peter Agg, le dynamique chef de la mini-manufacture Trojan (qui a son siège à Rye, sur la côte Sud de l'Angleterre, mais déménagera plus tard dans la Purley Way, à Croydon), pour faire construire en 1965 une petite série sous le nom de marque McLaren-Elva-Oldsmobile. Il n'y a pas de temps à perdre, car la présentation du nouveau bolide est prévue pour le Salon de la Voiture de course organisé en janvier de chaque année à Earls Court, à Londres. De fait, le prototype est construit à 24 exemplaires, un grand nombre étant propulsés par des moteurs Ford. Entre-temps, 18 personnes émargent sur les fiches de salaire de McLaren à Feltham. La tentative de faciliter le travail du pilote grâce à une boîte automatique Ferguson à deux rapports se solde par un échec: ce qui a parfaitement fait ses preuves dans la Chaparral futuriste de l'Américain Jim Hall donne un résultat catastrophique dans la McLaren M1A. A la mi-mai 1965, lors d'une course pour voitures de sport organisée à Brands Hatch, Bruce fête sa première victoire, avec une boîte conventionnelle. Le dimanche de la Pentecôte, Graham Hill enfonce le clou en remportant une première place au volant d'une McLaren-Elva-Oldsmobile, le nombre de sept cylindres s'avérant parfaitement suffisant à cette occasion – pour une voiture client, une recommandation flatteuse. La relève, baptisée en toute simplicité McLaren-Elva Mark 2, est déjà en vue et se distingue par ses galbes épanouis.

Mais c'est la Formule 1 qui a, depuis longtemps, la priorité. Les circonstances semblent favorables : avec l'introduction de la formule 3 litres, en 1966, tout le monde doit, en effet, repartir d'une feuille blanche. La situation était précaire pour les écuries anglaises – qu'Enzo Ferrari surnommait avec condescendance bande de garagistes – notamment sur le marché des moteurs. A Feltham, on espère tout d'abord se tirer d'affaire avec le moteur Indy de Ford, un client de McLaren, dont la cylindrée de 4,2 litres doit toutefois être réduite aux trois litres prévus par le règlement pour les Grands Prix. Bruce McLaren a un interlocuteur ouvert et d'une intelligence aiguë en la personne de son jeune designer Robin Herd, le «H» du futur acronyme March (pour Max Mosley, Alan Rees, Graham Coaker et Robin Herd). A l'automne 1965, le prototype M2A accomplit ses premiers tours de roues sur le petit circuit de Brands Hatch, avec, dans le dos du pilote, l'encombrant V8 Traco-Oldsmobile de 4,5 litres. Elle ne sert pas seulement de voiture-laboratoire pour Firestone avec laquelle McLaren a signé un juteux contrat. Sa monocoque en mallite, un sandwich de plaques d'aluminium et de balsa, est en droite ligne inspirée de solutions chères à l'industrie aéronautique. Plus tard, Herd concédera que, avec la McLaren M2A, il a un peu laissé libre cours à son imagination créatrice – au détriment du caractère pratique dans la réalité impitoyable des circuits. Un reproche que l'on ne pourra formuler à l'égard de la M2B, un cadeau que s'est en quelque sorte fait elle-même la Bruce McLaren Motor Racing Limited juste avant Noël.

Accessoirement, les déplacements vont diminuer pour les nombreux journalistes spécialistes de la compétition automobile domiciliés à Londres et aux alentours ainsi que pour l'écurie elle-même: le 17 de la David Road, Poyle Estate, à Colnbrook, dans le Buckinghamshire, à un jet de pierre de l'aéroport d'Heathrow, va désormais servir de domicile officiel à McLaren.

McLaren 1966

In the 1966 season, three Grand Prix drivers start in race cars of their own manufacture: Jack Brabham, Dan Gurney and Bruce McLaren. Three liters of displacement are the order of the day. In the confusion and disorder of the new formula, the Australian makes the best of it and clinches his third world championship. The lanky Californian and his Eagle finish in the bottom third of the field, with a one point lead over the New Zealander. These are unremarkable debuts for what will be markedly different careers.

The McLaren M2B arrives on the scene with impressive credentials. Its monocoque, again composed of

aluminum and balsa, is one of the stiffest in the field. In the course of 3000 test kilometers, designer Robin Herd is able to weed out design mistakes and weaknesses of the M2A. In place of the 4.5 liter Oldsmobile V8, the engine bay houses a product of Olds' rival, Ford. Bruce had Traco, of Culver City, California, convert five of Ford's Indy power plants for F1 duty. However, where the original Ford 4.2 liter produced a solid 470 horsepower, the three-liter variant musters only 300 bhp on the dynamometer, far short of the 335 bhp expected by a rough calculation based on the ratio of the displacements. Furthermore, the engine is too big and too heavy. A further deficiency spoils the premiere of the green and white racer at Monaco on May 22: the usable torque band of the Ford V8, teamed with a four-speed ZF transmission, is too narrow. The car manages tenth place on the grid. In the race, McLaren drops out after nine laps with a burst oil line. The Traco-Ford is shipped back to Culver City for refitting and overhaul. Meanwhile, the team struggles on with a sports car engine graciously provided by Count Giovanni Volpi, owner of Scuderia Serenissima. It is 40 bhp down on the Ford, and where the rough-and-ready American mill exhausted through the center of the V, the Italian engine has side exhausts. This leads to several modifications to the rear of the monocoque. For the infamous rain race on June 12 at Spa, the Mecca of full-throttle motoring, McLaren is unable even to qualify. Four weeks later, at the British Grand Prix at Brands Hatch, Lady Luck finally smiles on the McLaren-Serenissima: sixth place after a race marked by retirements, and the first championship point for McLaren driving a McLaren. In this first season, resources are stretched too thin to field a second car for Chris Amon, as planned. However, the team is encouraged by a fifth place at the US Grand Prix at Watkins Glen, on October 2, once again powered by Ford. A blown engine at the finale in Mexico City caps the season on a sour note; as has long been known in Colnbrook, there is much work to be done.

The 1966 season is not a total loss. At the 24 Hours of Le Mans, June 18 and 19, the Kiwi team of McLaren/Amon drives the mighty Ford Mark II to victory.

Orientation Day: concerned expressions on the faces of Phil Kerr, Bruce McLaren and Teddy Mayer – left to right – at the Monaco debut (left). The Traco-built Ford, with 100 bhp per liter, simply does not produce enough power (above, right).

Orientierungsstufe: Sorgenvolle Mienen bei Phil Kerr, Bruce McLaren und Teddy Mayer – von links nach rechts – beim Debüt in Monaco (links). Der Traco-Ford gibt mit 100 PS je Liter Hubraum einfach zu wenig Leistung ab (oben, rechts).

Désillusion: déception chez Phil Kerr, Bruce McLaren et Teddy Mayer – de gauche à droite – lors des débuts à Monaco (à gauche). Le Traco-Ford, avec ses 100 ch au litre, manque tout simplement de puissance (en haut, à droite).

Drei Grand-Prix-Piloten starten 1966 auf Rennwagen, die ihren eigenen Manufakturen entstammen: Jack Brabham, Dan Gurney und Bruce McLaren. Drei Liter Hubraum sind angesagt. Aus den Irrungen und Wirrungen der neuen Formel macht der Australier das Beste und münzt sie in seine dritte Weltmeisterschaft um. Der lange Kalifornier landet mit seinem Eagle im hinteren Drittel mit einem Punkt Vorsprung vor dem Neuseeländer: Das sind unscheinbare Debüts für gänzlich unterschiedliche Karrieren.

Dabei bringt der McLaren M2B durchaus gute Voraussetzungen mit: Sein Monocoque, wiederum komponiert aus Aluminium und Balsaholz, gehört zu den steifsten im Starterfeld. Schwächen und Ungereimtheiten konnte Designer Robin Herd nach über 3000 Testkilometern mit dem Vorgänger M2A ausmerzen. Anstelle des Oldsmobile V8 mit 4,5 Litern ist planmäßig ein Produkt des Rivalen Ford im Motorenabteil des M2B eingezogen: Fünf von dessen Indy-Triebwerken hat Bruce McLaren bei Tuner Traco in Culver City, Kalifornien, für Formel-1-Zwecke konvertieren lassen. Nur: Wo die Originalversion von 4,2 Litern mit robusten 470 PS aufwartete, bringt die Dreiliter-Variante lediglich rachitische 300 PS auf die Bremse und nicht die in einer kühnen Milchmädchenrechnung ermittelten 335 PS. Zu groß und zu schwer ist sie auch. Und noch ein weiteres Manko vergiftet die Premiere des weißgrünen Wagens in Monaco am 22. Mai: Allzu schmal ist der nutzbare Drehzahlbereich des Ford-Achtzylinders, den man mit einem Vierganggetriebe von ZF zusammengespannt hat. Das reicht für Startplatz 10. Im Rennen scheidet McLaren nach neun Runden aus: Eine Ölleitung ist geplatzt. Der Traco-Ford wird erst einmal zur Nachrüstung in Culver City eingeliefert.

In der Zwischenzeit behilft man sich mit einem Sportwagenmotor, den Graf Giovanni Volpi, Chef der Scuderia Serenissima, hochherzig zur Verfügung gestellt hat. Er ist um 40 PS schwächer als der Ford und hat seitliche Auspuffrohre, während diese bei dem rauhen Amerikaner aus der Mitte des V herauswuchern. Das führt zu einigen Modifikationen am hinteren Teil des Monocoque. Für das berüchtigte Regenrennen im Vollgas-Dorado Spa am 12. Juni kann sich McLaren gar nicht erst qualifizieren. Beim Großen Preis von England in Brands Hatch vier Wochen später aber lächelt die Fortuna der Pisten milde über dem McLaren-Serenissima: Platz sechs in einer Orgie der Ausfälle, der erste Punkt für Bruce McLaren auf McLaren. Für einen zweiten Wagen, der in dieser Saison für Chris Amon vorgesehen war, langt es hinten und vorne nicht. Ermutigend wirkt jedoch Rang fünf beim Grand Prix der USA in Watkins Glen am 2. Oktober, nun wieder Ford-getrieben, während ein Motorplatzer beim Finale in Mexico City einen schrillen Akzent setzt: Es gibt, so hat man in Colnbrook längst erkannt, viel zu tun.

Im übrigen ist man durchaus nicht leer ausgegangen: Beim 24-Stunden-Rennen von Le Mans am 18. und 19. Juni 1966 etwa siegte die Kiwi-Riege McLaren/Amon auf dem mächtigen Ford Mark II.

En 1966, trois pilotes de Grand Prix courent sur des voitures portant leur propre nom: Jack Brabham, Dan Gurney et Bruce McLaren. Le règlement prévoit une cylindrée de trois litres. C'est l'Australien qui tire le mieux profit des incertitudes et aléas de la nouvelle formule et coiffe donc sa troisième couronne de champion du monde. Avec son Eagle, le grand Californien termine en fin de peloton avec un point d'avance sur le Néo-Zélandais: débuts anodins pour des carrières qui prendront chacune une tournure totalement différente.

Les gènes de la McLaren M2B sont prometteurs: sa monocoque, toujours en sandwich d'aluminium et de balsa, est l'une des plus rigides du plateau. Après plus de 3000 km d'essais avec sa devancière, la M2A, le designer Robin Herd a éradiqué ses défauts. A la place du V8 Oldsmobile de 4,5 litres, on trouve comme moteur de la M2B un propulseur de la marque rivale Ford: Bruce McLaren a fait convertir chez le préparateur Traco, à Culver City, en Californie, cinq de ses moteurs d'Indianapolis pour les adapter au règlement de la Formule 1. Mais la déception est grande: là où le 4,2 litres original pouvait se prévaloir de 470 ch fiables, les 3 litres ne développent au frein que 300 rachitiques chevaux et non pas les 335 annoncés avec un optimisme injustifié. De plus, il est trop encombrant et trop lourd. Un autre défaut assombrit aussi la première de la voiture vert et blanc à Monaco, le 22 mai: la plage de régimes utilisable du huit-cylindres Ford accolé à une boîte ZF à quatre vitesses est trop étroite. Cela suffit tout juste pour une dixième place sur la grille de départ. En course, McLaren abandonne au bout de neuf tours: une durit d'huile s'est rompue. Le Traco-Ford est tout d'abord renvoyé à Culver City pour que les motoristes revoient leur copie.

Entre-temps, on se dépanne avec un moteur de voiture de sport que le comte Giovanni Volpi, le propriétaire de la Scuderia Serenissima, a prêté avec générosité. Il développe 40 ch de moins que le Ford, a des tuyaux d'échappement latéraux alors que ceux du brutal moteur américain sortaient du milieu du V. Cela impose quelques modifications de la partie arrière de la monocoque. McLaren ne parvient même pas à se qualifier pour la course sur le célèbre et dangereux circuit belge de Spa, le 12 juin. Mais, un mois plus tard, au GP de Grande-Bretagne disputé à Brands Hatch, la fortune des circuits sourit à la McLaren-Serenissima: elle termine 6e à la suite d'une hécatombe d'abandons, le premier point pour Bruce McLaren sur McLaren! A court de moyens, l'écurie n'arrivera, cependant jamais à construire une seconde voiture pour Chris Amon cette saison-là. Mais elle reçoit un nouvel encouragement avec une cinquième place au GP des Etats-Unis, à Watkins Glen, le 2 octobre – de nouveau avec un moteur Ford – alors qu'une explosion de moteur lors de la finale, à Mexico City, réduit à néant tous les espoirs de l'équipe. A Colnbrook, il y a longtemps que l'on s'était aperçu qu'il y avait beaucoup à faire.

La saison n'aura toutefois pas été aussi mauvaise que cela: aux 24 Heures du Mans, les 18 et 19 juin 1966, l'équipe de kiwi McLaren/Amon termine 1re sur Ford Mark II.

Same chassis, different engines: Bruce McLaren with the Ford at Monaco (1), and with the Serenissima engine at Brands Hatch (2). All show, no go: the modified Indy power plant is big and loud but is underpowered (3).

Gleiches Chassis, verschiedene Motoren: Bruce McLaren mit dem Ford in Monaco (1) und dem Serenissima in Brands Hatch (2). Halbstark: Das modifizierte Indy-Triebwerk ist schwächlich, dafür aber groß und laut (3).

Même châssis, mais moteurs différents: Bruce McLaren avec le Ford à Monaco (1) et le Serenissima à Brands Hatch (2). Demi-portion: le moteur Indy modifié est lymphatique, mais, en revanche, encombrant et tonitruant (3).

3

McLaren for McLaren

McLaren 1967

In Formula 1 it is not always the case that one has to pay one's dues before achieving success; the story of Walter Wolf in 1977 is a classic example. Ten years earlier, Bruce McLaren had to struggle through an entire season with victory seemingly just beyond his grasp, like the apple just beyond the grasp of Tantalus, the wayward son of the gods in Greek mythology. There is a definite lack of continuity in the team. The New Zealander falls back on the M4B, originally a Formula 2 car, presented as the M4A in February and built in a small series of ten examples by Tro-

jan in Croydon. Designer Robin Herd has abandoned the costly and complex Mallite process, and created an aluminum monocoque. He chops off the rear end and integrates the engine, a BRM 2.1 liter V8, as a stressed member. In the same month, Colnbrook sees the birth of the purebred Grand Prix chassis of the M5A, a harbinger of things to come. Its designated power plant is a three-liter V12 engine, allegedly developing 370 bhp at 9750 rpm and available to customers from British Racing Motors of Bourne.

At the Monaco Grand Prix on May 7, the stopgap M4B leaves an excellent impression. It is a race for the New Zealanders; Denny Hulme wins in a Brabham, Chris Amon comes in third in a Ferrari, and Bruce McLaren in a McLaren finishes fourth. The quick little car might have done even better had the battery not begun discharging. Four weeks later, in Zandvoort, McLaren hits a patch of oil in the fast right-hander before the start-finish straight, causing extensive damage to the red and white car, but fortunately escaping injuries. McLaren the car is missing from the entry list for Belgium, but McLaren the man still lands a ride. As the three-liter BRM is still not ready, his colleague and friend Dan Gurney gives him a seat for the next three races as a guest driver on his All American Racers Inc. team.

The M5A is finally ready in August – praised by the racing press as a feast for the eyes as well as a clean piece of work. It is also a capable design; after only 50 test kilometers at Goodwood, it is shipped to Mosport, to mix it up with the leaders in the Canadian Grand Prix on August 27, until its disappointed pilot is forced to pit to replace a boiled-over battery. In Monza, a red McLaren adds color to the first row, ahead of Ferrari red in the second row. Engine damage with only a few laps to go ends any chances of a good placing. Bruce McLaren also drops out of the Grands Prix of Watkins Glen and Mexico City.

The red M5A later enters a rather unusual retirement: mounted vertically to a wall, it decorates the living room of Jo Bonnier, president of the Grand Prix Drivers Association, in Lausanne, Switzerland.

Nicht immer gilt in der Formel 1 das strenge Diktum, Lehrjahre seien keine Herrenjahre, wie das Beispiel des Quereinsteigers Walter Wolf 1977 beweist. Bruce McLaren muß sich zehn Jahre zuvor noch eine ganze Saison gedulden, obwohl der Sieg manchmal so greifbar erscheint wie jene Äpfel, die dem ungeratenen Göttersohn Tantalus im griechischen Mythos als Dauerfolter schnöde vorenthalten werden. Vor allem mangelt es an Kontinuität. Bei dem M4B, auf den der Neuseeländer anfänglich zurückgeworfen ist, handelt es sich um einen gebürtigen Formel-2-Wagen, der im Februar als M4A vorgestellt und dann bei Trojan in Croydon in einer Miniserie von zehn Exemplaren aufgelegt wurde. Konstrukteur Robin Herd hat sich inzwischen von dem aufwendigen und kostspieligen Mallite-Verfahren verabschiedet und das Monocoque aus Duralumin zusammengeschichtet. Das hintere Ende trennt man kurzerhand ab und integriert als tragendes Element das Triebwerk, einen BRM V8 mit 2,1 Litern. Vom gleichen Monat an harrt in Colnbrook das reinrassige Grand-Prix-Chassis M5A der Dinge, die da kommen sollen, bis auf weiteres jedoch nicht eintreffen: jenes V12-Aggregat von drei Litern, das Kunden bei den British Racing Motors in Bourne käuflich erwerben können, mit 370 PS bei 9750/min, wie es heißt.

Beim Grand Prix von Monaco am 7. Mai hinterläßt die Notlösung M4B einen tadellosen Eindruck. Da schlägt überhaupt die Stunde der Neuseeländer, als Denny Hulme auf Brabham siegt, Chris Amon im Ferrari dritter wird und Bruce McLaren mit dem McLaren den vierten Platz belegt. Für das flinke kleine Auto wäre sogar noch mehr dringewesen, hätte sich nicht die Batterie immer mehr entleert. Vier Wochen darauf in Zandvoort gleitet McLaren in der schnellen Rechtskurve vor der Zielgeraden auf einer Ölspur aus und ramponiert den rotweißen Wagen, ohne selbst Schaden zu nehmen.

In Belgien fehlt McLaren. Da der BRM-Dreiliter noch immer auf sich warten läßt, stellt ihn Kollege und Freund Dan Gurney für die nächsten drei Läufe als Gastpilot in seiner All American Racers Inc. ein.

Im August ist der M5A schließlich fertig – Augenweide und blitzsauberes Werkstück zugleich, wie die Fachpresse lobend anmerkt. Etwas zu bieten hat er auch: Nach nur 50 Testkilometern in Goodwood nach Mosport spediert, mischt er beim Großen Preis von Kanada am 27. August in der Spitzengruppe mit, bis der enttäuschte Lenker eine leergekochte Batterie ersetzen lassen muß. In Monza findet sich McLaren-Rot in der ersten Startreihe vor Ferrari-Rot in der zweiten. Ein Motorschaden wenige Runden vor Schluß verhindert allerdings eine gute Plazierung. Die Grand Prix in Watkins Glen und Mexico City

schließt Bruce McLaren mit weiteren Ausfällen ab.

Der rote M5A wird später einem geruhsamen Altenteil zugeführt: als vertikal angebrachter Wandschmuck im Wohnzimmer des Vorsitzenden der Pilotenvereinigung Jo Bonnier in Lausanne.

En Formule 1, la devise selon laquelle les années d'apprentissage ne sont pas des années de grand seigneur n'est pas toujours valide, comme le prouve l'exemple du succès météorique de Walter Wolf en 1977. Dix ans auparavant, Bruce McLaren doit encore patienter toute une saison, bien que la victoire lui semble parfois tellement proche – telle la branche de pommier qui échappe à Tantale, le désobéissant fils des dieux, dans la mythologie grecque.

Mais il y a surtout un manque de continuité. La M4B, à laquelle le Néo-Zélandais est, à l'origine, contraint de recourir, est en réalité au tout début une voiture de Formule 2 qui a été présentée en février sous le nom de M4A et a été construite chez Trojan, à Croydon, en une minisérie de dix exemplaires. Entretemps, le constructeur Robin Herd a abandonné le procédé sophistiqué et coûteux de coque en mallite et réalisé une monocoque en duralumin. Il en découpe l'extrémité postérieure et y implante, comme un élément porteur, le moteur, un V8 BRM de 2,1 litres de cylindrée. A partir de ce mois, à Colnbrook, le véritable châssis de Grand Prix, la M5A, attend la suite des événements qui sont censés venir, mais ne se produisent cependant pas: à savoir le V12 de 3 litres que les clients devraient pouvoir acheter à British Racing Motors, à Bourne, et qui est crédité d'une puissance de 370 ch à 9750 tr/min. C'est en tout cas ce que l'on prétend.

Lors du Grand Prix de Monaco, le 7 mai, la solution d'appoint, la M4B, fait forte impression. Cette année-là, les Néo-Zélandais se mettront à l'honneur puisque Denny Hulme remportera la victoire sur Brabham, Chris Amon terminera 3e sur Ferrari et Bruce McLaren occupera la quatrième place avec une McLaren. La maniable petite voiture aurait pu faire même encore mieux si la batterie ne s'était pas déchargée de plus en plus vite. Un mois plus tard, à Zandvoort, McLaren dérape sur une trace d'huile, dans le rapide virage à droite juste avant la ligne d'arrivée, et s'il endommage sa voiture rouge et blanc, il sort en revanche lui-même indemne de cet accident.

En Belgique, McLaren brille par son absence. Comme le trois litres BRM se fait toujours attendre, son collègue et ami Dan Gurney le recrute pour les trois Grands Prix suivants comme pilote dans son écurie All American Racers Inc.

En août, la M5A est enfin terminée – elle est d'une grande beauté et d'un niveau de finition remarquable, comme le constatent, élogieux, les journalistes spécialisés. Et, qui plus est, elle est bien née: à l'issue de seulement 50 km d'essai à Goodwood, envoyée à Mosport, elle joue tout de suite dans la cour des grands lors du Grand Prix du Canada, le 27 août, jusqu'à ce que le pilote, déçu, doive faire remplacer une batterie qui refuse tout service. A Monza, le rouge de McLaren figure en première ligne au départ, devant le rouge de Ferrari en seconde ligne. Une panne de moteur à quelques tours de l'arrivée empêche toutefois un bon résultat. Pour Bruce McLaren, les Grands Prix de Watkins Glen et de Mexico City se termineront eux aussi par un abandon.

La M5A rouge bénéficiera plus tard d'une retraite paisible: comme décoration, accrochée à la verticale au mur du salon du président de l'Association des Pilotes de Grand Prix, Jo Bonnier, à Lausanne.

In Monaco, McLaren, driving the small, pudgy M4B, makes a respectable showing (left, above). Manifest destiny: gridded third with the M5A at Monza (below). In charming company at the Grand Prix de l'A.C.F in Le Mans (right).

Behelfs-Ausfahrt: In Monaco schlägt sich McLaren in dem kleinen und pummeligen M4B respektierlich (links, oben). Manifester Fortschritt: Einparken auf Startplatz drei mit dem M5A in Monza (unten). Gut behütet: in charmanter Gesellschaft beim Grand Prix A.C.F. zu Le Mans (rechts).

L'horizon s'éclaircit: à Monaco, avec la compacte et joufflue M4B, McLaren signe une prestation flatteuse (à gauche, en haut). Progrès manifestes: troisième place sur la grille avec la M5A à Monza (en bas). Bien encadré: en charmante compagnie au Grand Prix de l'A.C.F., au Mans (à droite).

Clean solution: the 2.1 liter BRM V8, which propels the M5A to a noteworthy performance at Monaco, was developed for the Tasman series (1, 3). Cheaper by the dozen: the 90 added horsepower of the V12 by the same makers were most welcome at Monza, the mecca of fullbore racing (2).

Saubere Lösung: Der BRM-V8 mit 2,1 Litern, der den M5A in Monaco zu bemerkenswerten Leistungen beflügelt, wurde für die Tasman-Serie entwickelt (1, 3). Dutzend-Ware: Die 90 Mehr-PS des V12 aus dem gleichen Hause sind im Vollgas-Mekka Monza höchst willkommen (2).

La bonne solution: le BRM-V8 de 2,1 litres, qui a donné des ailes à la M5A à Monaco, a été mis au point pour la série Tasman (1, 3). Treize à la douzaine: les 90 ch supplémentaires du V12 BRM sont vraiment les bienvenus dans le temple de la vitesse qu'est Monza (2).

McLaren 1968

The M7A monocoque for the 1968 season is the legacy of Robin Herd, whom Bruce McLaren is dismayed to let go. The young Briton leaves for Cosworth Engineering in Northampton. There, he is entrusted with the design of the all-wheel drive special, the 4WD, which, as of 1971, is to grace Tom Wheatcroft's Donington Collection as a glorious example of an evolutionary dead end. At McLaren, the position is filled by Gordon Coppuck, who followed Herd to McLaren from the National Gas Turbine Establishment in Farnborough. The boss himself sees to the suspension design; single-handedly, Bruce provides internal technology transfer by adopting the suspension geometry of the then-current CanAm model, the M6A.

As if to balance Herd's departure, good things arrive from Northampton in the guise of five examples of the incredible Cosworth DFV engine, valued at £37,500. In the years to come, the "Double Four Valve" would level the Formula 1 playing field; a DFV almost guaranteed success. The driver line-up is also first rate: McLaren himself, his fellow New Zealander and 1967 world champion Denny Hulme, and for the last three races Dan Gurney, whose own Eagle project has meanwhile lost momentum. After careful deliberation, the color chosen for the M7A is the same bright orange used on the CanAm McLarens; it is as readily visible on the television screen as it is in competitors' rear view mirrors.

Early pre-season successes provide good omens for the actual championship races; in March, McLaren wins the Brands Hatch Race of Champions, and in April the International Daily Express Trophy at Silverstone. Hulme finishes third and second respectively.

Bruce McLaren's Grand Prix victory at Spa on June 9 (his only Grand Prix victory at the wheel of his own car) comes as a total surprise, even to the New Zealander. He does not

notice that at the start of the last lap, race leader Jackie Stewart, in a Matra, disappears over the hill toward Eau Rouge and enters the pits for a splash of fuel. The McLarens are not in fighting trim until Monza, partly because of the latest Goodyear G9 tires. Hulme wins even without resorting to the outrageous wings favored by most of his competitors, with nearly one lap in hand. Two weeks later, he arrives in St. Jovite to defend his previous year's crown. There, Canadian fans experience what they have come to expect from the CanAm series: the Bruce & Denny Show. Only this time, Hulme finishes in first place, with McLaren directly behind. At Watkins Glen, Hulme wrecks M7A chassis number 2 on the 93rd lap. Stewart wins, making him a contender for the 1968 world championship alongside the grizzled Kiwi and Lotus pilot Graham Hill. The contest will be decided at the season's finale in Mexico City, in early November. There, luck is not on the side of Hulme; on lap 11, a shock absorber breaks, the car crashes against the guardrail and tears off both left wheels. McLaren finishes second behind Hill, saving the honor of the young team. Indeed, the first real season for Bruce McLaren Motor Racing Ltd. is a satisfying one.

Das Monocoque des M7A für die Saison 1968 ist das Vermächtnis Robin Herds, den Bruce McLaren grollend entlassen muß: Der junge Brite geht zu Cosworth Engineering nach Northampton. Dort betraut man ihn mit dem Bau des allradgetriebenen Sonderlings 4WD, der ab 1971 als schimmerndes Dokument eines Irrwegs in Tom Wheatcrofts Donington Collection zu besichtigen sein wird. Seinen Platz nimmt Gordon Coppuck ein, der Herd vom National Gas Turbine Establishment in Farnborough zu McLaren gefolgt ist. Um die Aufhängung kümmert sich der Chef selbst und sorgt eigenhändig für innerbetrieblichen Technologie-Transfer: Ihre Geometrie entspricht der des aktuellen CanAm-Modells M6A.

Aus Northampton kommt im Gegenzug zu Herds Fraktionswechsel nur Gutes in Gestalt von fünf Exemplaren (Gegenwert 37 500 £) des Wundertriebwerks Cosworth DFV, das in den nächsten Jahren in der Formel 1 zum demokratischen Medium fast schon mit Erfolgsgarantie werden wird. Vom Feinsten ist auch die Fahrerausstattung: McLaren selbst, sein Landsmann und Weltmeister 1967 Denny Hulme und für die drei letzten Läufe auch Dan Gurney, dessen eigenem Eagle-Projekt in der Zwischenzeit der Saft ausgegangen ist. Als Farbe für den M7A wählt man mit Bedacht jenes Orange, das sich an den CanAm-McLaren bereits bewährt hat: Es ist auf dem Bildschirm wie im Rückspiegel gleichermaßen gut zu erkennen.

Die Omina für die eigentliche Saison lesen sich ermutigend: McLaren gewinnt das Race of Champions in Brands Hatch im März und die International Daily Express Trophy in Silverstone im April, Hulme wird jeweils dritter und zweiter.

Von seinem Grand-Prix-Sieg in Spa am 9. Juni, dem ersten (und letzten) für Bruce McLaren auf McLaren, wird der Neuseeländer indessen regelrecht überrumpelt. Er hatte nicht bemerkt, wie der führende Matra-Pilot Jackie Stewart am Anfang der letzten Runde in der Boxengasse rechts vom Gefälle Richtung Eau Rouge zum Nachtanken verschwand. Zu voller Kampfstärke laufen die McLaren-Wagen allerdings erst in Monza auf, nicht zuletzt dank dem neuesten Goodyear-Pneu G9. Hulme siegt auch ohne das wild wuchernde Flügelwerk der meisten seiner Konkurrenten mit fast einer Runde Vorsprung und schickt sich in St. Jovite 14 Tage später an, seine Krone vom Vorjahr zu verteidigen. Dort bekommen die Kanadier zu sehen, was sie von der CanAm-Serie zu sehen gewohnt sind: die Bruce & Denny-Show – nur daß diesmal Hulme Rang eins belegt und McLaren den zweiten Platz. In Watkins Glen ramponiert Hulme in der 93. Runde den M7A mit der Chassisnummer 2. Stewart gewinnt und kommt nun neben dem knorrigen Kiwi und Lotus-Piloten Graham Hill auch noch als Weltmeister 1968 in Frage. Beim Finale in Mexico City Anfang November sollten die Würfel fallen.

Dort aber laufen die Dinge gegen den Neuseeländer: Crash gegen die Leitplanke in Runde elf, weil ein Dämpfer brach, Amputation der beiden linken Räder – das war's. McLaren wird zweiter hinter Hill und rettet die Ehre des jungen Hauses. Die erste richtige Saison der Bruce McLaren Motor Racing Ltd. bot in der Tat Grund zur Zufriedenheit.

League of Champions: for this season, Denny Hulme, 1967 world champion, drives a McLaren for Team McLaren (left). Rising expectations: in Jarama, Hulme shares the front row of the grid with Chris Amon (Ferrari) and Pedro Rodriguez (BRM). McLaren (with pannier tanks) starts from the second row (above, below). The spoils of victory for Bruce McLaren (right).

Champion's League: Denny Hulme, Weltmeister 1967, fährt in dieser Saison für McLaren auf McLaren (links). Steigende Tendenz: In Jarama startet Hulme zusammen mit Chris Amon (Ferrari) und Pedro Rodriguez (BRM) aus der ersten Reihe, McLaren (mit Seitentanks) aus der zweiten (oben, unten). Macher und Menge: Sieg für Bruce McLaren in Spa (rechts).

Champion's League : cette saison, Denny Hulme, champion du monde 1967, pilote pour McLaren sur McLaren (à gauche). Succès d'estime : à Jarama, Hulme occupe la première ligne aux côtés de Chris Amon (Ferrari) et de Pedro Rodriguez (BRM). McLaren (avec les réservoirs latéraux) part en seconde ligne (en haut, en bas). Le vainqueur dominant la foule : victoire pour Bruce McLaren à Spa (à droite).

La monocoque de la M7A pour 1968 est l'héritage de Robin Herd, que Bruce McLaren voit partir contre son gré: le jeune Britannique rejoint Cosworth Engineering à Northampton, où il est chargé de dessiner une voiture à traction intégrale qui, en 1971, ira enrichir la Donington Collection de Tom Wheatcroft, témoignage fascinant d'un échec prévisible. Il est remplacé par Gordon Coppuck, qui a quitté National Gas Turbine Establishment, à Farnborough, pour rejoindre McLaren. Le chef lui-même s'occupe des suspensions et ordonne immédiatement un transfert de technologie interne: leur géométrie est celle du modèle CanAm de 1968, la M6A.

McLaren se console de la défection de Herd avec une bonne nouvelle: l'arrivée, de Northampton, de cinq exemplaires du mythique Cosworth DFV (pour une valeur de 37 500 £), qui va être bradé les années suivantes en Formule 1 et sera pratiquement une garantie de succès. Les pilotes ne sont pas de reste avec McLaren lui-même, son coéquipier et champion du monde de 1967 Denny Hulme et, pour les trois derniers GP, Dan Gurney dont le propre projet Eagle a entre-temps capoté. Une nouvelle couleur est choisie pour la M7A, l'orange, une couleur qui a déjà fait ses preuves sur les McLaren: on la reconnaît, en effet, aussi bien sur les écrans de télévision que dans le rétroviseur de la voiture qui la précède.

Les choses s'annoncent plutôt bien: en mars, McLaren gagne la Race of Champions, à Brands Hatch, et l'International Daily Express Trophy, à Silverstone, en avril, Hulme finissant respectivement 3e et 2e.

Lors de sa victoire à Spa, le 9 juin, la première et dernière pour Bruce McLaren sur McLaren, le Néo-Zélandais est, par contre, absolument stupéfait en apprenant que c'est lui qui a remporté la victoire. Il n'avait, en effet, pas vu que Jackie Stewart, le pilote de la Matra alors en tête, s'était engouffré dans les stands, au début du dernier tour, pour un ultime ravitaillement en essence. Mais il fallut attendre Monza pour que les McLaren puissent gagner de leurs propres forces, chose due pour une bonne part au tout dernier pneu Goodyear G9. Hulme gagne aussi, sans la floraison sauvage d'ailerons de ses concurrents, avec près d'un tour d'avance, et à St. Jovite, quinze jours plus tard, s'apprête à défendre sa couronne de l'an dernier. Là, les Canadiens vont pouvoir voir ce qu'ils sont habitués à voir en Can-Am: le Bruce & Denny-Show – sauf que, cette fois-ci, Hulme occupe la première place et que McLaren doit se contenter de la seconde. A Watkins Glen, au 93e tour, Hulme endommage la M7A numéro 2. Stewart remporte la victoire, grâce à quoi lui aussi est encore en lice pour le titre de champion du monde de 1968 au même titre que le taciturne kiwi et le pilote Lotus Graham Hill. C'est lors du showdown, à Mexico City, début novembre, que les dés seront jetés.

Et là, la fortune n'est pas favorable au Néo-Zélandais: il percute les glissières de sécurité au onzième tour suite à une rupture d'amortisseur et la voiture est amputée de ses deux roues de gauche – alea jacta est. McLaren termine 2e derrière Hill et sauve l'honneur de la jeune société. La première saison complète de la Bruce McLaren Motor Racing Limited a, de fait, fourni tout motif de satisfaction.

McLaren for McLaren   21

1

Fourth place for Hulme at Brands Hatch (1), eighth place for McLaren at the wet Rouen race, where the team is plagued by a total of seven flat tires (2). A burnt-out case: Denny Hulme passes the wreck of Pedro Rodriguez' BRM at Monaco (3). Humble surroundings: the two McLarens at Spa (4).

Auf die Plätze: Rang vier für Hulme in Brands Hatch (1), Position acht für McLaren beim Regenrennen von Rouen, wo das Team von insgesamt sieben Reifenpannen heimgesucht wird (2). Burn-out-Syndrom: Denny Hulme passiert das Wrack des BRM von Pedro Rodriguez in Monaco (3). Einfache Verhältnisse: die beiden McLaren in Spa (4).

Rentrés dans le rang: quatrième place pour Hulme à Brands Hatch (1) et huitième pour McLaren sous le déluge de Rouen, où l'écurie est victime de pas moins de sept crevaisons (2). Syndrome du feu: Denny Hulme longe l'épave fumante de la BRM de Pedro Rodriguez à Monaco (3). Simplicité de conception: les deux McLaren à Spa (4).

The railway station is gone, but the name remains: Bruce McLaren at Monaco's Station Hairpin (1, 2). Gray-green hell: McLaren in single combat with Dickie Attwood (BRM) on the Nürburgring back straight. On this August 4, the weather in Germany's Eifel Mountains is particularly nasty (3).

Der Bahnhof ist verschwunden, der Name bleibt: Bruce McLaren in der Bahnhofskurve von Monaco (1, 2). Graugrüne Hölle: McLaren im Zweikampf mit Dickie Attwood (BRM) auf der Gegengeraden des Nürburgrings. Das Eifelwetter ist an diesem 4. August besonders widerwärtig (3).

La gare a disparu, il n'en reste plus que le nom: Bruce McLaren dans le virage de la Gare à Monaco (1, 2). L'enfer vert: duel entre McLaren et Dickie Attwood (BRM) dans la ligne droite derrière les stands du Nürburgring. En ce 4 août, le temps est particulièrement exécrable dans l'Eifel (3).

McLaren 1969

Without a doubt, Bruce McLaren Motor Racing Limited's entry into Formula 1 as a full-time occupation was spectacular. Still, those who might believe that the tightly organized and thoroughly professional team would have an unbroken string of successes would learn differently during the 1969 season. True, by virtue of hard work, the head of the company himself would rank in the top fifth of the field, with a third place in the drivers' championship, yet without ever winning a single Grand Prix in that year. This is testimony to the reliability of the M7C, which designer Gordon Coppuck derived from a Formula 5000 chassis. No less satisfying is Denny Hulme's victory that October at the season's finale in Mexico, driving the previous year's car, after a long dry spell without new championship points that stretched back to the Dutch Grand Prix in June. Again, part of the credit must go to Goodyear, with its latest G20 compound. Still, the team fielding the orange racers from Colnbrook had hoped for more.

What could be the cause? First, there is the simple truism that you can't win them all. In the eleven CanAm races between June and November, the team of Bruce McLaren and Denis Hulme in the M8F is an unstoppable juggernaut, smashing their competition. The rich CanAm trophy does considerably more than merely fill the petty cash box in Colnbrook. On the other hand, the M9A project leads to a dead end. Four-wheel drive seems to be the order of the day if one wants to come to grips with the Cosworth DFV's 410 horsepower. Bruce McLaren personally champions the four-wheel drive design, until the list of debits in the ledger books simply grows too long. Just like his counterparts at Lotus, Matra and Cosworth, the all-wheel drive McLaren carries a good hundredweight of excess load in the form of complex technology, and seems determined to understeer, no matter what. During a test at his favorite track, Goodwood, McLaren observes that "One of the things that will determine the performance of any of the new 4WD cars will be the ability of the driver to adapt to it. It just doesn't go around corners the same way as conventional 2WD cars."

Meanwhile, the three tire brands, Firestone, Dunlop and Goodyear, are coming to grips with the raw power of the DFV. They are supported by a multitude of aerodynamic aids for increased downforce. Up until the first practice day for the Monaco Grand Prix, these tower high above the car, on thin struts; later, they take the form of massive "trays" directly above the engine.

Jo Marquart is the project leader responsible for the M9A. The car is

small, compact and possesses that perfect finish which one has come to expect of a McLaren. Its career, however, is short and less than impressive; planned for Zandvoort, it first appears at Brands Hatch four weeks later than expected. Guest driver Derek Bell manages five laps of the Kentish course before the suspension collapses.

In 1972, the McLaren M9A 4WD enters the silent garage of the Donington Collection, another example of misdirected ambition. It has outlived its creator by many years.

Kein Zweifel: Der Einstand der Bruce McLaren Motor Racing Ltd. in der Formel 1 als Vollzeit-Aufgabe 1968 verlief fulminant. Wer allerdings glaubt, die Erfolgskurve müsse für das straff organisierte und durch und durch professionell geführte Team nun stetig nach oben weisen, wird 1969 eines Besseren belehrt. Gewiß, der Chef selbst wird durch solide Arbeit im vorderen Fünftel auf Rang drei in der Fahrerwertung gespült, ohne einen einzigen Grand Prix gewonnen zu haben. Dazu trägt nicht zuletzt die Zuverlässigkeit seines M7C bei, den Konstrukteur Gordon Coppuck aus einem Chassis für die Formel 5000 sublimiert hat. Erfreulich ist auch, daß Denny Hulme, seit dem Großen Preis von Holland im Juni ohne Punkte, diesmal im Auto des Vorjahres beim Saisonfinale in Mexiko im Oktober siegt, woran Goodyear mit seinem neuesten Gummi namens G20 nicht unbeteiligt ist. Doch ein wenig mehr hätte sich das orange Kommando aus Colnbrook schon erhofft.

Woran liegt's? Zunächst einmal an der einfachen Wahrheit, daß man nicht auf allen Hochzeiten tanzen kann. Die elf CanAm-Läufe zwischen Juni und November hat das Gespann Bruce McLaren und Denis Hulme im M8F mit geradezu niederschmetternder Überlegenheit gegenüber dem Rest der Welt untereinander ausgemacht – fette Beute, die nicht nur die Porto- und die Telefonkasse aufbessert. Andererseits driftet man mit dem Projekt M9A geradewegs in eine Sackgasse. Vierradantrieb scheint das Gebot der Stunde zu sein, will man die 410 PS des Cosworth DFV in den Griff kriegen. Diese Losung peitscht Bruce persönlich durch, bis die Liste auf der Saldo-Seite allzu lang wird. Ebenso wie seine Pendants bei Lotus, Matra und Cosworth schleppt der Allrad-McLaren einen Zentner Übergewicht an komplizierter Technologie mit sich herum und untersteuert starrsinnig: „Wichtig ist", beobachtet McLaren beim Test auf seiner bevorzugten Strecke Goodwood, „daß sich der Fahrer auf das Auto überhaupt einstellen kann. Es verhält sich ganz anders als gewohnt."

Unterdessen kommen die Reifen der drei Lieferanten Firestone, Dunlop und Goodyear immer besser mit der Urkraft des DFV zurecht. Sie werden unterstützt durch mannigfaltige aerodynamische Hilfen zu vermehrtem Abtrieb, die bis zum ersten Trainingstag des Grand Prix von Monaco hoch und schwankend auf dünnen Gestänge montiert sind und später in der Form von massiven Tabletts direkt über dem Triebwerk angesiedelt werden.

Für den M9A zeichnet Jo Marquart als Projektleiter verantwortlich. Der Wagen ist klein, kompakt und besitzt jenes perfekte Finish, das man inzwischen von McLaren erwartet. Seine Karriere indes verläuft kurz und wenig eindrucksvoll: Bereits für Zandvoort eingeplant, erscheint er erst in Brands Hatch vier Wochen darauf verspätet zum Dienst. Fünf Runden über den kentischen Kurs bringt Gastpilot Derek Bell hinter sich, dann kollabiert die Aufhängung.

1972 wird der McLaren M9A 4WD dem stummen Fuhrpark der Donington Collection eingegliedert, auch er Zeugnis einer fehlgeleiteten Ambition. Seinen Schöpfer hat er lange, lange überlebt.

Secret codes: at Monza, the McLaren pit boards seem to form a puzzling message (left). Walking on air: Vic Elford during one of his four guest driver appearances at the Nürburgring (above). Wing car: at Monaco, McLaren's car even carries two wings – but only in practice (below). The champion's approval: McLaren conversing with Jackie Stewart, 1969 world champion, at the Nürburgring drivers' meeting (right).

Verschlüsselte Botschaft: Die Tafeln der McLaren-Boxencrew finden sich in Monza zu einer rätselhaften Mitteilung zusammen (links). Total abgehoben: Vic Elford während eines seiner vier Gastspiele bei McLaren am Nürburgring (oben). Wing Car: In Monaco ist McLarens Wagen doppelt geflügelt – allerdings nur im Training (unten). Zuspruch durch den Champion: McLaren im Gespräch mit Jackie Stewart, Weltmeister 1969, beim Fahrerbriefing am Nürburgring (rechts).

Messages codés: à Monza, les panneaux de signalisation de l'écurie McLaren suscitent bien des énigmes (à gauche). La fille de l'air: Vic Elford lors de l'une de ses quatre prestations pour McLaren au Nürburgring (en haut). Wing car: à Monaco, la voiture de McLaren arbore des doubles ailerons – mais seulement pour les essais (en bas). Bavardages de champions: McLaren conversant avec Jackie Stewart, champion du monde 1969, lors du briefing des pilotes au Nürburgring (à droite).

Il n'y a pas de doute: les débuts de la Bruce McLaren Motor Racing Ltd. en Formule 1 en tant que saison complète, en 1968, ont été fulminants. Mais l'équipe parfaitement organisée et professionnellement gérée allait être déçue en 1969. Certes, la constance de McLaren dans le peloton de tête lui permettra de terminer 3e au classement général au championnat Pilotes sans avoir gagné un seul Grand Prix. Cela est dû pour une bonne part à la fiabilité de sa M7C, un chef-d'œuvre réalisé par le constructeur Gordon Coppuck à partir d'un châssis de Formule 5000. Un autre motif de réjouissance est que Denny Hulme, qui n'avait plus engrangé le moindre point depuis le Grand Prix de Hollande en juin, gagne cette fois-ci, avec la voiture de l'an dernier, lors de la finale de la saison, à Mexiko en octobre, grâce au coup de pouce décisif que Goodyear lui a donné avec les tout nouveaux pneumatiques G20. Mais les «Oranges» de Colnbrook avaient bien d'autres ambitions au début de la saison.

A quoi cela est-il dû? L'explication la plus simple est que l'on ne peut courir plusieurs lièvres à la fois. Le duo Bruce McLaren et Denis Hulme, sur M8F, s'est partagé la victoire aux onze manches de la CanAm entre juin et novembre avec une supériorité désespérante pour le reste du monde – un triomphe qui s'est aussi traduit par des rentrées d'argent en espèces sonnantes et trébuchantes. En revanche, avec le projet M9A, McLaren s'est engouffré dans une voie sans issue. Quatre roues motrices semblent être la seule solution pour pouvoir maîtriser les 410 ch du Cosworth DFV. C'est Bruce en personne qui a imposé cette décision envers et contre tout jusqu'à ce que la liste des inconvénients devienne trop longue. A l'instar de ses homologues chez Lotus, Matra et Cosworth, la McLaren à traction intégrale traîne le ballast de 50 kg de technologie compliquée et sousvire de façon désespérée: «Il est important, fait remarquer McLaren lors d'essais sur son circuit favori, Goodwood, que le pilote puisse d'abord s'adapter à la voiture. Elle a un comportement totalement différent d'une voiture conventionnelle.»

Pendant ce temps, les pneumatiques des trois fournisseurs – Firestone, Dunlop et Goodyear – encaissent de mieux en mieux la

force herculéenne du DFV. Ils sont aidés en cela par divers appendices aérodynamiques qui accroissent l'appui et qui, jusqu'à la première journée d'essais qualificatifs pour le Grand Prix de Monaco, semblent juchés sur de longues jambes d'échassiers avant de prendre, plus tard, la forme de massifs plateaux placés directement sur le moteur.

Le chef de projet responsable de la M9A est Jo Marquart. La voiture est petite, compacte et possède cette finition parfaite à laquelle McLaren nous a entre-temps habitués. Sa carrière, en revanche, sera courte et peu glorieuse: déjà annoncée pour Zandvoort elle ne fera son apparition qu'à Brands Hatch, un mois plus tard. Son pilote d'un jour, Derek Bell, couvre cinq tours du circuit du Kent avant que la suspension ne s'affaisse.

En 1972, La McLaren M9A 4WD ira rejoindre la cohorte silencieuse de la Donington Collection, autre témoignage d'une ambition demeurée sans succès. Elle survivra longtemps, longtemps à son créateur.

McLaren for McLaren

Calm after the storm: at Zandvoort, Denny Hulme duelling with Chris Amon (Ferrari) and in the pits (1, 2). In Monaco, after Thursday's practice, high-mounted wings are banned and lap times are lowered. McLaren, here passing the Hôtel de Paris, is a second faster (3).

Ruhe nach dem Sturm: Denny Hulme im Gefecht mit Chris Amon (Ferrari) und an der Box. Schauplatz ist Zandvoort (1, 2). Die Flügel werden nach dem Donnerstagstraining in Monaco verboten und die Zeiten schneller. So auch bei McLaren, hier vor dem Hôtel de Paris – um eine Sekunde (3).

Le calme avant la tempête: Denny Hulme talonné par Chris Amon (Ferrari) et aux stands. La scène se déroule à Zandvoort (1, 2). Après les essais du jeudi à Monaco, les ailerons sont interdits et les temps descendent. Pour McLaren aussi, ici devant l'Hôtel de Paris – c'est une seconde de gagnée (3).

McLaren for McLaren

Bruce McLaren 1937–1970

The Overachiever

**Bruce McLaren,
30.8.1937–2.6.1970**

In December 12, 1959, on the Sebring airport course in Florida, Bruce Leslie McLaren, at the tender age of 22 years and 104 days, became the youngest man ever to win a Grand Prix, and remains so to this day. At the time, the event went largely unnoticed.

The reasons for this obscurity are twofold. First, Australian Jack Brabham, his Cooper teammate, draws most of the media attention, by sheer muscle power. Less than half a mile before the finish line, his Cooper runs out of fuel. A powerful man, "Black Jack" gets out and pushes the car home, finishes fourth, and so wins the 1959 world championship, albeit somewhat out of breath at the end. Second, McLaren accomplishes his feat like a shy schoolboy turning in his homework: happy to have finished the work, and to once again disappear into security and anonymity among his classmates.

One man did notice: driver and later racing team owner Ken Tyrrell, whose prominent proboscis was matched by a nose for up-and-coming driving talent. "I thought Bruce would become world champion because he had the ability to think about it. He wasn't going to be the world's quickest driver, but then the world's quickest driver isn't always world champion."

Indeed, Bruce McLaren is clearly not the fastest driver, not the best engineer, and by no means the top dog among race car designers. His brilliance lies in the fact that fate has given him a good helping of each of these abilities. One advantage of this combination of talents is that it shortens lines of communication, reduces the need for personnel, and prevents inefficiencies caused by misunderstandings and the need for ego gratification.

McLaren has the ability to communicate. In the mid-1960s, Roy Lunn is director of Ford's GT40 project, with which the Dearborn-based automotive giant attempts to storm the gates of Fortress Ferrari. As a test and development driver on the team creating the GT40, Bruce McLaren is indispensable. Lunn, amazed at Bruce's abilities, says "He would come in with the car after a test run and tell you exactly what had happened, and what's more he could tell you what to do to put it right." In 1966, McLaren joins with fellow New Zealander Chris Amon to drive the big Fords, dealing the red racers from Maranello a humiliating defeat at the 24 Hours of Le Mans.

Bruce's comments on the round-the-clock classic are eminently quotable, and hint at a native wit and bent towards paradox: "There hasn't been a light yet that will make 200 miles an hour safe on a crowded road." Or "Until midnight, Le Mans is exciting. After that, the novelty of staying up late starts to wear thin." And "The Le Mans cold is colder than you could imagine." With a sideways glance to the carnival alongside the race course, Bruce observes that "The French spectators are not so keen as they thought they were going to be." After a marathon test of endurance such as this, 2500 km at wide-open throttle and an average speed of over 200 kph, it becomes apparent that Bruce McLaren walks with a limp. His left leg is a few centimeters shorter due to Perthes Disease, with which he was stricken at the age of nine. The disease virtually immobilized his hip, and he spent three years in a home for crippled children, two of those years in traction, one year on crutches and a cane.

Ever present in the McLaren house is the automobile, and the knowledge that it is more than just a means of getting from Point A to Point B. Bruce is 14 when his father, owner of a garage in Auckland, buys him an ancient Austin Seven Ulster, with 747 cc and 24 horsepower. The elder McLaren teaches his son the basics of tuning and race preparation. At 15, Bruce drives his first race. Later, he reinforces his practical qualifications with an engineering degree from Seddon Memorial Technical College in Auckland. Later, he would explain that he owed his success to all of these influences, and perhaps a bit of talent – the embodiment of Man as the product of opportunity and environment.

In March 1958, Bruce McLaren visits John Cooper in Surbiton, England, accompanied by his mechanic and close friend, Colin Beanland. He brought a few shillings with him, as well as a letter of recommendation from the New Zealand Grand Prix Association. With the solidarity typical of those who share a common origin at the other end of the world, Jack Brabham puts in a good word for McLaren. The visit to Coopers forms the basis of a stable relationship which will last until 1965, culminate in three Grand Prix victories and second place in the 1960 world championship. However, the easygoing New Zealander was not born to subservience, or to follow orders.

The founding of Bruce McLaren Motor Racing Ltd. on September 2, 1963, forever links his personal résumé with that of the firm bearing his name. In a grim twist of fate, McLaren loses his life while on company business. Beginning in 1967, he and Denny Hulme, driving their orange Group 7 racers, transformed the CanAm series into the "Bruce & Denny Show." On the evening of June 2, 1970, McLaren is testing the latest weapon for their fourth CanAm season, the M8D, at Goodwood. At the entrance to the Lavant Straight, the rear bodywork separates from the car, which turns into a projectile and at a speed of 180 kph slams into an unoccupied course marshal's shelter. He is survived by his wife Patricia, his young daughter Amanda, his company, and his reputation – today, one of the best in the business, exactly as Bruce McLaren would have wanted it.

McLaren for McLaren

Bruce McLaren 1937–1970

Der Frühvollendete

**Bruce McLaren,
30.8.1937–2.6.1970**

Daß Bruce Leslie McLaren am 12. Dezember 1959 auf dem Flugplatzkurs zu Sebring in Florida im zarten Alter von 22 Jahren und 104 Tagen als jüngster Sieger in die bisherige und künftige Grand-Prix-Geschichte eingeht, wird an dem großen Tag selbst kaum zur Kenntnis genommen.

Dafür gibt es zwei Gründe. Zum einen bindet der Australier Jack Brabham, sein Teamkollege bei Cooper, die allgemeine Aufmerksamkeit, und zwar durch rohe Muskelkraft: Einen halben Kilometer vor der Ziellinie bleibt ihm der Sprit weg, also macht „Black Jack" sich um die Umwelt, seine ohnehin robuste Konstitution und die Legende verdient, schiebt, wird vierter und Weltmeister 1959, wenngleich er dabei ein wenig aus der Puste gerät. Zum anderen liefert McLaren seine Leistung ab wie ein scheuer Schuljunge eine gelungene Hausarbeit: froh, anschließend wieder in der Geborgenheit und der Anonymität der Klasse untertauchen zu dürfen.

Einer aber hat scharf hingeschaut, Rennstallbesitzer Ken Tyrrell, der nicht nur eine ausgeprägte Nase hat, sondern auch einen sensiblen Riecher für knospendes Bleifuß-Talent. „Der Mann hat das Zeug zum Champion", befindet er, „nicht weil er hemmungslos Gas gibt, sondern weil er denkt."

In der Tat: Bruce McLaren ist gewiß nicht der schnellste Fahrer und auch nicht der beste Ingenieur und keineswegs die Nummer eins unter den Designern. Seine Brillanz besteht darin, daß Mutter Natur ihm von alledem eine gute Portion mitgegeben hat. Ein Vorzug dieser Dreieinigkeit: Sie verkürzt die Kommunikationswege, spart Personal und beugt Reibungsverlusten durch Mißverständnisse und die Profilierungssucht der Egos vor.

Dabei kann sich McLaren durchaus mitteilen. In den Mittsechzigern leitet Roy Lunn das Projekt Ford GT40, mit dem der Gigant in Dearborn im Bereich der Sportwagen zum Sturm auf scheinbar unerschütterliche Ferrari-Bastionen bläst. Bruce McLaren ist als schier unentbehrlicher Entwicklungshelfer in das Werden des GT40 eingebunden. „Er kam von den Testfahrten zurück und berichtete nicht nur präzise, was unterwegs passiert war, sondern bot auch schlüssige Lösungsversuche an", staunt Lunn. 1966 bringt McLaren zusammen mit seinem Landsmann Chris Amon den roten Rennern aus Maranello beim 24-Stunden-Rennen von Le Mans mit dem großen Ford eine vernichtende Niederlage bei.

Was er über den Rund-um-die-Uhr-Klassiker zu sagen hat, ist druckreif und zeugt von Mutterwitz und einem Hang zu Pointe und Paradoxon: „Die Lampen müssen noch erfunden werden, die eine überfüllte Straße bei Tempo 320 sicher ausleuchten." Oder: „Bis kurz nach Mitternacht ist Le Mans aufregend. Dann nutzt sich das Vergnügen daran ab, länger aufzubleiben." Oder: „Die Kälte in Le Mans ist kälter, als man glaubt." Oder, mit einem Seitenblick auf den Rummel am Rande der Piste: „Die französischen Zuschauer sind durchaus nicht so heiß auf das Rennen, wie sie dachten." Nach einer Marathon-Mühsal wie dieser, 2500 Kilometern Vollgas mit einem Schnitt von über 200 Stundenkilometern, merkt man es übrigens deutlich: Bruce McLaren hinkt. Sein linkes Bein ist ein paar Zentimeter kürzer infolge der Perthes-Calvéschen Krankheit, einer Deformation der Hüfte, die ihn heimsuchte, als er neun war. Drei Jahre verbrachte er im Krankenhaus, zwei davon im Streckverband, eines an Krücken und am Stock.

Immer präsent im Haushalt der McLarens ist jedoch das Automobil und zugleich das Bewußtsein, daß man damit mehr machen kann, als nur von A nach B zu reisen. Bruce ist 14, als ihm sein Vater, Besitzer einer Autowerkstatt in Auckland, einen uralten Ulster Austin Seven mit 747 ccm und 24 PS schenkt und ihm das kleine Einmaleins des Tunings und der Rennvorbereitung beibringt. Mit 15 fährt er sein erstes Rennen und untermauert später seine praktische Versiertheit mit einem akademischen Grad in den Ingenieurswissenschaften am Seddon Memorial Technical College in Auckland im Norden Neuseelands. All diese Einflüsse und vielleicht auch ein wenig Talent hätten ihn zu dem gemacht, was er sei, wird er dereinst bescheiden erklären: der Mensch als Produkt von Anlage und Milieu.

Im März 1958 wird Bruce McLaren bei John Cooper im englischen Surbiton vorstellig, begleitet von seinem Mechaniker Colin Beanland, der auch ein guter Kumpel ist. Ein paar Schillinge hat er mitgebracht sowie ein Empfehlungsschreiben der New Zealand Grand Prix Association. Jack Brabham legt ein gutes Wort für ihn ein in der umfassenden Solidarität derer, die vom anderen Ende der Welt kommen. Der Besuch wird zum Beginn einer stabilen Beziehung, die in drei Grand-Prix-Siegen und der Vizeweltmeisterschaft 1960 gipfelt und bis 1965 andauert. Nur: Zum Untertan und Weisungsempfänger ist der gelassene Neuseeländer nicht geboren.

Mit der Gründung der Bruce McLaren Motor Racing Ltd. am 2. September 1963 verquicken sich seine persönliche Vita und die Geschichte seines Unternehmens bis hin zur Untrennbarkeit. So wirkt es wie eine grausame Konsequenz des Schicksals, daß er gewissermaßen in Ausübung eines Dienstgeschäfts ums Leben kommt: Seit 1967 hatte er, zusammen mit Denny Hulme, in seinen orangefarbenen Gruppe-7-Rennwagen die CanAm-Serie zur Bruce & Denny-Show verfremdet. Am Abend des 2. Juni 1970 testet McLaren in Goodwood die neue Waffe M8D für das vierte Jahr. Eingangs der Lavant-Geraden hebt sich bei Tempo 180 jäh die hintere Verkleidung des Wagens, der zum Projektil wird und an einer unbenutzten Hütte für Streckenposten zerschellt. Es bleiben seine Witwe Patricia, sein Töchterchen Amanda, seine Firma und sein guter Name – heute einer der besten in der Branche, so wie sich das Bruce McLaren immer gewünscht hatte.

Bruce McLaren 1937–1970

Le jeune génie

**Bruce McLaren,
30.8.1937–2.6.1970**

Rares sont ceux qui auront pris note, en ce mémorable 12 décembre 1959, que Bruce Leslie McLaren était le plus jeune vainqueur à inscrire son nom sur les tablettes de l'histoire des Grands Prix en remportant la victoire sur l'aéroport de Sebring, en Floride, à l'âge tendre de 22 ans et 104 jours.

Il y a deux raisons: D'une part l'Australien Jack Brabham, son coéquipier chez Cooper, focalisait l'attention du public – par sa force musculaire: à 500 m de la ligne d'arrivée, son moteur tomba en panne d'essence. Il ne resta donc plus à «Black Jack» qu'à prouver à lui-même et au monde entier sa robuste constitution qui le rendra légendaire et à pousser sa voiture pour terminer 4e et remporter le titre de champion du monde 1959, même s'il devait, pour cela, atteindre la ligne d'arrivée complètement épuisé. D'autre part, McLaren faisait son travail comme un jeune écolier qui rend un devoir réussi: heureux, ensuite, de pouvoir sombrer à nouveau dans l'anonymat de la classe.

Mais il en est un à qui tout cela n'a pas échappé: le propriétaire d'écurie Ken Tyrrell, qui a toujours eu du flair pour les jeunes talents. «L'homme est taillé dans le bois des champions, trouve-t-il, parce qu'il ne se contente pas d'enfoncer l'accélérateur en toute circonstance, mais réfléchit aussi.»

Et, de fait, Bruce McLaren n'est pas le plus rapide des pilotes ni même le meilleur des ingénieurs et en aucun cas le numéro un parmi les designers. Son don réside dans le fait que mère nature lui a donné une bonne portion de chacune de ces trois choses.

Ce qui n'empêche pas McLaren de faire savoir ce qu'il veut. Vers le milieu des années soixante, Roy Lunn dirige le projet Ford GT40 avec lequel le géant de Dearborn veut s'attaquer au bastion apparemment inébranlable qu'est Ferrari dans le segment des voitures de sport. Bruce McLaren est intégré dans la genèse de la GT40 en tant que coopérant indispensable. «Revenant des essais, il ne se contentait pas d'expliquer avec précision ce qui s'était passé en cours de route, mais proposait aussi dans la foulée des ébauches de solution cohérentes», déclare Lunn avec étonnement. En 1966, associé à son compatriote Chris Amon, Bruce McLaren inflige avec la grosse Ford un camouflet aux bolides rouges de Maranello lors des 24 Heures du Mans.

Tout ce qu'il déclare au sujet de la grande classique sur deux tours d'horloge mériterait d'être reproduit et témoigne de son humour inné ainsi que de son penchant pour la plaisanterie et les paradoxes: «Il faudrait encore inventer les phares qui permettent d'éclairer en toute sécurité une route encombrée lorsque l'on roule à 320 km/h.» Ou: «Jusqu'à un peu après minuit, Le Mans est excitant. Puis on finit par avoir du mal à trouver du plaisir à rester éveillé plus longtemps.» Ou: «Au Mans, le froid est plus froid qu'on ne le croit.» Ou encore, faisant une allusion à la fête foraine dans les S du Tertre rouge: «Les spectateurs français ne sont apparemment pas aussi épris de la course qu'ils le croient eux-mêmes.» Après un marathon aussi épuisant que celui-ci, à l'issue de 2500 km avec la pédale d'accélérateur enfoncée à fond à une moyenne de plus de 200 km/h, il est une chose que l'on remarque sans équivoque: Bruce McLaren boîte. Par suite de la maladie de Perthes-Calvé, sa jambe gauche est quelques centimètres plus courte que la droite. Il a passé trois ans dans un hôpital, dont deux engoncé dans un corset extenseur et un avec des béquilles et une canne.

L'automobile a toujours été présente dans la famille des McLaren et, avec elle, la conscience qu'on peut en faire plus que de s'en servir pour aller seulement de A à B. Bruce a 14 ans lorsque son père, propriétaire d'un garage à Auckland, lui offre une antédiluvienne Ulster Austin Seven de 747 cm^3 et 24 ch et lui inculque l'ABC du tuning et de la préparation pour la course. Il s'aligne pour la première fois en course à 15 ans et étaye plus tard ses capacités pratiques avec un diplôme universitaire en sciences de l'ingénieur obtenu au Seddon Memorial Technical College d'Auckland, dans le nord de la Nouvelle-Zélande. Toutes ces influences et, peut-être aussi, un peu de talent auraient fait de lui ce qu'il est devenu, déclarera-t-il plus tard avec modestie: l'homme en tant que produit de l'atavisme et de son milieu. En mars 1958, Bruce McLaren se présente chez John Cooper, à Surbiton, en Angleterre, accompagné de son mécanicien Colin Beanland, qui est aussi un bon ami. Il a en poche quelques shillings et une lettre de recommandation de la New Zealand Grand Prix Association. Jack Brabham intercède pour lui en vertu de la solidarité qui réunit ceux qui viennent de l'autre bout du monde. Sa visite se transformera en relation à toute épreuve qui culminera dans trois victoires en Grand Prix et le titre de vice-champion du monde en 1960 et durera jusqu'en 1965. Mais le Néo-Zélandais décontracté n'est pas né pour jouer les rôles d'employé ni recevoir des ordres.

Avec la fondation de la Bruce McLaren Motor Racing Ltd., le 2 septembre 1963, son plan de carrière personnel se confond avec l'histoire de son entreprise jusqu'à en devenir indissociable. Aussi peut-on considérer comme une logique cruelle du destin qu'il trouve la mort en quelque sorte dans l'exercice de ses fonctions: depuis 1967, avec la complicité de Denny Hulme, il avait fait de la série CanAm un Bruce & Denny-Show avec sa Groupe 7 orange. Le soir du 2 juin 1970, à Goodwood, McLaren teste sa nouvelle arme, la M8D. A 180 km/h, il perd son capot arrière et sa voiture s'écrase contre un poste de commissaires. Il laisse derrière lui sa veuve Patricia, sa fille Amanda, sa firme et son nom à la bonne réputation – aujourd'hui, l'un des meilleurs de la branche, comme Bruce McLaren l'avait toujours souhaité.

McLaren 1970

For Grand Prix racing, 1970 is not a year like any other. It puts on its best face: men like François Cévert and Clay Regazzoni begin their illustrious careers. A new marque, March, celebrates an excellent debut. Ferrari regains strength, which is always good for the delicate constitution of Formula 1. Yet the year also has a more sinister side: Jochen Rindt is crowned world champion, posthumously. His friend Piers Courage also dies at the wheel of a race car. And Bruce McLaren, the engine, soul, and spirit of the firm he created seven years earlier, is killed in testing at Goodwood.

What remains is his good name, and the determination of all concerned to continue his work as he would have wished it — now more than ever. To the outside world, turmoil is perceptible only in the immediate aftermath of the accident. Bruce McLaren was killed on June 2; the team misses the Belgian Grand Prix on June 7, especially because Denny Hulme was burned in an accident during a practice run at Indianapolis. The burns still bother him in mid-July, at the British Grand Prix at Brands Hatch, where he chooses Goodyear G20 compound instead of the newer, even stickier G24 tires, whose adhesion would have wreaked havoc on the new skin growing on his hands.

It was probably not meant to be the season for the orange McLarens. The M14A is a mild evolution of the simple, rugged M7A. The team has two chassis at the beginning of the season, joined by a third for Zandvoort and a fourth at Monza. Four used Cosworth DFVs have been overhauled, and two new engines ordered. By mid-season, the demand leads to bottlenecks as the Northampton engine supplier is no longer able to supply its many customers as quickly as desired. One promising experiment is the car prepared for Andrea de Adamich, powered by a three-liter Alfa Romeo V8, in reality a sports car engine with a satisfactory torque curve. However, the bespectacled, almost intellectual appearing Italian has difficulty even qualifying.

As a reward for services in Formula 5000, Peter Gethin is accepted into the team as of Zandvoort. Also at the racetrack in the Dutch sand dunes, Dan Gurney begins his final comeback. Chassis M14A/1 is modified to allow the tall American to slip into the cockpit — for three races. The problem is that Gurney is contracted to Castrol, while McLaren is wedded to Gulf, and after the British Grand Prix, these differences can no longer be reconciled. At the same race, John Surtees debuts in the slim projectile bearing his own name. Initially entered for four races in the M7C, early in the season Big John provides one of the few McLaren highlights of 1970: fastest lap at Kyalami, matching the time of Jack Brabham aboard Brabham, the eventual winner.

Andrea de Adamich failed to qualify in Zandvoort (left). Keeping them in line: Hulme just before Tobacconist's Corner at Monaco, followed by Rindt (Lotus), Pescarolo (Matra), Courage (de Tomaso) and the rest of the field (above). Late arrival: Dan Gurney at Zandvoort (right).

In Zandvoort nicht qualifiziert: Andrea de Adamich (links). Kunst der Diagonale: Hulme kurz vor der Tabakskurve in Monaco, gefolgt von Rindt (Lotus), Pescarolo (Matra), Courage (de Tomaso) und dem Rest (oben). Später Gast: Dan Gurney in Zandvoort (rechts).

Pas qualifié à Zandvoort: Andrea de Adamich (à gauche), l'art de la diagonale: Hulme abordant le virage du Bureau de tabac à Monaco, suivi de Rindt (Lotus), Pescarolo (Matra), Courage (de Tomaso) et du reste du peloton (en haut). Invité de dernière minute: Dan Gurney à Zandvoort (à droite).

1970 das ist im Grand-Prix-Sport kein Jahr wie alle anderen. Er zeigt sein strahlendstes Gesicht: Männer wie François Cévert und Clay Regazzoni beginnen glanzvolle Laufbahnen. Die Marke March verschafft sich einen exzellenten Einstand. Ferrari erstarkt, was dem sensiblen Organismus Formel 1 immer wohl bekommt. Aber manchmal zeigt er auch seine grinsende Fratze: Jochen Rindt wird postum Weltmeister. Sein Freund Piers Courage kommt ebenfalls im Rennwagen um. Und bei einem Testlauf in Goodwood stirbt Bruce McLaren, Motor, Seele und Sinnmitte des Unternehmens, das er sieben Jahre zuvor ins Leben gerufen hatte.

Was bleibt, ist sein guter Name, dazu die Entschlossenheit aller Beteiligten, weiterzumachen ganz im Sinne des Verstorbenen – nun erst recht. Für jedermann spürbare Turbulenzen gibt es nur im unmittelbaren Nachhall des Unglücks. Am 2. Juni ist es passiert. Daher fehlt das Team beim Großen Preis von Belgien am 7. Juni, zumal Denny Hulme gebrandmarkt ist von einem Feuerunfall beim Training für Indianapolis. Noch beim Großen Preis von England in Brands Hatch Mitte Juli wird ihn die Verletzung behindern, so daß er sich für Goodyear-Bereifung des Typs G20 entscheidet und nicht für die neuen, klebrigeren G24, deren brutales Haftvermögen Schindluder getrieben hätte mit der zarten Haut, die an seinen Händen nachwächst.

Wahrscheinlich wäre es ohnehin nicht die Saison der orangefarbenen McLaren geworden. Der M14A ist in sanfter Evolution aus dem simplen und robusten M7A entstanden. Über zwei Chassis verfügt man zu Beginn der Saison, ein drittes wird in Zandvoort, ein viertes erst in Monza nachgeliefert. Vier gebrauchte Cosworth DFV hat man haushälterisch wieder aufbereitet und zwei neue bestellt. Mitte der Saison führt dies zu Engpässen, als der Triebwerklieferant in Northampton seine vielen Abonnenten nicht mehr wunschgemäß versorgen kann. Viel zu versprechen scheint ein Experiment: Das Fahrzeug für Andrea de Adamich ist ausgestattet mit einem Dreiliter-V8 von Alfa Romeo, eigentlich eine Sportwagen-Maschine mit günstigem Drehmomentverlauf. Aber der bebrillte und intellektuell anmutende Italiener hat Schwierigkeiten, sich auch nur zu qualifizieren.

Als Lohn für gute Dienste in der Formel 5000 wird Peter Gethin in die Mannschaft genommen, ab Zandvoort. Im McLaren beginnt auf dem Dünenkurs zugleich das letzte Comeback Dan Gurneys. Chassis M14A/1 wird eigens modifiziert, damit der lange Amerikaner bequem hineinschlüpfen kann – für drei Rennen. Denn Gurney ist ein Castrol-Mann, während McLaren Gulf verpflichtet ist, und diese Bindungen lassen sich nach dem Großen Preis von England nicht mehr vereinbaren. Beim gleichen Rennen debütiert John Surtees in einem schlanken Projektil, das seinen eigenen Namen trägt. Anfänglich für vier Läufe im M7C gemeldet, sorgte Big John zu Beginn der Saison noch für eines der wenigen McLaren-Highlights 1970: schnellste Runde in Kyalami – zeitgleich mit Jack Brabham auf Brabham, dem späteren Sieger.

1970 – une saison de Grand Prix à nulle autre pareille. Elle se présente sous son jour le plus rayonnant: des hommes comme François Cévert et Clay Regazzoni entament une carrière qui entrera dans les annales. March fait sensation par ses débuts fulminants. Ferrari reprend de la vigueur, ce qui est toujours bénéfique pour la Formule 1. Mais, parfois, elle affiche aussi son visage le plus hideux: Jochen Rindt est sacré champion du monde à titre posthume. Son ami Piers Courage trouve aussi la mort en course. Et, lors d'essais à Goodwood, Bruce McLaren, cheville ouvrière, bonne fée et pôle d'attraction de son entreprise fondée par lui sept ans auparavant, se tue au volant.

Ce qui reste, c'est son nom qui sonne bien, plus la détermination de tous les membres de l'écurie à poursuivre son œuvre dans l'esprit du défunt – maintenant a fortiori. Cela n'aura de conséquences visibles que durant les semaines suivant immédiatement la catastrophe du 2 juin. On comprendra donc d'autant plus facilement l'absence de l'écurie au Grand Prix de Belgique, le 7 juin, que Denny Hulme porte encore les séquelles de l'incendie lors de son accident aux essais des 500 Miles d'Indianapolis. Au Grand Prix d'Angleterre, à Brands Hatch, à la mi-juillet, les blessures seront pour lui encore un handicap. Il opte donc pour des Goodyear G20 et non pour les nouveaux G24, collants comme du chewing-gum, dont l'adhérence brutale aurait ravagé sa peau encore blessée.

Cela n'aurait probablement de toute façon pas été la saison des McLaren oranges. La M14A est une évolution timide de la simple et robuste M7A. Au début de la saison, on dispose de deux châssis, un troisième arrivera à Zandvoort et un quatrième, seulement à Monza. En faisant preuve d'économie, l'écurie a préparé quatre Cosworth DFV d'occasion et en a commandé deux neufs. Au milieu de la saison, ceci crée des difficultés d'approvisionnement lorsque le fournisseur de moteurs de Northampton ne parvient plus à servir ses nombreux abonnés dans la mesure où ceux-ci le désireraient. Une expérience s'avère en revanche prometteuse: la voiture d'Andrea de Adamich est propulsée par un V8 de trois litres conçu chez Alfa Romeo. Il s'agit à proprement parler d'un moteur de voiture de sport avec une courbe de couple avantageuse. Mais l'Italien porteur de lunettes et à l'air intellectuel a des difficultés, ne serait-ce qu'à se qualifier.

En guise de récompense pour ses bons et loyaux services en formule 5000, Peter Gethin intègre l'écurie à partir de Zandvoort. C'est aussi sur le circuit hollandais entouré de dunes que Dan Gurney tente son ultime come-back au volant d'une McLaren. Le châssis M14A/1 est modifié tout spécialement pour que l'immense Américain puisse s'y installer confortablement – pour trois courses. Mais Gurney est sponsorisé par Castrol tandis que McLaren a un contrat avec Gulf, et de telles combinaisons ne s'avèrent plus défendables après le Grand Prix d'Angleterre. Lors de cette même course, John Surtees fait ses débuts au volant d'un mince projectile qui porte son propre nom. Annoncé à l'origine pour quatre manches au volant de la M7C, Big John réserve l'une des rares bonnes surprises de McLaren au début de la saison 1970: record du tour à Kyalami, ex aequo avec Jack Brabham sur Brabham, le futur vainqueur.

McLaren for McLaren 37

It was all in vain: even as early as Monaco, de Adamich, in the McLaren-Alfa, is unable to qualify (1). Third place despite burned hands: Hulme at Brands Hatch (2). Not a good day for McLaren: de Adamich (3) and Hulme (4) at Zeltweg.

Vergebliche Liebesmüh: Schon in Monaco überwindet de Adamich im McLaren-Alfa die Qualifikationshürde nicht (1). Rang drei trotz schmerzender Hände: Hulme in Brands Hatch (2). Kein guter Tag für McLaren: de Adamich (3) und Hulme (4) in Zeltweg.

1

McLaren for McLaren

Vains efforts: à Monaco déjà, de Adamich ne parvient pas à se qualifier avec la McLaren-Alfa (1). Troisième place malgré des mains douloureuses: Hulme à Brands Hatch (2). Une journée à oublier pour McLaren: de Adamich (3) et Hulme (4) à Zeltweg.

McLaren for McLaren

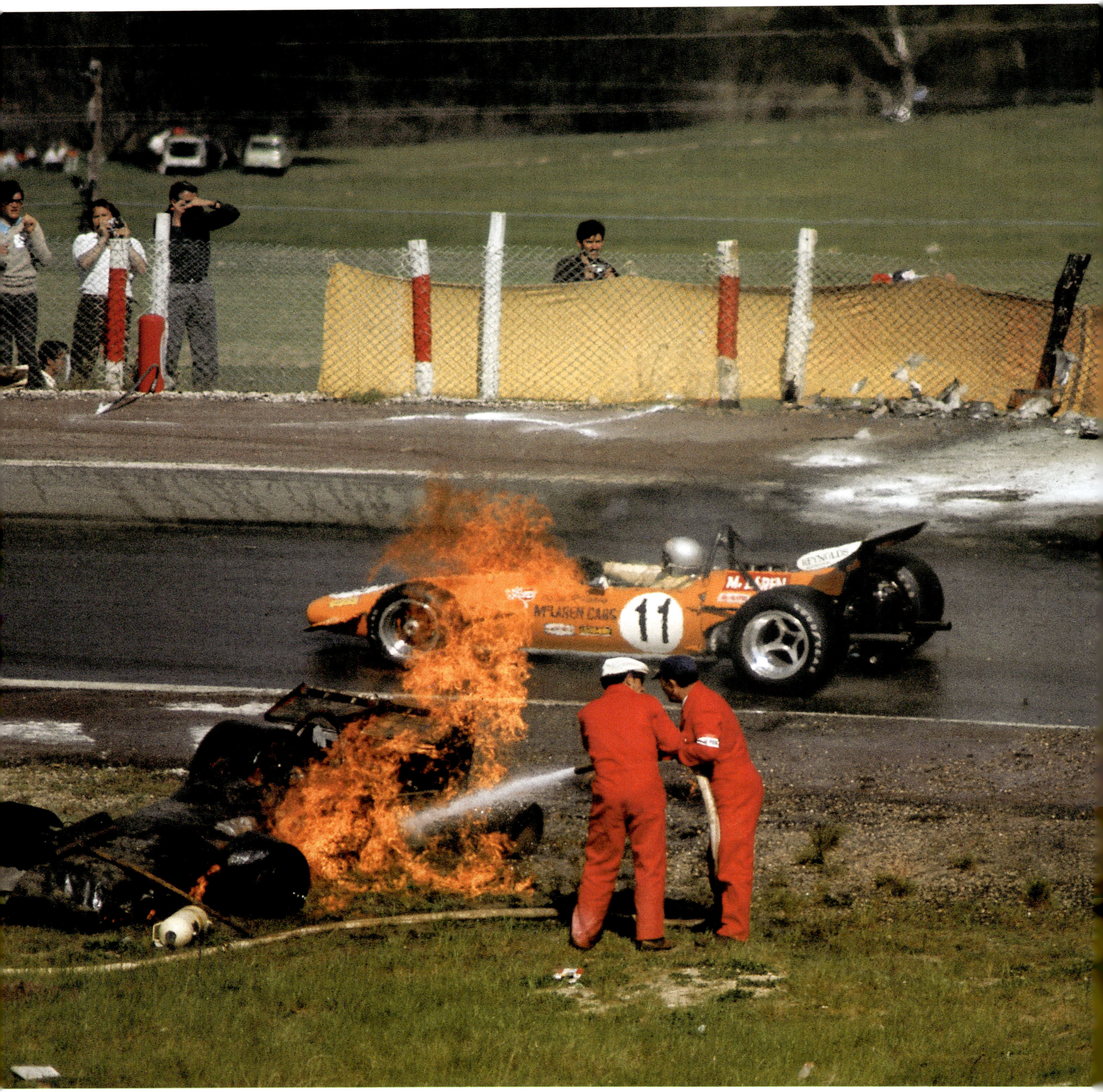
11

Trial by fire: Bruce McLaren in Jarama, between the blazing wreckage of Ickx' Ferrari and Oliver's BRM. All escape unscathed (1). Relaxed atmosphere: McLaren and Hulme taking a break during the Gran Premio de España (2). Retirement: the McLarens of de Adamich and Gethin wait in the pits as George Eaton's BRM is muscled away (3).

Feuerprobe: Bruce McLaren in Jarama zwischen den brennenden Resten des Ferrari von Ickx und des BRM von Oliver. Für alle Beteiligten geht die Sache glimpflich aus (1). Entspannte Atmosphäre: McLaren und Hulme während einer Pause beim Gran Premio de España (2). Ruhestand: Die McLaren von de Adamich und Gethin warten an der Box, während George Eatons BRM mit Muskelkraft bewegt wird (3).

Baptême du feu: Bruce McLaren, à Jarama, entre les épaves brûlantes de la Ferrari de Jacky Ickx et de la BRM d'Oliver. Tous deux s'en sortiront indemnes (1). Atmosphère détendue: McLaren et Hulme lors d'une pause au Gran Premio de España (2). Attente: les McLaren de de Adamich et Gethin rongent leur frein devant les stands tandis que les mécaniciens poussent la BRM de George Eaton (3).

McLaren on McLaren

McLaren 1971

On paper, the McLaren M19A, presented on a cold morning in early February 1971, is a real tiger. In the unforgiving arena of the racetrack, however, it turns out to be no more than a paper tiger. Its designer is Ralph Bellamy, who is just passing through; he worked for Brabham a year earlier and will be at Lotus the following year. Like his colleagues at BRM and Tyrrell, Bellamy follows a fashion trend begun with the Matra MS80 of 1969, which elevates the "Coke bottle" shape to a styling principle: the weight of the fuel is carried by low-mounted tanks in the middle of the chassis, which imparts a sort of "pot belly" look to the cockpit area. Wheelbase has grown by 380 mm to 2540 mm, to provide more room for fuel between the driver and engine. John Nicholson attends to the McLaren motors; in this season, a top-of-the-line DFV puts out 450 bhp at 10,500 rpm. Some speculate that, in Orwellian manner, the premier Tyrrell team is treated more equally than the others. The immaculate workmanship of the M19A, built by Don Beresford and Leo Wybrott, is an integral part of McLaren's image. Its rising-rate suspension gives the impression of thorough engineering; the four spring and shock absorber units initially respond softly, then with increasing stiffness. In practice, however, the system is less convincing. Its reactions are ambiguous, and drivers complain that its behavior is difficult to interpret. Worst of all, it is not compatible with the new generation of slick tires.

For the South African Grand Prix at Kyalami on March 6, all still appears in order within the McLaren universe. Denny Hulme leads 59 of the scheduled 79 laps, even though he has to defend against Mario Andretti's charging Ferrari. Then, a bolt falls out of the rear suspension – a small detail with serious consequences. The failure of a tiny part relegates Denny the Bear to sixth place.

Kyalami marks the beginning of a hectic racing season. In addition to the eleven regular Grands Prix, there are eight additional non-championship races. At the end of the season, the results are disappointingly meager. Twice, Peter Gethin finishes second in the previous year's car, the M14A, in the Rothmans International Trophy in Oulton Park on April 9 and in the International Daily Express Trophy at Silverstone on May 8. In mid-September, Mark Donohue brings home the best finish in a championship race: at the Canadian Grand Prix, he finishes third in chassis M19A/1, painted in the colors of Roger Penske and his sponsor, Sunoco – dark blue and yellow. The American driver is hired by the team to fill the void left by Bruce McLaren's death; like McLaren, Donohue was a driver who could also provide lucid descriptions of a car's behavior. However, Donohue only drove in the one guest appearance, and in Watkins Glen two weeks later, David Hobbs is at the wheel of the same car, in the first of his three drives for McLaren.

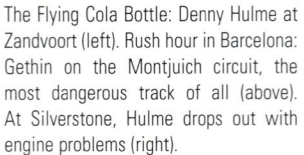

The Flying Cola Bottle: Denny Hulme at Zandvoort (left). Rush hour in Barcelona: Gethin on the Montjuich circuit, the most dangerous track of all (above). At Silverstone, Hulme drops out with engine problems (right).

Rasende Colaflasche: Denny Hulme in Zandvoort (links). Rush-hour in Barcelona: Gethin auf dem Montjuich-Kurs, dem gefährlichsten von allen (oben). Ausfall für Hulme in Silverstone – Maschinenschaden (rechts).

La bouteille de Coca-Cola la plus rapide du monde: Denny Hulme à Zandvoort (à gauche). Rush hour à Barcelone: Gethin sur le circuit de Montjuich, le plus dangereux de tous (en haut). Abandon de Hulme à Silverstone – panne de moteur (à droite).

Auf dem Papier ist der McLaren M19A, vorgestellt an einem kalten Morgen in der ersten Februarhälfte 1971, ein Tiger. Auf dem erbarmungslosen Prüfstand der Piste aber schrumpft er zum Papiertiger. Konstrukteur ist – gleichsam im Vorübergehen – Ralph Bellamy, der im Jahr zuvor noch bei Brabham war und ein Jahr später bei Lotus angestellt wird. Wie seine Kollegen bei BRM und Tyrrell folgt Bellamy einer modischen Strömung, die mit dem Matra MS80 von 1969 eingeschlagen wurde und die Form der Colaflasche zum stilistischen Prinzip erhebt: Das Gewicht des Benzins wird auf niedrig angeordnete Tanks in der Mitte des Chassis konzentriert, was im Umfeld des Cockpits eine Art Wohlstandsbäuchlein sprießen läßt. Der Radstand ist um 380 Millimeter auf deren 2540 gewachsen, damit mehr Treibstoff zwischen Fahrer und Triebwerk untergebracht werden kann. Die McLaren-Motoren betreut John Nicholson: 450 PS bei 10500/min leisten Spitzen-DFV in dieser Saison. Aber man argwöhnt, Top-Team Tyrrell zum Beispiel werde in Orwellscher Manier etwas gleicher behandelt als die anderen. Makellos – längst ein fester Faktor im Marken-Image – ist die Verarbeitung der M19A, die von Don Beresford und Leo Wybrott aufgebaut werden. Überzeugend ausgedacht wirkt auch ihre progressive Aufhängung: Die vier Einheiten von Schraubenfedern und Dämpfern, binnenbords untergebracht, reagieren anfänglich sanft und dann mit zunehmender Härte. In der Praxis jedoch vermag das System nicht zu überzeugen. Es reagiere teigig, die Rückmeldungen des Autos seien schwer zu lesen, nörgeln die Piloten. Im übrigen vertrage es sich nicht mit der neuen Generation von profillosen Reifen.

Beim Großen Preis von Südafrika in Kyalami am 6. März scheint der McLaren-Kosmos noch eine schöne neue Welt. 59 von 79 Runden führt Denny Hulme, wenn er sich auch gegen die Attacken von Ferrari-Gelegenheitsfahrer Mario Andretti zur Wehr setzen muß. Dann fällt ein Bolzen aus der hinteren Aufhängung. Kleine Ursache, große Wirkung: Durch diese Bagatelle wird der bärige Neuseeländer auf Rang sechs relegiert.

So sieht der Start in eine hektische Saison aus: Zu den elf regulären Grand Prix kommen acht weitere Läufe ohne Meisterschaftsstatus. Die Ausbeute erweist sich als ungemein mager. Zweimal wird Peter Gethin zweiter auf dem Jahreswagen M14A, bei der Rothmans International Trophy in Oulton Park am 9. April und bei der International Daily Express Trophy in Silverstone am 8. Mai. Für die beste Plazierung in einem Großen Preis sorgt Mark Donohue Mitte September in Kanada: Platz drei im Chassis M19A/1, das in Dunkelblau und Gelb lackiert ist – den Farben von Roger Penske und Sponsor Sunoco. Der Amerikaner wurde ins Team geholt, um endgültig die Lücke zu schließen, die Bruce McLaren hinterlassen hatte: die des Piloten, der auch kompetente Auskunft über das Auto geben kann. Aber es kommt nur zu diesem einmaligen Gastspiel, und in Watkins Glen 14 Tage später sitzt David Hobbs im gleichen Wagen, beim ersten von insgesamt drei Einsätzen für McLaren.

Sur le papier, la McLaren M19A, présentée par une froide matinée au début de février 1971, est un tigre. Mais, face à l'état déplorable de la piste, elle s'avère en réalité un tigre de papier. Son constructeur est – mais il ne le restera pas longtemps – Ralph Bellamy, qui œuvrait un an plus tôt encore chez Brabham et sera recruté, un an plus tard, par Lotus. Comme ses collègues de chez BRM et Tyrrell, Bellamy s'inspire lui aussi d'une mode créée en 1969 par la Matra MS80 et élève la forme de la bouteille de Coca-Cola au rang de principe esthétique: le poids de l'essence est concentré dans des réservoirs placés au milieu du châssis, ce qui confère au cockpit des hanches bien rebondies. L'empattement a été allongé de 380 mm et en mesure maintenant 2540 pour que l'on puisse loger plus de carburant entre le conducteur et le moteur. Les moteurs de McLaren sont confiés à John Nicholson: cette saison-là, les meilleurs DFV développent 450 ch à 10500 tr/min. Mais, s'inspirant d'Orwell, certains critiquent que le top-team qu'est Tyrrell, par exemple, soit traité un peu plus équitablement que les autres. La finition de la M19A, qui est l'œuvre de Don Beresford et Leo Wybrott, échappe à toute critique – c'est depuis longtemps déjà une qualité qui fait honneur à la marque. A première vue, sa suspension progressive semble, aussi, sophistiquée: les quatre combinés ressorts hélicoïdaux/amortisseurs in-board réagissent initialement avec douceur avant d'afficher une dureté croissante. Dans la pratique, pourtant, le système ne s'avère pas convaincant. Elle réagit avec mollesse et les retours d'information de la voiture sont difficiles à interpréter. De plus, ajoutent-ils, elle ne convient pas pour la nouvelle génération de pneumatiques sans sculptures.

Lors du Grand Prix d'Afrique du Sud, à Kyalami, le 6 mars, le cosmos McLaren a encore tout d'un monde meilleur où tout est pour le mieux. Denny Hulme caracole en tête durant 59 tours sur 79, mais il est attaqué avec pugnacité par Mario Andretti, pilote occasionnel chez Ferrari. Mais il perd un boulon de la suspension arrière. A petites causes grands effets: cette bagatelle relègue le Néo-Zélandais taciturne à la sixième place.

Et ce n'est que le début d'une saison qui ne connaîtra pratiquement aucun temps mort: les onze Grands Prix normaux sont ponctués par huit autres manches qui ne sont pas prises en compte pour le championnat. Le butin s'avère extrêmement décevant. Peter Gethin termine deux fois 2e sur la M14A de cette année-là, au Rothmans International Trophy, à Oulton Park, le 9 avril, et au International Daily Express Trophy, à Silverstone, le 8 mai. C'est Mark Donohue, à la mi-septembre au Canada, qui signera le meilleur résultat en Grand Prix: une troisième place avec le châssis M19A/1, peint en bleu foncé et jaune – les couleurs de Roger Penske et de son sponsor Sunoco. L'Américain a été appelé dans l'équipe pour combler enfin le grand vide laissé par Bruce McLaren: celui d'un pilote qui peut donner aussi des renseignements compétents sur la voiture. Mais cet intermède ne sera que de brève durée et, après ce seul Grand Prix, c'est David Hobbs qui, à Watkins Glen, quinze jours plus tard, sera assis dans son baquet, pour le premier d'un total de trois Grands Prix qu'il disputera pour McLaren.

Springtime on the Riviera: in May, Monaco always puts on its best face, as Gethin is to learn during Friday's practice (1). Hard times: no points for Hulme in England (2) and Holland, where the New Zealander struggles home in twelfth place (4). Chase scene at Montjuich: Hulme leads Gethin and François Cévert's Tyrrell (3).

Frühling an der Côte: Im Mai zeigt sich Monaco nicht immer von seiner angenehmsten Seite, wie Gethin beim Freitagstraining feststellt (1). Schwere Stunden: keine Punkte für Hulme in England (2) und Holland, wo der Neuseeländer lediglich auf Platz zwölf eintrudelt (4). Jagdszene am Montjuich: Hulme vor Gethin sowie François Cévert im Tyrrell (3).

Le printemps sur la Côte : en mai, à Monaco, le temps est parfois épouvantable, comme le constate Peter Gethin lors des essais du vendredi (1). Nuages sombres : chou blanc pour Hulme en Angleterre (2) et en Hollande, où le Néo-Zélandais échoue à une décevante douzième place (4). Scène de chasse à Montjuich : Hulme précédant Gethin et François Cévert sur Tyrrell (3).

The Mayer Era

The Mayer Era 45

McLaren 1972

McLaren's last Formula 1 victory, at the Mexican Grand Prix in the fall of 1969, lies 24 races in the past. Of course it is only a coincidence, but it also has an unmistakable symbolic significance. The team's guiding principle is one of unfaltering hope, but the crew assembled around the firm's two directors, Phil Kerr and Teddy Mayer, must bide their time until the South African Grand Prix in the spring of 1972. The winner of that race is the same man who brought home McLaren's last F1 win: Denny Hulme, now in his fifth of seven years for the team.

The motor pool is also unchanged from the previous year: chassis M19A/1 and A/2. But the racers from Colnbrook have matured visibly. Significant improvements have been made; to the wings, for example, and the fine art of adjusting them. Moreover, suspension and tires have achieved a symbiotic relationship, not least because the front suspension remains progressive while the rear has a constant rate and is therefore more predictable.

As early as the fall of 1971, New Zealander Phil Kerr goes hunting for sponsors, and, with charm and determination, is successful. The cars wear the white, black, gold and brown livery of cosmetic giant Yardley, plus the logos of Goodyear and Gulf, specialist suppliers to the sport. The Yardley deal is for two years, and Yardley will exercise its option for the 1974 season. By that time, the available markets have been saturated, and an attractive advertising opportunity is lost with Mike Hailwood's career-ending accident on the Nürburgring on August 4, 1974.

American driver Peter Revson joins the team as a Formula 1 rookie who has already proven himself as a McLaren pilot in the CanAm series and USAC races. In the event of a scheduling conflict, the American races have higher priority for Revson's services in 1972, so for Monaco, Clermont-Ferrand and the Nürburgring, British driver Brian Redman fills in. Redman is a brilliant sports car pilot. On May 14, he celebrates his McLaren debut in the gray-green, rain-soaked hell of the Principality of Monaco with a fifth place finish, a minor masterpiece. In Watkins Glen, the team gives a young wild man named Jody Scheckter a chance, based on his Formula 2 win in a McLaren M21 at Crystal Palace on Whit Monday.

May 1972 is a memorable month for the McLaren team, now numbering 50 employees. They celebrate two more victories before the month is out: Mark Donohue wins Indy with the Team Penske M16B, and Denny Hulme, driving M19A/1, wins the Oulton Park Gold Cup in one of the seven non-championship F1 races held that year.

Bruce McLaren Motor Racing Ltd. husbands its resources like a penny-pinching Scotsman, as can be seen in the history of that same car, M19A/1. The Rothmans 50,000, a formula libre event run in August, has a purse of £50,000 as the name indicates. M19A/1 undergoes special preparation for this race, including installation of a 220-liter fuel tank. Brian Redman finishes second. The old war horse is then reconverted to serve in its original capacity as a Formula 1 machine.

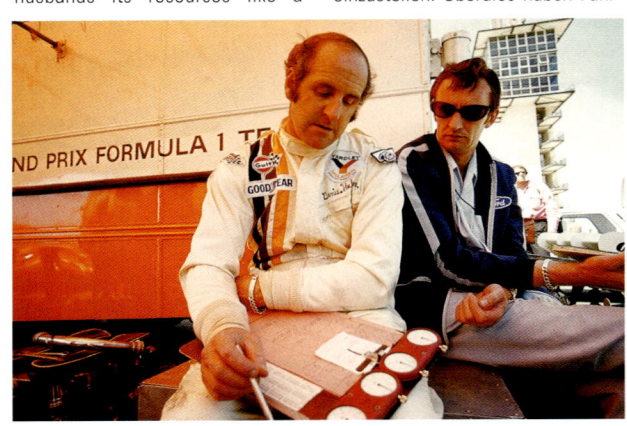

Communicative: Hulme discusses lap times at Jarama (left) and more pleasant topics at Monza, where Peter Revson keeps him company (below). Change in the air: the weather front that is to descend on Monaco for the race is already making itself felt during practice. Brian Redman (no. 15) enjoys the sunshine while he can (above). This year, even seventh place is cause for celebration: Revson at Spa (right).

Mitteilsam: Hulme bespricht Rundenzeiten in Jarama (links) und vergnüglichere Themen in Monza, wo ihm Peter Revson Gesellschaft leistet (unten). Wetterwende: Das Regengebiet, das sich am Sonntag über Monaco zusammenbrauen wird, zeichnet sich während des Trainings bereits ab. Brian Redman (Nr. 15) genießt die Sonne (oben). In diesem Jahr gereicht auch ein siebter Platz zur Freude: Revson in Spa (rechts).

Bavard: Hulme commente les temps des qualifications à Jarama (à gauche) et quelque chose d'appartement beaucoup plus divertissant à Monza, où Peter Revson lui tient compagnie (en bas). Mauvais temps en vue : la dépression qui va se déverser sur Monaco le dimanche s'annonce déjà lors des essais. Brian Redman (n° 15) profite des rayons du soleil (en haut). Cette année-là, une septième place sera aussi une source de satisfaction : Revson à Spa (à droite).

Naturellement, ce n'est qu'un hasard, mais le message n'en possède pas moins un certain symbolisme: le dernier succès de McLaren remonte à 24 Grands Prix, lors du Grand Prix du Mexique, à l'automne 1969. Et l'on continue de cultiver d'espérer. Mais, dans la réalité, les hommes regroupés autour des deux directeurs, Phil Kerr et Teddy Mayer, doivent patienter jusqu'au Grand Prix d'Afrique du Sud, au printemps 1972. Cette année-là, le vainqueur est le même qu'autrefois: Denny Hulme, qui accomplit la cinquième de ses sept saisons pour l'écurie. D'abord, les voitures sont les mêmes que celles de l'année précédente: les châssis M19A/1 et A/2. Mais, entre-temps, les bolides de Colnbrook sont arrivés à maturité. Des éléments déterminants ont été améliorés, les ailerons, par exemple, et l'on sait les régler correctement. En outre, trains roulants et pneumatiques ont contracté une authentique symbiose, aussi et surtout parce que la suspension est demeurée progressive à l'avant alors qu'elle est maintenant constante à l'arrière et, de ce fait, plus calculable.

A l'automne 1971, déjà, le Néo-Zélandais Phil Kerr s'est mis en quête de sponsors; son charme et son entêtement ont été récompensés: les voitures arborent maintenant la livrée du géant américain des cosmétiques, Yardley, en blanc, noir, or et marron avec, pour compléter, les logos de Goodyear et Gulf en qualité de spécialistes de ce secteur. Le contrat passé avec Yardley porte sur deux ans, avec une option pour 1974, que l'on finira par exercer, mais, ensuite, les marchés des sponsors sont épuisés et, qui plus est, l'accident de Mike Hailwoods, le 4 août 1974 au Nürburgring, fait disparaître l'un des pilotes les plus médiatiques.

Un néophyte arrive dans l'écurie: l'Américain Peter Revson, qui a déjà gagné ses galons chez McLaren en CanAm et lors des courses de l'USAC. En 1972, celles-ci ont la priorité en cas de recoupement de dates. Ainsi, à Monaco, Clermont-Ferrand et au Nürburgring, c'est le Britannique Brian Redman, un brillant pilote de voitures de sport, qui prendra le relais et signera d'emblée une prestation d'anthologie en terminant 5e pour ses débuts sous une pluie diluvienne dans la principauté monégasque, le 14 mai. A Watkins Glen, McLaren donne une chance au jeune et sauvage Jody Scheckter pour le récompenser de sa victoire au volant d'une McLaren M21 lors d'une course de Formule 2 à Crystal Palace, le lundi de la Pentecôte.

Le mois de mai en 1972 est à marquer d'une pierre blanche pour l'écurie – McLaren compte 50 salariés: Mark Donohue gagne les 500 Miles d'Indianapolis avec la M16B de l'écurie Penske et Denny Hulme gagne avec sa M19A/1 la Oulton Park Gold Cup, l'une des sept manches de Formule 1 qui, en 1972, ne comptent pas pour le championnat du monde.

Une anecdote prouve que la Bruce McLaren Motor Racing Limited gère son matériel avec un sens de l'économie digne d'un Ecossais à l'exemple de cette même voiture: la course du «Rothmans 50 000», à Brands Hatch, en août, une course de formule libre avec un plateau haut en couleur, est dotée de 50 000 £ de prix comme son nom l'indique. On affuble la M19A/1 d'un énorme réservoir au volume de 220 litres et l'inscrit dans la catégorie Special, ce qui permet à Brian Redman de terminer 2e. Ensuite, la vieille et fidèle monoplace est reconditionnée pour son métier proprement dit, la Formule 1.

The Mayer Era 47

Third place for Hulme in Spa, driving chassis M19C/1 (1). Rock around the Ring with Redman: the wings are supposed to prevent flying (2). Point of view: at Monaco, all except Lotus driver Fittipaldi had this perspective of Hulme and Revson's McLarens (3).

Platz drei für Hulme in Spa auf Chassis M19C/1 (1). Rock am Ring mit Redman: Eigentlich sollen Flügel das Fliegen ja verhindern (2). Ansichtssache: Mit dieser Perspektive der McLaren von Hulme und Revson müssen sich in Zeltweg alle außer Lotus-Pilot Fittipaldi begnügen (3).

Troisième place pour Hulme à Spa sur le châssis M19C/1 (1). Rock au Ring avec Redman: les ailerons sont pourtant censés empêcher les voitures de s'envoler (2). Question de point de vue: à Zeltweg, tous les concurrents, sauf le pilote de Lotus Emerson Fittipaldi, devront se contenter de cette perspective des McLaren de Hulme et Revson (3).

The Mayer Era

The Mayer Era

1

The Mayer Era

The great outdoors: the McLarens in the Clermont-Ferrand paddock (1). By contrast, the Nürburgring welcomes competitors with rustic accommodation (2).

Leben in und mit der Natur: die McLaren im Fahrerlager von Clermont-Ferrand (1). Der Nürburgring wartet hingegen mit altertümlichem Komfort auf (2).

Scène bucolique: les McLaren dans le paddock de Clermont-Ferrand (1). Le Nürburgring leur offre en revanche un confort vieillot (2).

The Mayer Era

McLaren 1973

At the South American races kicking off the 1973 season, Denny Hulme and Peter Revson have to struggle on with the old M19 chassis. The bulging race cars have gotten long in the tooth; at the end of their careers, they are reliable and steady old war horses, albeit a bit overweight, slow on the straights, and lacking agility.

As the Grand Prix circus travels through Argentina and Brazil, Gordon Coppuck stays at home, working on the M23, which will prove to be a born winner. With its unconventional wedge shape, he follows the trail blazed by Colin Chapman's ingenious Lotus 72.

McLaren has already applied the principle to the Indy-winning M16. The monocoque is so narrow, and the cockpit so tiny, that drivers must remove the steering wheel before they can enter or leave their "office." This puts the side-mounted radiators out where they enjoy uninterrupted cooling air flow. The front suspension is that of the M19, with a conventional rear end. Wheelbase has been increased slightly to 2565 mm. One design consideration incorporated in the M23 is the FIA's requirement that as of the Spanish Grand Prix on April 29, cars must include deformable structures around the tanks for increased safety.

After 70 test laps at Goodwood, the new car is shipped to Kyalami at the end of February for its debut. Denis Hulme is immediately impressed. He happily reports that the M23 oversteers slightly, and can be drifted around turns. This is a perfect match for his personal driving style. He chalks up the first F1 pole position of his career, on a course which has already come to know the New Zealander's spectacular drives. History repeats itself; as in 1971, Hulme leads from the start, and again drops back through no fault of his own. This time, wreckage from an incident between Charlton, Hailwood and Regazzoni has punctured his tires, forcing two pit stops.

Hulme's first win with the M23, at the Swedish Grand Prix in Anderstorp, will not come until three months later. A month after Sweden, at the British Grand Prix in Silverstone, it is Peter Revson's turn to collect the victor's laurels. It is the marque's first F1 win on British soil, and Revson's first-ever Grand Prix victory. Characteristically self-confident, the handsome American had bet 100 pounds on himself to win, with the Ladbrokes betting agency — at 14:1 odds. He was successful, on the second try; on the first attempt to start the race, McLaren's new driver Jody Scheckter managed to wreck nine cars at the end of the first lap.

In September, Revson is awarded a win, in the rainswept Canadian Grand Prix. Because the pace car picked up the wrong leader, the timing and scoring turned into a bookkeeping fiasco. To this day, experts still argue about who really won the 1973 Canadian Grand Prix at Mosport.

Initiation rites: at Silverstone (left) McLaren rookie Jody Scheckter gets advice from old hand Jackie Stewart, and at Le Castellet (above) from his crew. Roundabout: after his brakes fail, Hulme spins at Monza's first chicane (below). Friendly curiosity (right): at Zolder, Revson – left – and Hulme take a keen interest in the work of the mechanics.

Stories of initiation: In Silverstone (links) wird McLaren-Novize Jody Scheckter durch Altmeister Jackie Stewart, in Le Castellet (oben) durch seine Crew beraten. Kreisel-Verkehr: Dreher für Hulme in Monza an der ersten Schikane nach Bremsversagen (unten). Freundliches Interesse (rechts): In Zolder nehmen Revson – links – und Hulme regen Anteil an der Arbeit der Mechaniker.

Stories of initiation : à Silverstone (à gauche), le grand champion du monde Jackie Stewart et, au Castellet (en haut), ses mécaniciens initient le néophyte Jody Scheckter aux secrets de sa McLaren. Toupie : tête-à-queue pour Hulme à Monza, à la première chicane, après une défaillance de ses freins (en bas). Petits curieux (à droite) : à Zolder, Revson – à gauche – et Hulme semblent captivés par le travail des mécaniciens.

Bei den beiden südamerikanischen Läufen zu Beginn der Saison 1973 muß für Denny Hulme und Peter Revson noch einmal die real existierende Baureihe M19 herhalten. Die rundlichen Renner sind inzwischen entschieden in die Jahre gekommen, am Ende verläßlich und beherrschbar wie ein altes Schlachtroß, wenn auch ein bißchen übergewichtig und schwerfällig und langsam auf den Geraden.

Während die Grand-Prix-Karawane durch Argentinien und Brasilien zieht, werkt daheim Gordon Coppuck bereits am M23, einem geborenen Sieger, wie sich zeigen wird. Mit seiner gefälligen Keilform folgt er dem Vorbild von Colin Chapmans genialischer Kreation Lotus 72. Im eigenen Haus hat man sie schon dem IndyCar McLaren M16 anverwandelt. So schmal ist das Monocoque, so winzig das Cockpit, daß die Piloten beim Betreten und Verlassen ihres Arbeitsplatzes das Lenkrad entfernen müssen. Die seitlichen Kühler können so vom Fahrtwind unbehindert angeblasen werden. Die Aufhängung entspricht vorn der des M19 und ist hinten konventionell ausgelegt. Der Radstand wuchs leicht auf 2565 Millimeter. Ein Parameter bei der Konzeption des M23 war, daß er dem Gebot der FIA entsprechen mußte, die vom Großen Preis von Spanien am 29. April an verformbare Strukturen für mehr Sicherheit im Umfeld der Tanks postulierte.

Nach 70 Testrunden in Goodwood verfrachtet man den Neuen Ende Februar zum Debüt nach Kyalami. Denis Hulme ist sofort sehr angetan. Der M23 übersteuere leicht und lasse sich dann problemlos in einem schönen Drift bewegen, berichtet er vergnügt. Just das kommt seinem persönlichen Stil entgegen. Er revanchiert sich mit seiner ersten Pole Position, und zwar auf einer Strecke, die längst zum Forum für starke Auftritte des Neuseeländers geworden ist. Wie sich die Bilder gleichen: Ähnlich wie 1971 führt Hulme anfänglich, und ähnlich wie damals wird er schuldlos zurückgeworfen. Diesmal haben sich Wrackpartikel aus einer Rempelei zwischen Charlton, Hailwood und Regazzoni in seine Reifen gebohrt. Zweimalige ambulante Behandlungen an der Box sind die Folge.

Hulmes erster Sieg mit dem M23 – beim Großen Preis von Schweden in Anderstorp – läßt allerdings noch ein Vierteljahr auf sich warten. Einen Monat später, in Silverstone, ist Peter Revson dran. Es ist zugleich der erste Sieg der Marke auf britischem Boden und der erste Sieg Revsons in einem Grand Prix. Voll unerschütterlichen Selbstvertrauens hatte der schöne Amerikaner vor dem Rennen beim Buchmacher Ladbrokes 100 Pfund auf den eigenen Erfolg gesetzt. Die Chancen standen 14:1. Allerdings klappen die Dinge erst beim zweiten Anlauf wie am Schnürchen. Am Ende der Startrunde beim ersten Versuch hatte nämlich McLaren-Rekrut Jody Scheckter nach einem Fahrfehler den Schrott von neun schwer havarierten Autos auf dem Kerbholz.

Noch einmal wird Revson der Sieg zuerkannt, nämlich nach dem Regenchaos des Großen Preises von Kanada im September. Weil das Pace Car eine Zeitlang vor dem falschen Spitzenreiter hergefahren ist, gerät dort jegliche Buchhaltung durcheinander. Wer damals in Mosport wirklich gewonnen hat, darüber streiten die Experten noch heute.

Pour la Temporada sud-américaine qui inaugure la saison 1973, Denny Hulme et Peter Revson doivent encore une fois se contenter de la bonne vieille M19 qui accuse maintenant un âge avancé, mais a l'avantage d'être fiable et prévisible comme un vieux cheval de bataille avec le handicap d'un embonpoint et d'un poids préjudiciables à une bonne vitesse de pointe.

Pendant que le cirque des Grands Prix fait étape en Argentine et au Brésil, Gordon Coppuck, resté en Angleterre, planche déjà sur la M23, un vainqueur né, comme on le constatera par la suite. Elégante et cunéiforme, elle s'inspire de la Lotus 72, géniale création de Colin Chapman. Chez McLaren, on a déjà appliqué cette recette pour la M16 qui défend les couleurs de la marque en formule Indianapolis. La monocoque est si étroite et le cockpit si minuscule que les pilotes doivent auparavant démonter le volant pour se glisser dans le baquet ou en sortir. Le vent dynamique peut ainsi balayer optimalement les radiateurs latéraux. Les suspensions sont celles de la M19 et conventionnelles à l'arrière. Légèrement allongé, l'empattement est de 2565 mm. Un paramètre qui a présidé à la conception de la M23 était le règlement de la FIA, qui prévoit, à partir du Grand Prix d'Espagne, le 29 avril, des structures déformables offrant plus de sécurité à hauteur du réservoir.

Après 70 tours de roulage à Goodwood, la nouvelle monoplace prend l'avion, fin février, pour ses débuts à Kyalami. Denis Hulme est d'emblée tout feu tout flamme. La M23 survire légèrement, mais il la contrôle sans problème dans un beau contre-braquage, rapporte-t-il en ayant du mal à dissimuler sa jubilation. Voilà qui va au-devant de son style de conduite. Il récompense ses ingénieurs avec sa première pole position, et qui plus est, sur un circuit depuis longtemps devenu le circuit fétiche du Néo-Zélandais. Comme l'histoire bégaye : au début, Hulme applique la même stratégie qu'en 1971 et, en 1973, il se retrouve de nouveau au fond du classement comme en 1971 déjà, mais sans que cela ne soit sa faute. Cette fois-ci, des traces de la collision entre Charlton, Hailwood et Regazzoni ont lacéré ses pneus. Il doit rallier deux fois les stands pour en changer.

La première victoire de Hulme au volant de la M23 – au Grand Prix de Suède, à Anderstorp – se fera attendre encore trois mois. Un mois plus tard, à Silverstone, c'est au tour de Peter Revson. Cette victoire est la première de la marque sur un circuit britannique et c'est aussi la première victoire de Revson en Grand Prix. Empli d'une confiance inébranlable en lui-même, le bel Américain avait, avant la course, misé 100 livres sur son propre succès chez le bookmaker Ladbrokes. Ses chances étaient de 14:1. Il aura toutefois fallu une seconde tentative pour qu'il puisse parvenir à ses fins. Dès le premier départ, la jeune recrue de McLaren, le Sud-Africain Jody Scheckter, avait en effet causé un accident qui se solda par neuf monoplaces gravement endommagées.

Revson coiffera encore une fois la couronne de laurier au Grand Prix du Canada, disputé en septembre sous une pluie diluvienne. Le Pace Car s'étant placé devant le prétendu leader, tout comptage des tours devint illusoire. Aujourd'hui encore, les spécialistes se disputent pour savoir qui a vraiment gagné à Mosport cette année-là.

The Mayer Era

1

2

54 The Mayer Era

Scene of the crime: Silverstone. While Stewart (Tyrrell), Peterson (Lotus) and Reutemann (Brabham) charge ahead, all hell breaks loose behind them (1, 2). The perpetrator, Scheckter, is easily identified (3).

Tatort Silverstone: Während Stewart (Tyrrell), Peterson (Lotus) und Reutemann (Brabham) gewissermaßen die Flucht nach vorn antreten, bricht hinter ihnen die Hölle los (1, 2). Nach Scheckter, dem Täter, braucht man nicht lange zu recherchieren (3).

Pagaille à Silverstone: alors que Stewart (Tyrrell), Peterson (Lotus) et Reutemann (Brabham) cherchent leur salut dans la fuite, l'apocalypse se déclenche derrière eux (1, 2). Pas besoin de longue enquête pour trouver le coupable: c'est Scheckter (3).

The Mayer Era

1

Lonely at the top: at the start in Monza, Hulme leads, ahead of the two Lotus of Peterson (right) and Fittipaldi (1). Victory and fastest race lap at Anderstorp goes to Hulme, but Ronnie Peterson led 78 of 80 laps (2). Limited engagement: third place for Jacky Ickx, behind the two Tyrrells (3). Third place at Monza for Revson, who has latched onto Jackie Stewart like a terrier (4).

Einsame Spitze: Am Start führt Hulme in Monza vor den beiden Lotus von Peterson (rechts) und Fittipaldi (1). Sieg und schnellste Runde für Hulme in Anderstorp. Aber in 78 von 80 Durchgängen führte Ronnie Peterson (2). Einmalige Vorstellung: Rang drei am Ring für Jacky Ickx hinter den beiden Tyrrell (3). Rang drei in Monza für Revson, dem Jackie Stewart wie eine Faust im Nacken sitzt (4).

Tout seul en tête: au baisser du drapeau, Hulme prend la tête à Monza devant les deux Lotus de Peterson (à droite) et Fittipaldi (1). Victoire et record du tour pour Hulme à Anderstorp, mais après que Ronnie Peterson eut mené la course pendant 78 tours sur 80 (2). Sensationnel: Jacky Ickx termine 3ᵉ au Nürburgring derrière les deux Tyrrell (3). Troisième place à Monza pour Revson, que Jackie talonne sans jamais pouvoir le dépasser (4).

The Mayer Era

The Mayer Era 57

McLaren 1974

In its year of triumph, 1974, Bruce McLaren Motor Racing Ltd. fields a two-pronged offensive by splitting into two teams, carrying the colors of their respective sponsors. Team Marlboro Texaco McLaren forms one branch, led by Teddy Mayer, with drivers Denny Hulme and Emerson Fittipaldi (who replaces Peter Revson). The other team, joined to Mayer and his crew by friendly rivalry, is the Yardley McLaren effort under New Zealander Phil Kerr, with two-time motorcycle champion Mike Hailwood as driver.

The vehicles are identical; over the winter, its creator, Gordon Coppuck, has brought the M23 up to the latest standard, maintained by Fittipaldi who did the lion's share of development driving at Paul Ricard. A spacer between engine and transmission increases the wheelbase by 76 mm. Now the rear wing can be set far back, out of the turbulence whipped up by the front of the M23.

The Yardley McLaren section has a surprisingly eventful season. By the time the German Grand Prix takes place on August 4, on the Nürburgring, Mike Hailwood has assembled twelve championship points. However, his no. 33 car fails to come around on the penultimate lap. Crashing at Pflanzgarten, Hailwood suffers severe leg injuries, a premature end to a race, a season, and a Formula 1 career. No one can fill the gap left by "Mike the Bike," but to fill his place in the cockpit, David Hobbs is called up from the bench for Zeltweg and Monza. At Mosport and Watkins Glen, Jochen Mass begins his four seasons of service to McLaren, soon earning the team nickname "Hermann the German."

At first, everything goes according to plan for Marlboro Texaco McLaren: first place for Denny Hulme at the first race, in mid-January in Buenos Aires. Two weeks later, Fittipaldi collects a full complement of points at Interlagos, after the race ends prematurely amid a monsoonlike downpour. To prove a point, on February 2 the Brazilian driver wins the non-championship President Medici Grand Prix.

In the course of the season, he reinforces his claim on the title, not least by soldiering on to finish in second to fifth place, plus wins in Nivelles, Belgium and Mosport, Canada as season highlights. Emerson Fittipaldi and Ferrari driver Clay Regazzoni both go to the finale in Watkins Glen with 52 points. Tyrrell driver Jody Scheckter also has an outside chance of taking the championship. On this October 6, though, luck is on the side of the man from São Paulo; fourth place overall is sufficient to clinch the championship.

By the time the checkered flag falls on Emerson, Denny Hulme had left the scene, embittered by a blown engine. To astonished journalists he declared "I'm a retired race driver right now," and he remained true to his word.

Im Jahr des Triumphs 1974 formiert sich die Bruce McLaren Motor Racing Ltd. zum Doppelangriff, indem sie in zwei Teams zerfällt, eingekleidet in die Farben der jeweiligen Sponsoren. Auf der einen Seite steht – geführt von Teddy Mayer – der Firmenzweig Marlboro Texaco McLaren mit Denny Hulme und Emerson Fittipaldi, der die Stelle von Peter Revson eingenommen hat. Auf der anderen Seite befindet sich – Mayer und seinen Männern in freundschaftlicher Rivalität aufs engste verbunden – das Schwesterunternehmen Yardley McLaren unter dem Neuseeländer Phil Kerr, mit dem vielfachen Motorradchampion Mike Hailwood als Piloten.

Die Fahrzeugausstattung ist die gleiche: Sein Schöpfer Gordon Coppuck hat den M23 über den Winter auf den letzten Stand der Dinge gebracht, minutiös auf dem laufenden gehalten durch Fittipaldi, der zum Aufbautraining in Paul Ricard den Löwenanteil beisteuerte. Durch ein Distanzstück zwischen Motor und Getriebe nimmt der Radstand um 76 Millimeter zu. So kann der Heckflügel ganz weit zurückgesetzt und aus dem Einzugsbereich der Turbulenzen herausgehalten werden, die der M23 vorne aufwühlt.

Ungemein bewegt verläuft die Saison für die Sektion Yardley McLaren. Zwölf Punkte hat Mike Hailwood bis zum Großen Preis von Deutschland auf dem Nürburgring am 4. August angesammelt. Nach der vorletzten Runde fehlt der McLaren mit der Startnummer 33: Unfall am Streckenteil Pflanzgarten, schwere Verletzungen an den Beinen, vorzeitiges Ende des Rennens, der Saison, einer Formel-1-Karriere. Die Lücke, die „Mike the Bike" hinterläßt, vermag niemand zu füllen, wohl aber das Cockpit: Für Zeltweg und Monza wird David Hobbs von der Reservebank geholt. In Mosport und Watkins Glen beginnt die vierjährige Dienstzeit von Jochen Mass bei McLaren, wo man ihn bald schelmisch „Hermann the German" nennt.

Für Marlboro Texaco McLaren verläuft zunächst alles nach Wunsch: Platz eins für Denny Hulme beim ersten Rennen Mitte Januar in Buenos Aires, volle Punktzahl für Fittipaldi zwei Wochen später in Interlagos, wo das Rennen in monsunischem Regen vorzeitig abgebrochen wird. Gewissermaßen en passant holt sich der Brasilianer am 2. Februar in Brasilien den President Medici Grand Prix, der nicht zum Championat zählt.

Im weiteren Verlauf der Saison untermauert er seinen Anspruch auf den Titel nicht zuletzt durch Fleißarbeit auf den Rängen zwei bis fünf, mit Siegen im belgischen Nivelles und im kanadischen Mosport als kräftigeren Akzenten. Zum Finale in Watkins Glen bringen Fittipaldi und Ferrari-Fahrer Regazzoni jeweils 52 Punkte mit. Auch Tyrrell-Söldner Scheckter rechnet sich noch Chancen aus. An diesem 6. Oktober jedoch wendet sich das Kampfglück gegen die beiden Rivalen: Dem rasenden Charmeur aus São Paulo reicht Rang vier zum zweiten Titel.

Denny Hulme hatte die Szene schon ganz früh verlassen, ergrimmt über einen geplatzten Motor. „Ich bin nun ein Rennfahrer im Ruhestand", erklärte er einem verdutzten Journalisten – und dabei blieb es.

Fittipaldi dons his working clothes before the start of the Gran Premio d'Italia (left). Three wheeler: here, his M23 is readied for action in Anderstorp (above). "Next year, it's your turn, this year, it's mine." Emerson Fittipaldi, 1974 world champion and Niki Lauda, 1975 champion, at Dijon (below). Mike Hailwood takes it easy. The Grand Prix of France is no doubt important, but so are other things (right).

Feines Tuch: Fittipaldi in Dienstkleidung vor dem Start zum Gran Premio d'Italia (links). Dreirad: Hier wird sein M23 in Anderstorp gefechtsbereit gemacht (oben). „Nächstes Jahr bist du dran, dieses Jahr bin ich an der Reihe." Emerson Fittipaldi, Weltmeister 1974, und Niki Lauda, Champion 1975, in Dijon (unten). Mike Hailwood indessen geht die Dinge gelassener an. Der Große Preis von Frankreich ist wichtig, natürlich, aber andere Dinge sind es auch (rechts).

L'habit fait le moine: Fittipaldi en combinaison avant le départ du Gran Premio d'Italia (à gauche). Tricycle: ici, à Anderstorp, on affûte sa M23 pour la bataille (en haut). «La prochaine fois, ce sera ton tour; mais, cette année, à moi d'être champion.» Emerson Fittipaldi, champion du monde en 1974, et Niki Lauda, champion en 1975, à Dijon (en bas). Mike Hailwood et sa décontraction légendaire. Le Grand Prix de France est important, bien sûr, mais il y a d'autres choses qui le sont aussi (à droite).

En cette année de triomphe 1974, la Bruce McLaren Motor Racing Ltd. a deux fers au feu: deux écuries qui arborent les couleurs de leurs sponsors respectifs. D'un côté – sous Teddy Mayer – la «maison-mère» Marlboro Texaco McLaren, avec Denny Hulme et Emerson Fittipaldi, qui a pris la place de Peter Revson. De l'autre côté – solidaires, mais rivaux directs de Mayer et de son équipe – la «filiale» Yardley McLaren dirigée par le Néo-Zélandais Phil Kerr, avec le multiple champion du monde motocycliste Mike Hailwood comme pilote.

Les voitures sont les mêmes pour les deux écuries: pendant l'hiver, Gordon Coppuck a modernisé dans les moindres détails sa M23, maintenu avec précision au courant par un Fittipaldi qui a assuré la part du lion des essais d'intersaison au circuit Paul Ricard. Une entretoise entre le moteur et la boîte de vitesses a permis d'allonger l'empattement de 76 mm. Et de reculer sensiblement l'aileron arrière ainsi maintenu hors des turbulences que la M23 engendre à l'avant.

Pour Yardley McLaren, la saison connaîtra bien des hauts et, malheureusement, des bas: avant le GP d'Allemagne, au Nürburgring, le 4 août, Mike Hailwood a déjà douze points au compteur. Alors que les pilotes s'apprêtent à entamer l'avant-dernier tour, la McLaren numéro 33 ne figure plus sur les tablettes: elle est sortie à Pflanzgarten et son pilote, grièvement blessé aux jambes, doit mettre un terme prématuré à sa course, à sa saison, à sa carrière en Formule 1. Personne ne comblera jamais le vide que laisse derrière lui «Mike the Bike», ce qui n'est évidemment pas le cas pour le cockpit: à Zeltweg et Monza, David Hobbs prend le relais. A Mosport et Watkins Glen commence l'intermède de quatre ans de Jochen Mass chez McLaren, où on le surnomme bientôt «Hermann the German».

Pour les mercenaires de Marlboro Texaco McLaren, tout marche au début comme sur des roulettes: première place pour Denny Hulme lors de la première course, à la mi-janvier à Buenos Aires, carton plein pour Fittipaldi, quinze jours plus tard à Interlagos, où la course est interrompue prématurément, un véritable déluge ayant noyé la piste. Sans trop de difficultés, le Brésilien remporte la victoire au Grand Prix du Président Medici, le 2 février, au Brésil, une course qui ne compte pas pour le championnat.

Durant la suite de la saison, il ne fait pas mystère de ce qu'il vise le titre, aussi et surtout en accumulant des points en terminant entre 2e et 5e, mais aussi avec des victoires à Nivelles, en Belgique, et à Mosport, au Canada, pour donner du relief et de la valeur à sa saison. Emerson Fittipaldi et Clay Regazzoni, qui pilote pour Ferrari, prennent le départ de la finale, à Watkins Glen, avec chacun 52 points dans son escarcelle. Jody Scheckter, qui défend les couleurs de Tyrrell, estime lui aussi avoir encore des chances dans la course au titre. Mais, ce 6 octobre, il semble acquis que la fortune de la course devrait porter son choix entre l'un des deux rivaux: il suffit de terminer 4e au rapide charmeur de São Paulo pour empocher son deuxième titre.

Denny Hulme avait déjà quitté la scène des hostilités prématurément, furieux après une explosion de son moteur. «Je suis maintenant un pilote de course à la retraite», déclare-t-il à un journaliste éberlué – une décision sur laquelle il n'allait jamais revenir.

The Mayer Era

The Mayer Era

Variations on a theme: the M23s of Hailwood (1) and Fittipaldi (2) at Jarama, where the Brazilian is amused by the Englishman's dry sense of humor (3). Central figure: in Zandvoort the Brazilian comes in third behind the Ferraris of Lauda and Regazzoni, both of whom started ahead of him (4). Umbrella policy: Fittipaldi at Dijon, where he will suffer engine failure on lap 27 (5).

Tema con variazioni: die M23 von Hailwood (1) und Fittipaldi (2) in Jarama, wo sich der Brasilianer über den trockenen Humor des Briten freut (3). Zentrale Figur: In Zandvoort wird der Brasilianer dritter hinter den beiden Ferrari von Lauda und Regazzoni, die schon beim Start vor ihm stehen (4). Schirm-Herr: Fittipaldi in Dijon, wo ihn ein Motorschaden in Runde 27 erwartet (5).

Tema con variazioni: les M23 de Hailwood (1) et Fittipaldi (2) à Jarama, où le Brésilien s'esclaffe en écoutant les plaisanteries du Britannique (3). Figure emblématique: à Zandvoort, le Brésilien termine troisième derrière les deux Ferrari de Lauda et Regazzoni, qui le précédaient déjà sur la grille de départ (4). Bien abrité: Fittipaldi à Dijon, où une panne de moteur le contraindra à l'abandon au 27ᵉ tour (5).

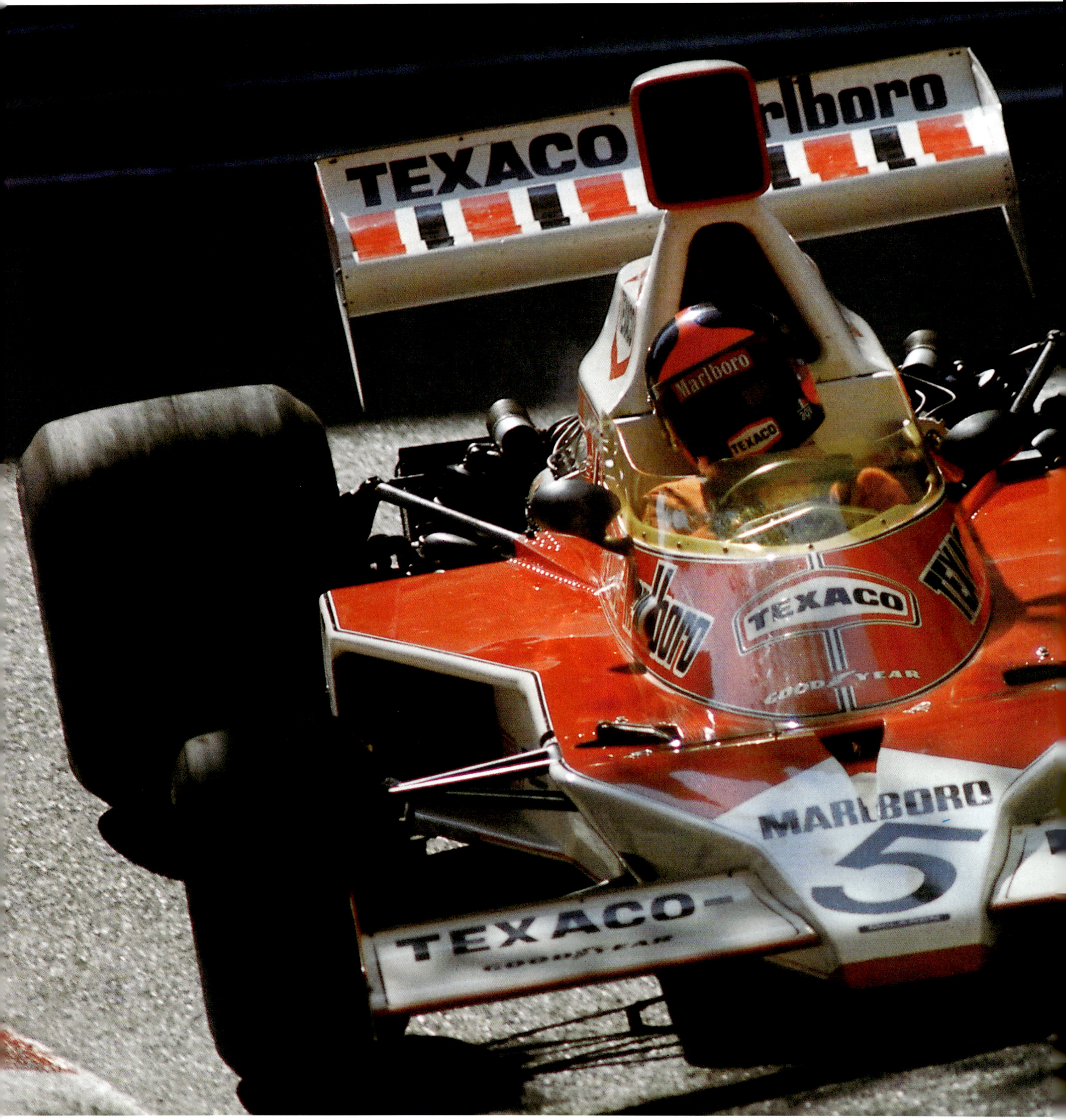
TEXACO
Marlboro
TEXACO
TEXACO
GOODYEAR
MARLBORO
5
TEXACO

Wear and tear: at Monaco, the tires of Fittipaldi's M23 show the effects of racing (1). Flowery words: the Brazilian enjoys the spoils of victory at the remarkable Nivelles circuit (2). He won by a car length over Lauda, by dint of some precise driving on the racing line (3).

Verschleißerscheinungen: Die Reifen von Fittipaldis M23 sind in Monaco bereits vom Rennen gezeichnet (1). Durch die Blume: Hier freut sich der Brasilianer über seinen Sieg auf dem merkwürdigen Kurs von Nivelles (2), den er just mit einer Wagenlänge vor Lauda gewonnen hat. Dabei war sorgfältige Arbeit an der Ideallinie angesagt (3).

Symptômes d'usure: les pneus de la M23 de Fittipaldi sont déjà marqués par la course à Monaco (1). Dites-le avec des fleurs: le Brésilien se réjouit de sa victoire sur l'étrange circuit de Nivelles (2), qu'il vient de remporter avec une longueur d'avance sur Lauda. Trouver la trajectoire idéale était capital (3).

The Mayer Era

McLaren 1975

The promise of 1974 becomes reality in 1975, and there is a dramatic shift in the weather: Ferrari basks in the glow of victory while its mostly British competition is left out in the rain. The Ferrari 312T is potent and almost as reliable as it is ugly, the McLaren M23 is not quite as powerful, almost as reliable – and beautiful: the record shows 20 finishes in 27 races. McLaren is fielding only one team, in the colors of Marlboro and Texaco, with four available cars. Not much has changed, except that in the suspension department, experiment and modification have become the order of the day. The gulf separating the contestants is demonstrated by the points total of the championship winner and the runner-up: 19.5 points separate Ferrari hero Lauda and McLaren matador Fittipaldi.

Moreover, it underscores that yesterday's fame is as fleeting as a political campaign promise. By mid-season, the proud winners of the previous year's championship have to endure scornful predictions that they could only succeed under the most extraordinary circumstances. Indeed, Jochen Mass' victory at Barcelona on April 27 is an unhappy one, due to Rolf Stommelen's serious accident and red-flagging of the race after only 29 of 75 planned laps. "Hermann the German" only managed to lead three laps, and collects half points for the only Grand Prix victory of his career.

The British Grand Prix, on July 19, also enters the record books as a curiosity after torrential rains catch the participants by surprise. Almost half the field flies off into the catch fencing, including Jochen Mass. Fittipaldi, however, comes through, the only car to finish the 56th lap. As he steers for his pit to have rain tires mounted, he is told that he has won the race at Silverstone, which saw six different leaders. At the time, nobody knows that the Brazilian driver's 14th Grand Prix victory will be his last F1 win.

Even at the first race of the season, in Argentina, there was no doubt about the series outcome, even though Emerson Fittipaldi, an experienced race strategist, was able to prevail. Starting from fifth place on the grid in the gleaming new M23/9, he worked his way up and won by six seconds over James Hunt, driving a Hesketh. Later in the year, he loses some of his self-confidence and the sense of what he is doing, and considers possible early retirement. In the fall, "Emmo" is back, fighting his way to second-place finishes at Monza and Watkins Glen, where Ferrari's bad boy, Clay Regazzoni, balks him so blatantly that the American race stewards black-flag the Ferrari and order him into the pits. Jochen Mass holds down third place, as he did in Interlagos, Le Castellet and the Swiss Grand Prix in Dijon, a non-championship Formula 1 race.

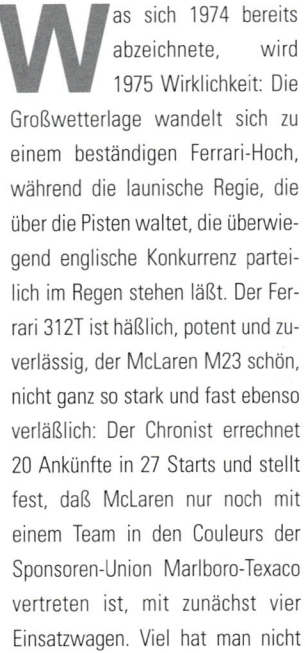

Was sich 1974 bereits abzeichnete, wird 1975 Wirklichkeit: Die Großwetterlage wandelt sich zu einem beständigen Ferrari-Hoch, während die launische Regie, die über die Pisten waltet, die überwiegend englische Konkurrenz parteilich im Regen stehen läßt. Der Ferrari 312T ist häßlich, potent und zuverlässig, der McLaren M23 schön, nicht ganz so stark und fast ebenso verläßlich: Der Chronist errechnet 20 Ankünfte in 27 Starts und stellt fest, daß McLaren nur noch mit einem Team in den Couleurs der Sponsoren-Union Marlboro-Texaco vertreten ist, mit zunächst vier Einsatzwagen. Viel hat man nicht verändert, abgesehen davon, daß im Umfeld der Aufhängung Experiment und Wechsel zum Dauerzustand werden. Welche Welten dennoch zwischen den beiden Konkurrenten klaffen, zeigt das Punktegefälle zwischen dem ersten und dem zweiten im Championat: 19,5 Zähler trennen am Ende Ferrari-Heros Lauda und McLaren-Matador Fittipaldi.

Überdies erweist sich der Ruhm von gestern als so flüchtig wie ein Wahlversprechen: Ab Mitte der Saison müssen sich die strahlenden Gewinner des Vorjahres gar den schnöden Vorwurf gefallen lassen, 1975 gebe es Erfolg nur unter außergewöhnlichen Umständen. In der Tat: Über den Sieg von Jochen Mass in Barcelona am 27. April mag bei niemandem rechte Freude aufkommen, da wegen des schweren Unfalls von Rolf Stommelen die Veranstaltung nach 29 von 75 geplanten Runden abgebrochen werden muß. Nur drei Durchgänge hat „Hermann the German" geführt und nimmt lediglich die halbe Punktzahl mit nach Hause nach dem einzigen gewonnenen Grand Prix seiner Laufbahn.

Zum Kuriosum gerät auch der Große Preis von England am 19. Juli. Sintflutartige Regengüsse erwischen die Teilnehmer auf dem falschen Fuß. Fast die Hälfte zappelt schließlich in den Fangzäunen, unter ihnen Jochen Mass. Fittipaldi aber kommt durch, beendet als einziger die 56. Runde. Als er die Box anläuft, um Naßreifen zu fassen, teilt man ihm mit, er habe gewonnen. Sechs Fahrer haben im Verlauf des Chaos-Rennens von Silverstone geführt. Daß des Brasilianers 14. Grand-Prix-Sieg auch sein letzter ist, weiß natürlich noch niemand.

Kein Zweifel über den Ausgang bestand nach dem ersten Lauf jener Saison in Argentinien, obwohl es der ausgekochte Stratege Emerson Fittipaldi war, der sich dort durchsetzte: Anfänglich fünfter im schimmernd neuen Chassis M23/9, arbeitete er sich allmählich vor und siegte mit sechs Sekunden Vorsprung vor James Hunt auf Hesketh. Später im Jahr verliert er ein wenig den Glauben an sich und die Sinnhaftigkeit dessen, was er tut, trägt sich wohl auch mit dem Gedanken an Frühpensionierung. Im Herbst aber ist „Emmo" wieder da, kämpft mannhaft um seine zweiten Plätze in Monza und in Watkins Glen, wo ihn Ferrari-Raufbold Clay Regazzoni lange behindert, so daß man den Eidgenossen schließlich mit der schwarzen Fahne an die Box holt. Rang drei belegt Jochen Mass, wie schon in Interlagos, Le Castellet und beim Grand Prix de Suisse in Dijon, einem Formel-1-Lauf, der nicht zum Weltmeisterschaftszyklus gehört.

Rain Man: At Monaco (left) and Zeltweg (above), Fittipaldi is forced to prove his ability on wet tracks. Long live the king: the new monarch is named Niki Lauda (below). Engaging in small talk with Harald Ertl – left –, of Zell am See, Jochen Mass has no need for English, the universal language of racing (right).

Rain Man: In Monaco (links) und in Zeltweg (oben) muß Fittipaldi seine Kompetenz auf nasser Strecke nachweisen. Es lebe der König: der neue heißt eigentlich schon Niki Lauda (unten). Verkehrssprache Deutsch: Beim gemütlichen Small Talk mit Harald Ertl – links – aus Zell am See kommt Jochen Mass ohne das Pisten-Esperanto Englisch aus (rechts).

Rain Man: à Monaco (à gauche) et à Zeltweg (en haut), Fittipaldi doit mettre à profit toute sa maestria sur le mouillé. Vive le roi: le nouveau s'appelle en fait déjà Niki Lauda (en bas). Confidences de paddock en allemand: pour bavarder avec l'Autrichien Harald Ertl – à gauche –, de Zell-am-See, Jochen Mass n'a, pour une fois, pas besoin de l'espéranto des circuits qu'est l'anglais (à droite).

Ce qui s'annonçait en 1974 devient réalité en 1975: la conjoncture semble vouloir favoriser avec détermination l'écurie Ferrari alors que l'imprévisible metteur en scène qui tire les ficelles défavorise avec un parti pris évident la concurrence qui se recrute essentiellement parmi les écuries britanniques. La Ferrari 312T est laide, mais puissante et fiable alors que la McLaren M23 est jolie, pas tout à fait aussi puissante et seulement presque aussi fiable: le chroniqueur notera sur ses tablettes 20 arrivées en 27 départs et ajoutera que McLaren n'est plus représentée qu'avec une seule écurie aux couleurs de l'alliance de sponsors Marlboro-Texaco, avec tout d'abord quatre voitures de course. On n'y a pas procédé à des changements tangibles, si ce n'est que le goût du risque et du changement devient une constante en ce qui concerne les suspensions. Un gouffre s'est creusé entre les deux rivaux pour le titre, ce que prouve la différence de points entre le champion et son dauphin: à l'issue de la saison, 19,5 points séparent Nicki Lauda, le héros de Ferrari, et Emerson Fittipaldi, le matador vaincu de McLaren.

De surcroît, la célébrité d'hier s'avère aussi éphémère qu'une promesse électorale: à partir du milieu de la saison, on reproche même aux vainqueurs rayonnants de l'année précédente de ne gagner en 1975 que dans des circonstances exceptionnelles. De fait: personne ne parvient à se réjouir réellement de la victoire de Jochen Mass à Barcelone, le 27 avril, car la course a dû être interrompue prématurément après 29 des 75 tours prévus en raison du grave accident de Rolf Stommelen. «Hermann the German» n'a couvert que trois tours en tête et ne ramène chez lui que la moitié des points après le seul et unique Grand Prix qu'il ait gagné dans sa carrière.

Le Grand Prix d'Angleterre, le 19 juillet, entrera lui aussi dans les annales. Un véritable déluge noie le circuit et prend les participants à froid. Près de la moitié du plateau se retrouve finalement à patauger dans les glissières de sécurité, parmi eux Jochen Mass. Mais Fittipaldi surnage à grand mal et est le seul à terminer le 56e tour. Lorsqu'il entre aux stands pour monter des pneus pluie, on l'informe qu'il a gagné la course. Six pilotes ont pointé en tête durant la course chaotique de Silverstone. Naturellement, personne ne sait déjà que la 14e victoire en Grand Prix du Brésilien sera aussi sa dernière.

Dès la première manche de cette saison, en Argentine, l'issue de la saison ne fait plus aucun doute, bien que ce soit ce vieux renard d'Emerson Fittipaldi qui s'y soit imposé. Cinquième au début dans le flambant neuf châssis M23/9, il double un adversaire après l'autre et remporte finalement la victoire avec six secondes d'avance sur James Hunt, au volant d'une Hesketh. Un peu plus tard en cours de saison, il perd un peu la foi en lui-même et dans le sens de ce qu'il fait, envisage même un instant de raccrocher son casque. Mais, à l'automne, «Emmo» est de nouveau là, il se bat virilement pour obtenir ses deuxièmes places de Monza et de Watkins Glen, où cet intraitable Clay Regazzoni et sa Ferrari le bloquent si longtemps que les commissaires de course finissent par faire rentrer le pilote helvétique aux stands au drapeau noir. Jochen Mass occupe le troisième rang, comme déjà à Interlagos, au Castellet et au Grand Prix de Suisse organisé à Dijon, une manche de Formule 1 qui ne compte pas pour le championnat.

The Mayer Era

1

2

The Mayer Era

Veterans' convention: at Monaco, Mike Hailwood, still on crutches after his accident at the Ring in 1974, stops by to visit Jochen Mass (1). They are co-owners of a sailing yacht, the *Aquila Marina*, which lies at anchor out in the harbor. Torso: a dismantled M23 sits in the paddock amid Zolder's sand dunes (2). Reduced traction: Jochen Mass at the Nürburgring (3), where a flat tire forces him out of the race. At Anderstorp (4) the cause is a coolant leak.

Ehemaligen-Treffen: In Monaco schaut Mike Hailwood bei Jochen Mass vorbei, noch auf Krücken wegen seines Unfalls am Ring 1974 (1). Draußen vor dem Hafen dümpelt die *Aquila Marina,* der Segler der beiden. Torso: Im Fahrerlager der Sandwüste von Zolder hat man die Kampfmaschine M23 in ihre Einzelteile zerlegt (2). Verlust der Bodenhaftung: Jochen Mass am Nürburgring (3). Dort wirft ihn ein Plattfuß aus dem Rennen, in Anderstorp (4) ein Wasserleck.

Rencontre d'anciens: à Monaco, marchant toujours avec des béquilles par suite de son accident au Nürburgring en 1974, Mike Hailwood rend visite à son ami Jochen Mass 1974 (1). Dans le port se balance mollement *l'Aquila Marina*, le voilier des deux hommes. Tronc abstrait: dans le paddock du désert de sable de Zolder, la machine de guerre M23 est complètement désossée (2). Perte d'adhérence: Jochen Mass au Nürburgring (3). Ici, une crevaison le contraint à l'abandon: à Anderstorp (4), ce sera une fuite d'eau.

The Mayer Era

Fittipaldi on the long road to second place in the championship; no points at Zolder (2), but six at Monaco (1) and three at Le Castellet (3).

Fittipaldi auf dem langen Marsch zu Rang zwei im Championat: Nullrunde in Zolder (2), dafür aber sechs Punkte in Monaco (1) und drei in Le Castellet (3).

La longue marche de Fittipaldi vers la deuxième place au championnat: chou blanc à Zolder (2), mais en revanche six points à Monaco (1) et trois au Castellet (3).

The Mayer Era

McLaren 1976

If, on the tenth anniversary of his racing epic "Grand Prix," film director John Frankenheimer had used the events of the 1976 season as basis for a screenplay, the studio would have rejected it as too bizarre. The 1976 season contains simply everything, and in excess. The duel of Titans, between Ferrari and McLaren, Niki Lauda against James Hunt, is punctuated by intrigues, violations of the letter and spirit of the rules, legal wrangling as the outcome of four European Grands Prix is contested, culminating in a flaming inferno.

These two men could hardly be any different; between them they win 11 of the year's 16 Grand Prix races. Lauda wins five times – in Brazil, South Africa, Belgium, Monaco and Great Britian. Hunt wins six times – Spain, France, Germany, Holland, Canada and the US GP East at Watkins Glen. At the end, he wins the championship by one point over the Austrian. The long-haired Briton, a pop icon of the 1970s, joined the team to replace Emerson Fittipaldi, who on November 22, 1975, had called from a telephone booth in Zurich to announce his departure, and that he would be driving his brother Wilson's Copersucar for the next season – a drive into F1 obscurity. Jochen Mass remains with the team. As the new M26 still suffers teething troubles, both drive the revamped M23. The old war horse has lost 15 kilos over the winter. It now has a six-speed transmission, ideally matched to the Ford DFV prepared by John Nicholson. As of Kyalami, this would be called to life by a compressed-air starter, a concept which would soon be adopted by other teams. In keeping with rules changes, as of Jarama the airboxes, towering like Gothic cathedrals above Formula 1 engine bays, disappear. Experiments which repeatedly move the oil coolers back and forth between the side pods and the rear of the car lead only to confusion and a mid-season slump.

Whoever is directing the 1976 edition of this Formula 1 thriller is not too proud to scorn the tired old cliché that the eventual victor must first suffer terrible setbacks. After the Swedish Grand Prix, Hunt trails Lauda by 47 points – reason enough to abandon all hope. Yet at Le Castellet the gap is 21 points closer: nine for a victory, nine more because the regulatory body has reversed Hunt's disqualification due to excessive car width at Jarama, and three more points through Lauda's relegation to second place. After his fiery crash at the Nürburgring, Lauda, confined to a hospital bed with serious burns, has to grit his teeth as he sees his comfortable lead dwindle. After his miraculous return at Monza, he recovers nine points at the bargaining table, thanks to the successful outcome of a Ferrari protest filed by racing director Daniele Audetto at Brands Hatch, which again widens Lauda's points lead over Hunt.

The championship is not decided until the final laps of the final race, the rainy Japanese Grand Prix at Fuji on October 24. After two laps, Lauda succumbs to the voices in his subconscious and gets out of the car. Hunt finishes third, and clinches the world championship.

Situation serious: James Hunt has just won the Spanish Grand Prix; Lotus driver Gunnar Nilsson finished third (left). By contrast, at Brands Hatch, the blond Briton is bubbling over with joy – and champagne (right). Turmoil at the start of the British Grand Prix (below left): the first start sees a huge pileup. Hunt wins on the restart (below middle). Wild woman Divina Galica (in front of her pit) did not make the grid (below right). Indoor event: at Long Beach, the teams are sheltered in the Long Beach Arena (above).

Ernste Lage: James Hunt hat gerade den Großen Preis von Spanien gewonnen, Lotus-Pilot Gunnar Nilsson wurde dritter (links). In Brands Hatch hingegen versprüht der blonde Brite Champagner und Lebensfreude (rechts). Getümmel am Start zum British Grand Prix (unten links): Hunt wird beim zweiten Anlauf gewinnen (unten Mitte), nach einer Massenkarambolage beim ersten, während sich die kleine Wilde Divina Galica (vor ihrer Box) gar nicht qualifiziert hat (unten rechts). Hallenveranstaltung: In Long Beach sind die Teams im Trockenen untergebracht, unter dem Dach der „Arena" (oben).

La situation est grave: James Hunt vient de gagner le Grand Prix d'Espagne; troisième, Gunnar Nilsson, le pilote de Lotus (à gauche). A Brands Hatch, par contre, le Britannique à la chevelure blonde fait sauter le champagne et pétille de vie (à droite). Chaos au départ du British Grand Prix (en bas à gauche): Hunt gagnera après le second départ (en bas au milieu), après un carambolage général à l'issue du premier, alors que la sauvageonne Divina Galica (devant son stand) n'a pas franchi le cap des qualifications (en bas à droite). Manifestation in-door : à Long Beach, les écuries sont logées au sec, sous le toit de l'«Arena» (en haut).

Hätte man der Metro-Goldwyn-Mayer Incorporated zum zehnten Geburtstag ihres Bleifuß-Epos „Grand Prix" für einen neuen Film die Chronik der Saison 1976 als Skript angedient, wäre es abgelehnt worden mit der Begründung: zu unwahrscheinlich. Das Jahr hat einfach alles, und alles im Übermaß. Intrigen, Verstöße gegen die Regeln in Geist und Tat, juristische Querelen, als der Ausgang von vier europäischen Großen Preisen angefochten wird, und ein flammendes Inferno säumen ein Duell der Titanen: Ferrari gegen McLaren, Niki Lauda gegen James Hunt.

Unterschiedlicher könnten diese Männer kaum sein, die allein elf von den 16 Grand Prix jenes Jahres untereinander ausmachen. Fünfmal siegt Lauda – in Brasilien, Südafrika, Belgien, Monaco und England, sechsmal Hunt – in Spanien, Frankreich, Deutschland, Holland, Canada und USA Ost. Sein Vorsprung am Ende: ein Punkt vor dem Österreicher. Der langhaarige Brite, eine Pop-Ikone der siebziger Jahre, ist für Emerson Fittipaldi ins Team gekommen, der am 22. November 1975 von einer Telefonzelle in Zürich kündigte, um künftig in den Copersucar seines Bruders Wilson und damit in die Zweitrangigkeit einzusteigen. Jochen Mass bleibt. Beider Dienstwagen, solange der M26 noch an Kinderkrankheiten laboriert: der energisch retuschierte M23. 15 Kilogramm wurden über den Winter abgespeckt. Ein neues Getriebe mit sechs Gängen verträgt sich prächtig mit dem von John Nicholson präparierten Ford DFV. Dieser wird von Kyalami an durch einen Preßluftstarter zum Leben erweckt, ein Beispiel, das Schule machen wird. Ab Jarama verschwinden reglementskonform die gotisch emporwuchernden Ansaugkamine. Experimente mit der Lozierung der Ölkühler seitlich und hinten führen jedoch zu einigem Wirrwarr und einem Formtief gegen Mitte der Saison.

Wer auch immer Regie führt in dem Formel-1-Krimi von 1976, er schreckt nicht einmal zurück vor dem griffigen Klischee, der spätere Sieger müsse erst einmal fürchterliche Schläge einstecken. Nach dem Grand Prix von Schweden liegt Hunt 47 Punkte hinter Lauda – Grund genug, alle Hoffnung fahren zu lassen. Doch in Le Castellet schrumpft dieser Saldo um 21 Punkte: neun für den Sieg dort, neun weitere, weil die Sportbehörde Hunts Disqualifikation in Jarama wegen Überbreite seines Wagens für null und nichtig befindet, und wiederum drei, die Lauda durch seine Relegation auf Rang zwei abhanden gekommen sind. Nach seinem Feuerunfall auf dem Nürburgring ans Krankenlager gefesselt, muß sich dieser zähneknirschend damit abfinden, daß sein Guthaben welkt. Allerdings werden auch ihm nach seiner wundersamen Wiedergeburt in Monza neun Punkte vom grünen Tisch her zuerkannt, Früchte eines Protests von Ferrari-Rennleiter Daniele Audetto in Brands Hatch, die natürlich zu Lasten von James Hunt gehen.

Die Entscheidung fällt beim Regenrennen von Fuji am 24. Oktober: Nach zwei Runden erliegt Niki Lauda den Rufen seines Unterbewußtseins und steigt aus. James Hunt aber wird dritter und ist Weltmeister.

Si l'on avait proposé la chronique de la saison 1976 comme scénario pour un nouveau film, à la Metro-Goldwyn-Mayer Incorporated, pour le dixième anniversaire de son élégie à la vitesse, le célèbre film «Grand Prix», elle aurait été refusée tout net. On lui aurait en effet reproché d'être irréaliste. Cette année-là, tous les ingrédients sont réunis, et tous à l'excès. Intrigues, infractions contre l'esprit et la lettre du règlement, guérilla juridique lorsque l'issue de quatre Grands Prix européens est remise en question, et, enfin, une mer de flammes qui ponctue un duel de titans : Ferrari contre McLaren, Niki Lauda contre James Hunt.

Rien ne pourrait être plus différent que ces deux hommes qui, à eux seuls, s'abrogent onze des seize Grands Prix de cette saison. Lauda gagne cinq fois (Brésil, Afrique du Sud, Belgique, Monaco et Angleterre) contre six fois pour Hunt (Espagne, France, Allemagne, Hollande, Canada et est des Etats-Unis). Son avance à la fin de la saison : un seul et unique point sur l'Autrichien. Le Britannique aux cheveux blonds, qui ressemble plus à une star de la musique pop des années 70 qu'à un pilote de Grand Prix, a remplacé Emerson Fittipaldi qui, le 22 novembre 1975, a appelé d'une cabine téléphonique de Zurich pour donner son congé. Jochen Mass reste. Mais quelle voiture leur est dévolue à tous les deux? Tant que la M26 souffrira encore de ses maladies de jeunesse, ce sera la M23, profondément retouchée. Elle perdra 15 kg pendant l'hiver et recevra une nouvelle boîte à six vitesses. Dès Kyalami, un démarreur à air comprimé éveille à la vie ce V8, un exemple qui fera vite école. A partir de Jarama, les proliférantes prises d'air disparaissent définitivement. La période de tâtonnement consécutive se traduit par une baisse de forme vers le milieu de la saison.

Quel que soit l'auteur qui écrit en coulisses le thriller de la saison de Formule 1 de 1976, il ne craint pas de recourir aux clichés les plus usés ni même à obliger le futur vainqueur à encaisser tout d'abord des revers effrayants. Après le Grand Prix de Suède, Hunt accuse 47 points de retard sur Lauda – chaque être humain normalement constitué abandonnerait tout espoir. Mais, au Castellet, ce déficit se résorbe à 21 points : neuf pour la victoire qu'il y remporte, neuf autres parce que la FIA a annulé disqualification de Hunt à Jarama pour largeur excessive de sa voiture, plus trois points dus à la relégation à la deuxième place de Lauda.

Condamné à garder le lit après son terrible accident dans les flammes du Nürburgring, il voit, impuissant, son avance fondre comme neige au soleil. Toutefois, après sa miraculeuse convalescence, à Monza, il se voit restituer neuf points sur le tapis vert, fruit d'un protêt interjeté par Daniele Audetto, directeur de course de Ferrari, après le Grand Prix de Brands Hatch, au détriment de James Hunt.

La décision tombera lors de la course, noyée par la pluie, du Mont Fuji, le 24 octobre : au bout de deux tours, Niki Lauda ne peut résister à son instinct de conservation et descend de sa voiture. Il suffit alors à James Hunt de terminer 3ᵉ pour être sacré champion du monde.

GOODYEAR
Marlboro
Marlboro
James Hunt
11
CHAMPION
BORG & BECK
TEXAC

On the road to victory: Hunt at Le Castellet (1). At Zandvoort, Jochen Mass only manages ninth place (3). This perspective clearly underscores the importance of the rear spoiler (2).

Unterwegs zum Sieg: Hunt in Le Castellet (1). Für Jochen Mass langt es in Zandvoort hingegen nur zu Rang neun (3). Zum „Leit"-Wesen der Piloten: Diese Perspektive unterstreicht zweifellos die Bedeutung des Heckspoilers (2).

En route vers la victoire : Hunt au Castellet (1). A Zandvoort, Jochen Mass devra en revanche se contenter d'une neuvième place (3). Pas de fumée sans feu : cette perspective illustre bien la signification de l'aileron arrière (2).

The Mayer Era

Grand Hunt: the 1976 world champion (1). A sign ignored: Jochen Mass amid the concrete canyons of Long Beach. He collects two world championship points for the season (2, 3).

Grand Hunt: der Weltmeister 1976 (1). Vergebliche Aufforderung: Jochen Mass in den Beton-Kanälen von Long Beach. Er ist mit zwei Punkten dabei, als die Weltmeisterschaftsanteile berechnet werden (2, 3).

Grand Hunt: le champion du monde de 1976 (1). Peine non récompensée: Jochen Mass dans le dédale de béton de Long Beach. Il aura deux points en poche lorsque l'on fera le décompte du championnat du monde (2, 3).

The Mayer Era

The Mayer Era

McLaren 1977

As evidenced in the previous year, the sluggish development of Gordon Coppuck's McLaren M26 in the first half of the 1977 season is proof of the old adage that good things take time. At first, the team relies on the M23, which, with 50 months of Grand Prix service, is the racing equivalent of the biblical Methuselah. McLaren even rolls two new chassis out of its Colnbrook shop, M23/11 (first run at Kyalami in March) and M23/12 (Long Beach, April). Three cars are sold to customers, two to wear the loud Chesterfield livery for Brett Lunger and one to Spanish driver Emilio de Villota.

After strong showings in the early races, the time-honored concept of the M23 is now aging rapidly. Simultaneously, the M26 is reaching operational readiness. The British Grand Prix at Silverstone on July 16 marks the turning point, as both James Hunt and Jochen Mass are equipped with the new model. The reigning champion wins in front of the home crowd, but only after the retirement of Brabham driver John Watson, who led 51 of the 68 laps. Mass, who is often seen among the leaders in this season, finishes fourth. McLaren guest driver Gilles Villeneuve also raises some eyebrows, by his unusual combination of aggressive driving style, towering talent, and sincere shyness. The Grand Prix of Germany, two weeks later, is the exact opposite of the British Grand Prix; the entire McLaren armada drops out of the race. De Villota does not even manage to qualify. At the rainy Watkins Glen race, Hunt wins again, after chasing Hans Stuck's Brabham-Alfa for 14 laps – 76 kilometers. The Briton is in the lead once more at the finale at Mt. Fuji on October 23, a historic date in the firm's history. It is the last McLaren drive for Jochen Mass, the last Grand Prix victory for the Colnbrook cars before a four-year long drought, and the last victory for James Hunt.

In 1977, the man with the long blond mane works to uphold his nickname "Hunt the Shunt." This begins in Buenos Aires, where he hangs his M23 on the catch fencing after damaging the rear suspension. At practice for Kyalami, chassis M26/1 is severely damaged. And a new high point is reached in Zandvoort, where James gets into a confrontation with the stubborn Lotus pilot Mario Andretti at Tarzan, a point on the course where that simply isn't done. Mosport, however, marks the zenith – or perhaps better said nadir: on lap 60, teammates Hunt and Mass collide while leading the race. "The Shunt" tears through the catch fencing and slams into the Armco. Foaming with rage, he punches out a course marshal who is unfortunate enough to cross his path. The racing stewards impose a $2000 fine for such rude behavior.

Compared to the exorbitant penalties imposed in the 1990s, this is without doubt a bargain.

Wie schon im vorhergehenden Jahr beweist die schleppende Entwicklung von Gordon Coppucks McLaren M26 in der ersten Hälfte der Saison 1977 die Binsenweisheit, daß gut Ding Weile haben will. Zunächst stützt man sich noch auf den M23, der mit 50 Monaten Verweildauer im Grand-Prix-Sport von geradezu biblischer Zählebigkeit ist. Sogar zwei neue Chassis, M23/11 (Debüt in Kyalami im März) und M23/12 (Ersteinsatz in Long Beach im April) verlassen die McLaren-Manufaktur in Colnbrook. Drei Exemplare werden an Kunden veräußert, zwei davon in den unruhigen Farben von Sponsor Chesterfield an Brett Lunger sowie eines an den Spanier Emilio de Villota. Nach starken Auftritten in den Rennen der Anfangsphase beginnt dieses ehrwürdige Konzept jedoch rapide zu vergreisen. Zugleich läuft der M26 zu voller Kampfkraft auf. Den Wendepunkt bildet der Grand Prix von England in Silverstone am 16. Juli, als erstmals sowohl James Hunt als auch Jochen Mass mit dem neuen Modell ausgerüstet sind. Der amtierende Champion siegt artig vor heimischem Rennvolk, allerdings erst nach dem Ausfall von Brabham-Pilot John Watson, der 51 von 68 Runden führte. Mass, der sich in dieser Saison häufig auf vorderen Rängen behauptet, wird vierter. Von sich reden macht auch McLaren-Gastpilot Gilles Villeneuve, und zwar durch wüste Fahrweise und strotzendes Talent, gepaart mit rührender Schüchernheit. Der Große Preis von Deutschland 14 Tage später gerät zum Kontrapunkt: Man verzeichnet einen Total-Ausfall der gesamten McLaren-Riege. De Villota vermag sich nicht einmal zu qualifizieren. Im Regenrennen von Watkins Glen gewinnt Hunt erneut, nachdem er zuvor 76 Kilometer lang in das zerklüftete Heck des Brabham-Alfa von Hans Stuck dem Jüngeren geschaut hat. Und noch einmal ist der Brite vorn: beim Finale am Mount Fuji am 23. Oktober, einem fürwahr historischen Datum in der Geschichte des Unternehmens. Es ist die letzte Dienstfahrt für Jochen Mass im McLaren, der letzte Grand-Prix-Gewinn für die Wagen aus Colnbrook, bevor vier Jahre der Dürre anbrechen, sowie der letzte Sieg für James Hunt.

Der Mann mit der langen Mähne feilte 1977 emsig an seinem Ruf als Crash-Pilot. „Hunt the Shunt" nennen sie ihn, Jakob der Unfall. Das beginnt in Buenos Aires, als sich der M23 mit einem Schaden an der hinteren Radaufhängung in den Fangzäunen verstrickt. Es setzt sich fort, als das Chassis M26/1 beim Training in Kyalami schlimmen Schaden nimmt. Und es erreicht einen vorläufigen Höhepunkt, als sich James in Zandvoort mit dem trotzigen Lotus-Lenker Mario Andretti an einer Stelle balgt, wo man so etwas nicht tut, in der Tarzankurve. Den Gipfel bildet allerdings Mosport: In Runde 60 geraten die beiden führenden Teamkollegen Hunt und Mass aneinander. „The Shunt" durchquert zügig die Fangzäune und knallt dann heftig in die Leitplanken. Schäumend vor Wut fällt er mit der Faust einen Streckenposten, der ihm in die Quere kommt.

Die Sportbehörde ahndet diese Rüpelei mit einer Geldstrafe von 2000 Dollar. Verglichen mit den großzügig bemessenen Tarifen der neunziger Jahre ist das zweifellos preiswert.

That certain look: James Hunt (left) and Jochen Mass (right). At Hockenheim, the tidy two-by-two grid arrangement has just exploded into chaos (above). Hunt finds himself behind Scheckter (Wolf) and Watson (Brabham). Group photo with ladies: Mass at Long Beach (below).

Augen-Blicke: James Hunt (links) und Jochen Mass (rechts). Breitenwirkung: In Hockenheim ist die Startaufstellung in ordentlichen Zweierreihen just zum Chaos explodiert (oben). Hunt findet sich hinter Scheckter (Wolf) und Watson (Brabham) wieder. Gruppenbild mit Damen: Mass in Long Beach (unten).

Coups d'œil: James Hunt (à gauche) et Jochen Mass (à droite). Prendre le large: à Hockenheim, la grille de départ des voitures bien rangées deux par deux vient d'exploser en un chaos (en haut). Hunt se glisse à la troisième place derrière Scheckter (Wolf) et Watson (Brabham). Photo de groupe avec dames: Mass à Long Beach (en bas).

Comme l'année précédente déjà, le développement interminable de la McLaren M26 par Gordon Coppuck durant la première moitié de la saison 1977 prouve le bien-fondé du proverbe qui veut que toute bonne chose prenne son temps. L'écurie mise donc en un premier temps sur la M23 qui, avec 50 mois de Grands Prix sur les cinq continents, accuse déjà un âge canonique. Deux nouveaux châssis, M23/11 (début à Kyalami en mars) et M23/12 (Long Beach en avril) sortent des ateliers de McLaren à Colnbrook. Trois seront vendus à des clients, dont deux aux couleurs criardes du sponsor Chesterfield pour Brett Lunger et une pour l'Espagnol Emilio de Villota.

Après des résultats encourageants en début de saison, elle accuse son âge et s'avère moins compétitive qu'escompté. Mais la M26 est bien née. Les choses deviendront sérieuses au Grand Prix d'Angleterre, à Silverstone, le 16 juillet, quand, aussi bien James Hunt que Jochen Mass touchent le nouveau modèle. Le champion du monde en titre gagne comme il se doit à domicile, mais seulement après l'abandon de John Watson et de sa Brabham qui avaient fait la course en tête pendant 51 des 68 tours. Mass, qui, cette saison-là, terminera fréquemment aux places d'honneur, termine 4ᵉ. Un pilote intérimaire de McLaren fait aussi parler de lui, un certain Gilles Villeneuve: autant par son style de conduite exubérant et son talent époustouflant que par son émouvante timidité. Le Grand Prix d'Allemagne, quinze jours plus tard, en sera le contraire absolu. Déroute totale de l'écurie McLaren. De Villota ne parvient même pas à se qualifier. Sur le circuit détrempé de Watkins Glen, Hunt gagne de nouveau après avoir reniflé, pendant plus de 76 km, la boîte de vitesses de la Brabham-Alfa Romeo de Hans Stuck junior. Et, une fois de plus, le Britannique termine en tête: lors de la finale du Mont Fuji, le 23 octobre, une date vraiment historique dans l'histoire de la firme. C'est le dernier Grand Prix de Mass au volant d'une McLaren, la dernière victoire en Grand Prix pour les voitures de Colnbrook avant une traversée du désert qui durera quatre ans et la dernière victoire pour James Hunt.

En 1977, l'homme à la longue chevelure a cimenté avec acharnement sa réputation de pilote qui sort souvent. Son surnom de «Hunt the Shunt» n'est en effet pas usurpé. Cela commence à Buenos Aires où la M23 va s'enrouler dans les grillages de sécurité sur défaillance de sa suspension arrière. Cela se reproduit lorsque le châssis M26/1 subit de graves dommages lors des essais à Kyalami. Et cela atteint son paroxysme provisoire lorsque James, à Zandvoort, se met en tête de dépasser l'intraitable pilote Lotus Mario Andretti là où personne n'aurait l'inconscience de le tenter, dans le virage de Tarzan.

Mais c'est à Mosport que le summum sera atteint: au 60ᵉ tour, les deux coéquipiers Hunt et Mass, pourtant seuls en tête, entrent en contact. «The Shunt» traverse à la vitesse de l'éclair les grillages de sécurité et percute violemment les glissières. Hors de lui, il livre un pugilat à un commissaire de piste qui avait le malheur de se trouver sur son chemin.

Les autorités sportives punissent ce débordement de violence d'une amende de 2000 $. Par comparaison au pont d'or que gagnent les meilleurs pilotes de Formule 1 des années 90, une amende qui aura sans doute laissé Hunt de marbre.

The Mayer Era

1

2

78   The Mayer Era

At the United States Grand Prix West in Long Beach, James Hunt trips over John Watson's Brabham in the bottleneck just a few hundred yards past the start. The situation was caused by overeager Ferrari pilot Carlos Reutemann, number 12 (1, 2). All the careful work by the mechanics is nullified in an instant (3, 4). By contrast, the mood is much more cheerful at the Österreichring, where Hunt and his friend Lauda share the first row of the grid (5).

Hunt-Gemenge: In dem Engpaß wenige hundert Meter nach dem Start zum United States Grand Prix West in Long Beach ist James Hunt gerade über den Brabham von John Watson gestolpert. Ausgelöst wurde die Sache vom übereifrigen Ferrari-Piloten Reutemann mit der Startnummer 12 (1, 2). Da verpufft die penible Arbeit der Mechaniker einfach ins Nichts (3, 4). Glänzende Laune herrscht dafür am Österreichring, wo Hunt neben seinem Freund Lauda in der ersten Reihe stehen wird (5).

Pas de place pour deux: dans le goulot d'étranglement, à quelques centaines de mètres du départ de l'United States Grand Prix West à Long Beach, James Hunt vient de percuter la Brabham de John Watson. Le coupable est Reutemann, le bouillonnant pilote de Ferrari avec le numéro 12 (1, 2). Tous les efforts des pauvres mécaniciens sont inutiles (3, 4). Bonne humeur, en revanche, à l'Österreichring, où Hunt occupera la première ligne aux côtés de son ami Lauda (5).

The Mayer Era

EVIAN
CASINO RO
MARTINI
John Player Special
Valvoline
BP
Bendix
Castrol

The thrill of the chase, the joy of the Hunt: at Dijon, the Englishman jumps into the lead as Lotus driver Andretti (no. 5) muffs his start from the pole (1). In the end, the American crosses the finish line first, and Hunt is third – although one would never guess from his pose (3). Massive performance: fourth place for "Hermann the German" at Monaco (2).

Hunt-Streich: Noch führt der Brite in Dijon, während Lotus-Pilot Andretti (Nr. 5) den Vorteil der Pole Position verspielt (1). Am Ende aber ist der Amerikaner erster und Hunt (in Siegerpose) dritter (3). Mass-Arbeit: Rang vier für „Hermann the German" in Monaco (2).

Hunt sur tous les fronts: le Britannique a pris la tête à Dijon après que le pilote Lotus de Andretti (n° 5) n'a pas tiré profit de sa pole position (1). Au drapeau à damier, l'Américain sera cependant premier et Hunt (en pose de vainqueur), troisième (3). Intéressant pour les Mass-médias: quatrième place pour «Hermann the German» à Monaco (2).

The Mayer Era

McLaren 1978

In the first year of McLaren's crisis, two factors combine to form an unholy alliance. First, there is the M26, an unlucky design from the outset, and obsolete from the beginning of the season. The age of ground effects has dawned, marked by designs such as the Lotus 78 and 79. These cars are virtually glued to the track by aerodynamics, and in corners seem to violate the laws of physics. Thanks to its raw power, even the unwieldy Ferrari 312 T3 manages to chalk up five Grand Prix wins.

McLaren drivers James Hunt and Patrick Tambay can only dream of this sort of performance. The Briton finishes third in Le Castellet, fourth in Buenos Aires and sixth in Jarama, dropping to 13th in the championship. The Frenchman is deeply disappointed. His sixth place finishes in Buenos Aires, Brands Hatch and Watkins Glen, a fifth at Monza and a fourth in Anderstorp give him the same number of points and the same ranking in the championship. In the constructors' championship, Marlboro McLaren finishes a weak eighth, behind the Brazilian failure known as Copersucar, which forms a sort of yardstick for mediocrity in Formula 1. These poor showings were not for want of trying, as shown by countless spins, bent chassis and torn-up catch fencing – which are at the same time an indictment of the weaknesses of the M26 concept.

At times, one has the unfortunate impression that the car from Colnbrook is replacing quality with quantity. At practice for the British Grand Prix, eight McLarens populate the narrow pit lane of Brands Hatch, six M26s and two M23s. The two factory pilots are joined by the previous year's European Formula 2 champion, Bruno Giacomelli; since Le Castellet, Leo Wybrott has given him a chance to show his stuff in a "B team." Privateer McLarens are driven by Brett Lunger and Tony Trimmer.

For superstar James Hunt, once all fire and fury at the wheel, the inner spark seems to have gone out. He has erected a sort of private altar around himself, and irritates his team with a casual, laid-back lifestyle at a time when a flawless media presence has long been obligatory. On less than friendly terms, it is decided that his contract, which in any case only runs to the end of the season, will not be renewed. Nelson Piquet, who in this season also drives for Morris Nunn's Ensign and in the Brabham-Alfa, steps into a McLaren to fill Hunt's place. His drives at Zeltweg, Zandvoort and Monza constitute no more than finger exercises.

A week before the Gran Premio d'Italia, an official announcement is made: Team McLaren's new hope is named Ronnie Peterson. But there is only a brief glimmer of light at the end of the tunnel. The Swede dies of complications following an accident on September 10 at

Monza. Ironically, James Hunt is involved in the fateful chain of events leading to the accident.

Zwei Faktoren finden sich im ersten Jahr der Krise zu einer unheiligen Allianz zusammen. Zum einen gehört der M26, von vornherein ein Fahrzeug ohne Fortüne, vom Beginn der Saison an zum alten Eisen. Denn längst hat die Stunde der Ground Effect Cars vom Schlage der Lotus 78 und 79 geschlagen, die sich am Boden festlutschen und in Kurven den Gesetzen der Physik hohnzulachen scheinen. Selbst der ungefüge Ferrari 312 T3 bringt es mit schierer Kraft immerhin noch auf fünf Grand-Prix-Siege.

Von dergleichen können die McLaren-Piloten James Hunt und Patrick Tambay nur träumen. Der Engländer kommt mit einem dritten Platz in Le Castellet, einem vierten in Buenos Aires und einem sechsten in Jarama im freien Fall auf Rang 13 im Championat nieder. Der Franzose ist bitterlich enttäuscht, da er sich mit der gleichen Punktzahl und der gleichen Position begnügen muß. Mehr bringen drei sechste Ränge in Buenos Aires, Brands Hatch und Watkins Glen, ein fünfter in Monza und ein vierter in Anderstorp eben nicht ein. Im Wettbewerb der Konstruktoren ist Marlboro McLaren lediglich auf einem schmachvollen Platz acht zu finden, noch hinter dem brasilianischen Flop Copersucar, der in der Formel 1 das Maß aller Dinge ist, die nicht so sein sollten. Daß man sich dennoch bemüht hat, davon zeugen zahllose Dreher, zerdrückte Chassis und zerfetzte Fangzäune – Indizien für die Schwächen des Konzepts M26. Zeitweise entsteht der fatale Eindruck, die Marke aus Colnbrook ersetze Klasse durch Masse: Zu Beginn des Trainings zum Großen Preis von England bevölkern acht McLaren die enge Boxengasse von Brands Hatch, sechs M26 und zwei M23, als Fahrer die beiden Werkspiloten und der Formel-2-Europameister jenes Jahres Bruno Giacomelli, der seit Le Castellet unter der Führung von Leo Wybrott in einem B-Team seine Chance erhält, sowie die Privatfahrer Brett Lunger und Tony Trimmer.

Überdies ist Superstar Hunt, einst Stürmer und Dränger am Lenkrad, das innere Feuer ausgegangen. Dennoch hat er einen kleinen Altar um sich selbst herum errichtet und vergrault sein Team mit laxer und lockerer Lebensart, wo doch makellose Medienpräsenz längst zum Muß geworden ist. So kommt man in schlechtestem Einvernehmen überein, seinen Vertrag nicht zu verlängern, der ohnehin zum Ende der Saison ausläuft. Daß Nelson Piquet, der 1978 auch in Morris Nunns Ensign und im Brabham Alfa startet, in Zeltweg, Zandvoort und Monza im McLaren einsitzt, sind lediglich Fingerübungen des Brasilianers.

Eine Woche vor dem Gran Premio d'Italia wird es publik: Der neue Hoffnungsträger heißt Ronnie Peterson. Doch das Licht am Ende des Tunnels zeigt sich nur kurz. Der Schwede stirbt an den Sekundärfolgen eines Unfalls, den er am 10. September im königlichen Park von Monza erleidet. Ironie des Schicksals: In die Kausalkette, die ihm zum Verhängnis wird, ist auch James Hunt verstrickt.

A stable relationship: for years, marque and sponsor have been so intimately linked that some might think Marlboro red and white are actually McLaren red and white (left). Down on your knees: in the glaring sun of Hockenheim, at least the rear spoiler provides some shade (above). Wired: increasingly, drivers, such as James Hunt (below, right) communicate with their teams via intercom. The days of shouting into, and out of, a helmet are gone.

Stabile Ehe: So innig haben die Jahre Marke und Sponsor zusammengeschweißt, daß viele bereits meinen, Marlboro-Rotweiß sei McLaren-Rotweiß (links). Kniefall: In der Gluthitze von Hockenheim spendet wenigstens der Heckflügel Schatten (oben). Telefon-Gesellschaft: Immer mehr kommunizieren die Piloten, wie hier James Hunt (unten, rechts), mit ihren Teams per Kabel. Die Zeiten des Gebrülls unter dem Helm und in den Helm sind vorüber.

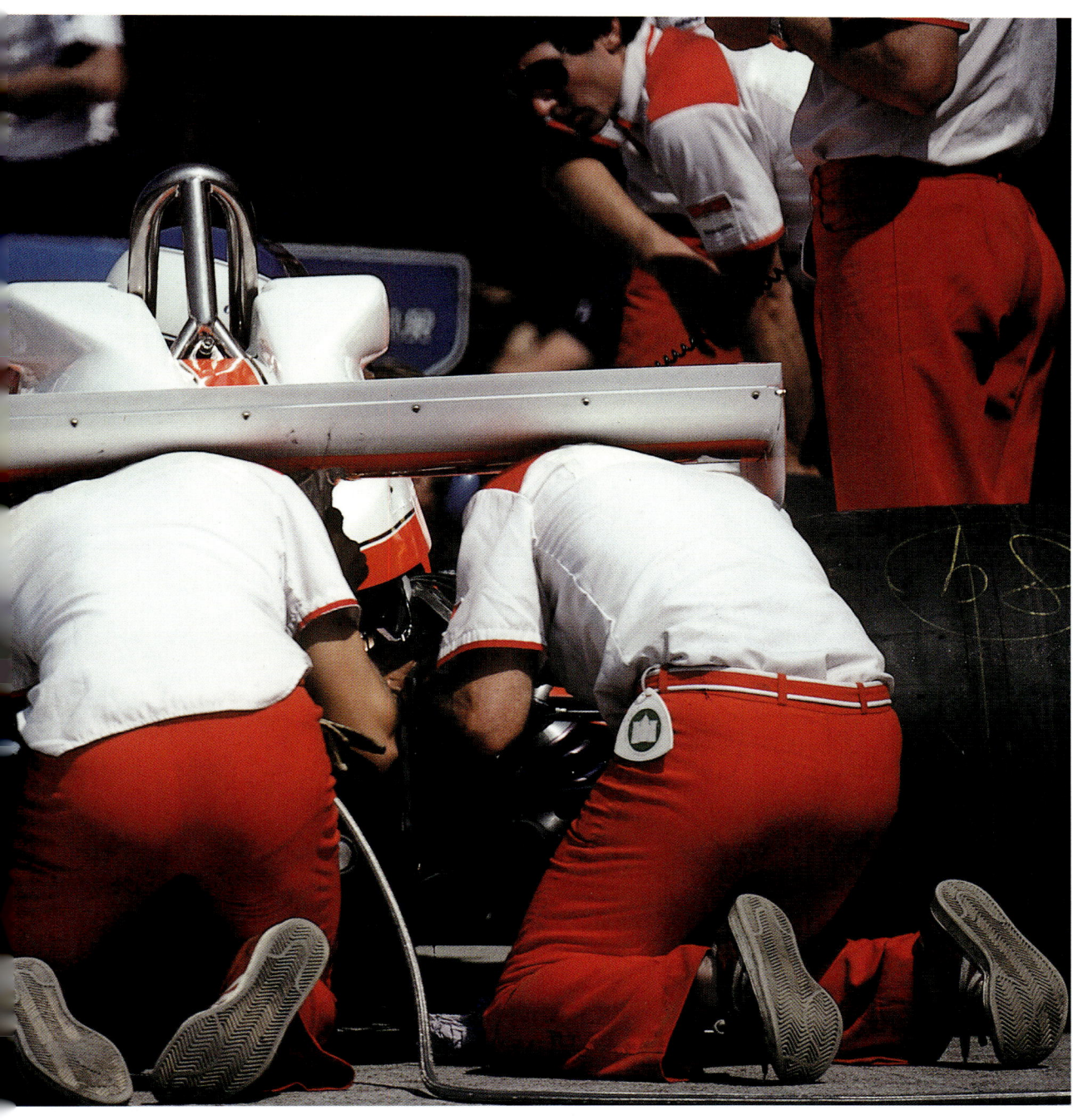

Vieux couple: les années ont si bien soudé la marque et le sponsor que beaucoup croient déjà que le rouge et blanc de Marlboro est le rouge et blanc de McLaren (à gauche). Genou à terre: sous la canicule de Hockenheim, l'aileron arrière offre au moins un petit peu d'ombre (en haut). Société branchée: de plus en plus souvent, les pilotes, comme ici James Hunt (en bas, à droite), communiquent avec leurs écuries par câble. L'époque des hurlements sous le casque est révolue.

Deux facteurs se conjuguent durant la première année de crise pour donner naissance à une alliance fatale. D'une part, la M26 est, a priori, une voiture qui ne porte manifestement pas bonheur, et, d'autre part, elle se révèle dès le début complètement obsolète. Il y a en effet longtemps que les voitures à effet de sol telles les Lotus 78 ou 79 imposent leur loi grâce à leur soubassement qui les fait adhérer au sol comme des ventouses et leur permet de défier les lois de la physique dans les virages. Même la rétive Ferrari 312 T3, en vertu de la puissance phénoménale de son moteur, parvient malgré tout à remporter cinq Grands Prix.

Les pauvres pilotes de McLaren, James Hunt et Patrick Tambay, ne peuvent qu'en rêver. En terminant 3e au Castellet, 4e à Buenos Aires et 6e à Jarama, le pilote anglais démotivé retombe à la 13e place du championnat. Le Français, quant à lui, est amèrement déçu, car il doit se contenter du même nombre de points et de la même position. Trois fois sixième – à Buenos Aires, Brands Hatch et Watkins Glen – une fois cinquième à Monza et une fois quatrième à Anderstorp, il ne glane simplement pas plus de points. Au championnat des constructeurs, l'écurie Marlboro McLaren se retrouve seulement à une peu brillante huitième place. Elle termine même derrière la Copersucar brésilienne, qui est pourtant un retentissant échec et donne, en Formule 1, l'exemple de ce qu'il convient de ne pas faire. Les McLaren-boys n'ont pourtant pas ménagé leurs efforts, ce que prouvent les innombrables tête-à-queue, châssis endommagés et grillages de sécurité arrachés – mais comment faire mieux avec un châssis aussi médiocre que celui de la M26?

On a parfois l'impression fatale que la marque de Colnbrook cherche à remplacer la qualité par la quantité: au début des essais du Grand Prix d'Angleterre, pas moins de huit McLaren encombrent l'étroite voie des stands de Brands Hatch, six M26 et deux M23. Elles sont conduites par les deux pilotes d'usine et le champion d'Europe de Formule 2 de cette année, l'Italien Bruno Giacomelli, qui, depuis Le Castellet, s'est vu donner sa chance dans l'écurie B dirigée par Leo Wybrott, ainsi que par les pilotes privés Brett Lunger et Tony Trimmer.

De plus, la superstar Hunt, jadis pilote généreux et fonceur, a depuis longtemps perdu le feu sacré. Et pourtant, il traîne sa cour autour de lui et écœure son équipe par son indolence et sa décontraction alors qu'une présence professionnelle dans les médias est depuis longtemps la règle. On convient donc plus ou moins à l'amiable de ne pas proroger son contrat, qui arrive de toute façon à expiration à la fin de la saison. Le Brésilien Nelson Piquet – qui pilote aussi, en 1978, l'Ensign de Morris Nunn et la Brabham-Alfa Romeo – considère comme un intermède ne portant pas à conséquence de prendre le volant d'une McLaren à Zeltweg, Zandvoort et Monza.

Une semaine avant le Gran Premio d'Italia, l'information est rendue publique: le nouveau porte-drapeau de l'écurie McLaren sera Ronnie Peterson. Mais la lumière au bout du tunnel ne brillera que très brièvement. Le Suédois décède, en effet, des séquelles de l'accident qu'il subit, le 10 septembre, dans le parc royal de Monza. Ironie du destin: James Hunt est lui aussi impliqué dans la série d'incidents qui sera finalement fatale au pilote scandinave.

The Mayer Era

The Mayer Era

United front: success in Formula 1 is the product of concerted action by drivers and pit crews (1). Tambay manages sixth place at Brands Hatch (2), while Hunt comes home third at Circuit Paul Ricard (3) and drops out of the British Grand Prix after an off-course excursion on lap 10 (4). Understandably, Teddy Mayer would like to hear an explanation (5).

Bündnis für Arbeit: Erfolg in der Formel 1 ist das Produkt einer konzertierten Aktion zwischen dem Piloten und den Männern an der Box (1). Für Tambay springt in Brands Hatch Rang sechs heraus (2), für Hunt auf dem Circuit Paul Ricard der dritte Platz (3) und in England lediglich der Ausfall nach einem Ausritt in Runde 10 (4). Da verlangt Teddy Mayer selbstverständlich eine Erklärung (5).

Tous unis par le travail: le succès en Formule 1 est le fruit d'une action concertée entre le pilote et ses mécaniciens (1). Tambay récolte une sixième place à Brands Hatch (2), et Hunt, la troisième sur le Circuit Paul Ricard (3) avant d'être contraint à l'abandon en Angleterre après une sortie de route au dixième tour (4). Il est naturel que Teddy Mayer demande des explications (5).

The Mayer Era

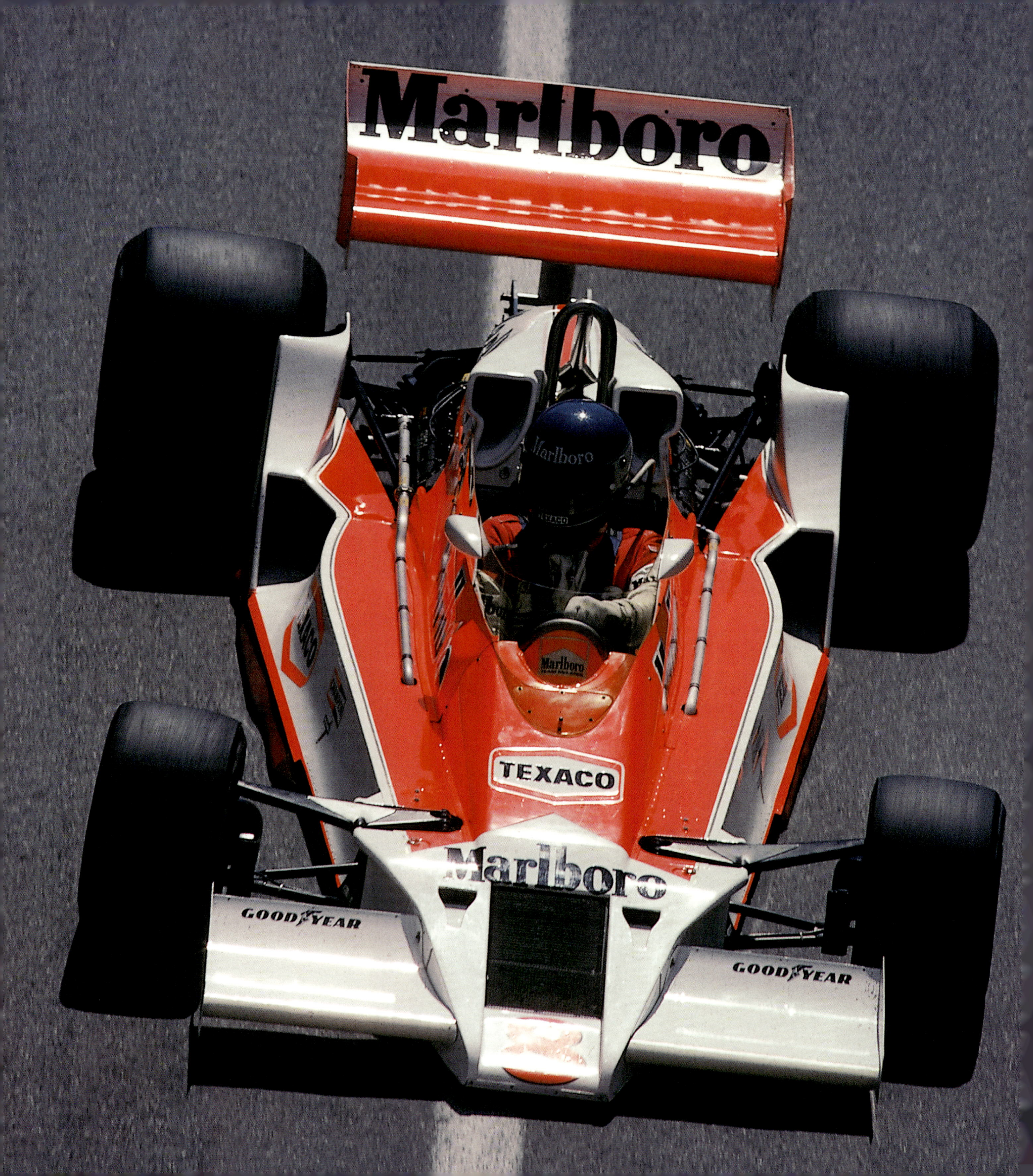
Marlboro
Marlboro
TEXACO
Marlboro
GOODYEAR
GOODYEAR

Over the line: Patrick Tambay in practice for the Grand Prix Automobile de Monaco (1). The Parisian in the Hockenheim Motodrom (2). Games without frontiers: at Jarama, Hunt & Co. pay no attention to painted pavement boundaries (3).

Linien-Treue: Patrick Tambay beim Training zum Grand Prix Automobile de Monaco (1). Mittelweg: der Pariser im Motodrom von Hockenheim (2). Spiel ohne Grenzen: In Jarama scheren sich Hunt & Cie. einen Teufel um die aufgemalten weißen Striche (3).

Suivez la ligne: Patrick Tambay lors des essais du Grand Prix Automobile de Monaco (1). Voie médiane: le Parisien dans le Motodrom de Hockenheim (2). Jeux sans frontières: à Jarama, Hunt & Cie. se fichent éperdument des lignes blanches peintes sur la piste (3).

McLaren 1979

The 1979 season becomes one of double frustration: two fresh starts, two failures, measured by the high standards which Bruce McLaren Motor Racing Ltd. has set for itself. The proud company nearly sinks into a pit of mediocrity. Lack of success in the Darwinistic world of Formula 1 represents inappropriate investment of resources on a massive scale, failure to gain championship points, prize money or prestige, plummeting morale among the troops, fearful or even angry queries from the sponsors whether the whole thing is still worth the effort.

The situation arose quite unobtrusively. In Lockheed's Atlanta, Georgia wind tunnel, and during tests in Rio and Buenos Aires, with McLaren's new recruit John Watson at the wheel, the M28 makes a good impression. However this, and his third-place finish at the season opener in Argentina, turn out to be promises that will never be fulfilled. Later, company chief executive Teddy Mayer admits that they had merely been supplied with outstanding tires by Goodyear. The M28 is a thinly disguised copy of the Lotus 79 wing car, but large and bulky, with a huge 2870 mm wheelbase. Key elements do not work well with others, such as the honeycomb structure of the monocoque and certain magnesium components. The chassis flexes like a tired old ship's hull in a Force Ten gale. Back in Colnbrook, the response is feverish activity, fruitless modifications, and cosmetic changes on a machine unsuitable for its intended task.

As early as the beginning of May, work begins on the M29, which designer Gordon Coppuck freely admits is a copy of the contemporary Williams FW07. John Thompson, a Northampton-based specialist who is also well known at Ferrari, helps with the conception and construction of the chassis. He largely rejects the use of honeycomb elements. The M28's three fuel tanks, in the body and side pods, are now combined into a central tank.

At the British Grand Prix on July 14, John Watson takes the wheel of his new machine. And again, appearances are deceiving: fourth row on the starting grid and fourth place in the race again prove to be unfulfilled promises. The same finish, earlier in the year at Monaco with the M28/C, was likewise the result of solid hard work and the fact that Watson cleverly avoided the guard rails, which on this day shattered the aspirations of so many other drivers.

The year drags on with only token success, a point each at Montreal and Watkins Glen. Patrick Tambay, never really in the picture, throws in the towel. After an intermezzo driving for Carl Haas in the reborn CanAm series, the man from Cannes will return to Formula 1, with much more to offer. After test drives at Paul Ricard, Teddy Mayer spontaneously signs 24-year-old French Formula 3 champion Alain Prost.

Four men and a baby: all are doing their best, including John Watson (left), Patrick Tambay (below), Teddy Mayer and designer Gordon Coppuck (right). But their latest offspring, the M28, here at Long Beach (above), will never bring joy to the McLaren family.

Vier Männer und ein Baby: Alle tun ihr Bestes, John Watson (links), Patrick Tambay (unten), Teddy Mayer und Konstrukteur Gordon Coppuck (rechts). Aber ihr jüngster Sproß M28, hier in Long Beach (oben), wird der McLaren-Familie nie zur Freude gereichen.

Quatre hommes et un couffin: chacun fait de son mieux – John Watson (à gauche), Patrick Tambay (en bas), Teddy Mayer et l'ingénieur Gordon Coppuck (à droite). Mais leur dernier rejeton, la M28, vue ici à Long Beach (en haut), ne fera jamais honneur à la famille McLaren.

1979 gerät zur Saison des Doppel-Frusts: Zweimaliger Neubeginn, zweimaliges Scheitern – jedenfalls gemessen an dem hohen Standard, den sich die Bruce McLaren Motor Racing Ltd. selbst gesetzt hat. Beinahe ist schließlich der Punkt erreicht, ab dem das stolze Unternehmen im zähen Sumpf des Mittelmaßes versinkt. Erfolglosigkeit im darwinistischen Pilot-Projekt Formel 1 – das bedeutet Fehlinvestitionen von beträchtlichem Ausmaß, weder Punkte noch Preisgeld oder Prestige, sinkende Moral bei der Truppe, die bange oder ärgerliche Frage des Sponsors, ob sich das alles überhaupt noch lohnt.

Dabei lassen sich die Dinge ganz manierlich an. Im Lockheed-Windkanal in Atlanta (Georgia) und beim Test in Rio und Buenos Aires unter dem neuen McLaren-Rekruten John Watson macht der M28 durchaus eine gute Figur. Dies und sein dritter Platz zur Saisoneröffnung in Argentinien entpuppen sich jedoch als Verheißung, die das Fahrzeug niemals einlösen wird. Man sei, räumt Firmenchef Teddy Mayer ein, von Goodyear einfach mit hervorragenden Reifen verpflegt worden. Der M28 ist eine kaum verhohlene Kopie des Wing Car Lotus 79, allerdings groß und klobig, ein Trumm mit 2870 Millimetern Radstand. Auch vertragen sich gewisse Bauelemente nicht, etwa die Honigwabenstruktur des Monocoque und Magnesiumteile. Das Chassis verwindet sich wie ein müder Schiffsrumpf bei Windstärke zehn. Die Folgen in Colnbrook: fieberhafte Aktivität, fruchtlose Modifikationen, Kosmetik am ungeeigneten Objekt.

Schon Anfang Mai beginnt man am M29 zu werken, einer Kopie des zeitgenössischen Williams FW07, wie Konstrukteur Gordon Coppuck entwaffnend freimütig eingesteht. Bei Konzeption und Bau des Chassis hilft Spezialist John Thompson in Northampton, der auch bei Ferrari kein Unbekannter ist. Auf die Verwendung von Honeycomb-Partien verzichtet man weitgehend. Die drei Tanks des M28 in Rumpf und Seitenpontons sind nun in einem zentralen Behältnis zusammengefaßt.

Beim Großen Preis von England am 14. Juli verfügt John Watson über das neue Gefährt. Und wieder trügt der Schein: Startreihe vier für den Iren und Rang vier im Rennen sind keineswegs die Schwalbe, die nun endlich den Sommer macht. Die gleiche Plazierung schon früher im Jahr in Monaco und noch mit dem M28/C war ebenfalls die Frucht solider Arbeit und des Umstands, daß sich Watson klug von den Leitplanken fernhält, an denen an diesem Tag so manche Ambition zerschellt.

Das Jahr plätschert dahin mit Almosen des Erfolgs, jeweils einem Punkt in Montreal und Watkins Glen. Da wirft Patrick Tambay, der bisher nie so recht ins Bild kam, das Handtuch. Für den Mann aus Cannes hat die Formel 1, nach einem Intermezzo im Lola T530 von Carl Haas bei der CanAm-Serie, durchaus noch mehr zu bieten. Im Anschluß an Testfahrten in Paul Ricard verpflichtet Teddy Mayer jedoch spontan den 24jährigen französischen Formel-3-Meister Alain Prost.

1979 est une saison de double frustration: double tentative de redépart et double échec – mais c'est la Bruce McLaren Motor Racing qui s'est elle-même fixé la barre si haut. Et l'on atteint finalement presque le point où la fière entreprise frôle l'inextricable marais de la médiocrité. L'absence de succès du projet darwinien d'expérimentation permanente qu'est la Formule 1 – synonyme de considérables investissements à fonds perdus, d'absence de points, de primes d'arrivée et de prestige, de moral des troupes en baisse et, question cruciale, de sponsors qui se demandent si leurs efforts en valent vraiment la peine.

Et pourtant, les choses se présentent plutôt bien. Dans la soufflerie de Lockheed à Atlanta, en Géorgie, et aux tests à Rio et Buenos Aires avec John Watson, la nouvelle recrue de McLaren, la M28 fait forte impression. Cela et une troisième place lors de l'ouverture de la saison, en Argentine, font cependant entrevoir des promesses que la voiture ne tiendra jamais. Le chef de l'écurie, Teddy Mayer, admet que Goodyear leur a vraiment donné des pneus remarquables. La M28 est pratiquement un plagiat éhonté de la wing car Lotus 79, mais sans sa finesse et beaucoup trop grosse, un «camion» de 2,87 m d'empattement. De plus, certains éléments structurels sont inconciliables, ainsi la structure en nid d'abeilles de la monocoque et des pièces en magnésium. Le châssis se tord comme un hot-dog. La réaction est immédiate à Colnbrook: mais on se perd en activités fébriles, modifications qui ne portent pas leurs fruits et améliorations superficielles d'un objet inapproprié.

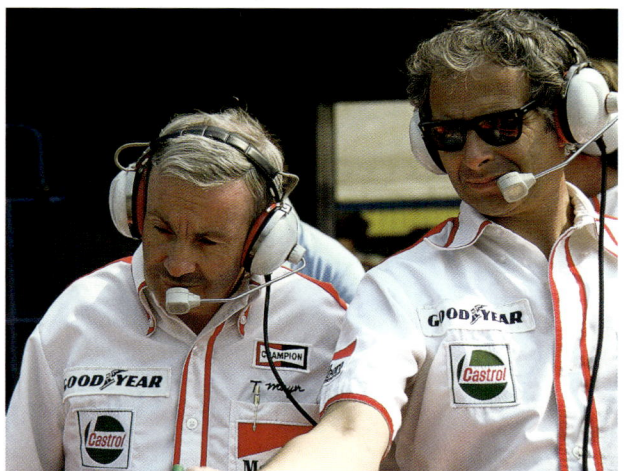

Début mai, déjà, les ingénieurs travaillent sur la M29, copie conforme de la Williams FW07 de 1979, comme l'avoue le constructeur Gordon Coppuck avec franchise. Pour concevoir et réaliser le châssis, on fait appel au spécialiste John Thompson, à Northampton, qui a même déjà œuvré pour Ferrari aussi. Il n'y a pratiquement plus aucun élément en nid d'abeilles. Les trois réservoirs de la M28, dans la coque et les pontons latéraux, ont maintenant disparu au profit d'un unique réservoir central.

John Watson touche enfin son nouvel engin au Grand Prix de Grande-Bretagne, le 14 juillet. Et, une fois de plus, les apparences sont trompeuses. Les deux quatrièmes places de l'Irlandais en qualifications et en course ne sont malheureusement pas l'hirondelle qui annonce enfin le printemps. Le même résultat un peu plus tôt au cours de la saison, à Monaco, et qui plus est avec la M28/C, avait surtout été le fruit d'un travail consciencieux et de l'adresse avec laquelle John Watson évita intelligemment les rails de sécurité sur lesquels, ce jour-là, se fracassèrent de si nombreuses ambitions.

Le reste de l'année, McLaren ne récolte plus que les miettes du festin avec respectivement un point à Montréal et Watkins Glen. Patrick Tambay, qui avait jusqu'ici été dans l'impossibilité de se mettre en évidence, jette alors l'éponge. Mais des jours meilleurs seront réservés au pilote de Cannes en Formule 1, après un intermède au volant de la Lola T530 de Carl Haas dans la série CanAm. A l'issue d'essais organisés sur le Circuit Paul Ricard, Teddy Mayer engage spontanément le champion de France de Formule 3, un certain Alain Prost, alors âgé de 24 ans.

The Mayer Era

1

Cautious beginnings: at Monaco, Watson is fourth, after an unremarkable race (1, 2). Dances with Wolves: Tambay, in the Hella Chicane at the Österreichring, behind Keke Rosberg, driving a Wolf (3).

Behutsamer Ansatz: Watson wird in Monaco vierter nach einem unauffälligen Rennen (1, 2). Der mit dem Wolf tanzt: Tambay in der Hella-Licht-Schikane des Österreichrings hinter Keke Rosberg auf Wolf (3).

Comme sur des œufs: Watson termine 4e à Monaco après une course anonyme (1, 2). Danse avec les loups: Tambay à la chicane Hella de l'Österreichring derrière Keke Rosberg, sur Wolf (3).

The Mayer Era

McLaren 1980

Those who thought 1979 was the darkest chapter in the McLaren saga would find 1980 to be even worse. John Watson, who ends the season tied with four others for tenth place in the championship, is completely out of step. Three points, won in the concrete canyons of Long Beach, are a stark contrast to the McLaren M29/2's utter failure to qualify on the street circuit of Monaco. Only at the end of the season, when his job is in acute danger, does the Irishman drive with his old fire, forging out three more points in Montreal.

The team's de facto number one driver is Alain Prost, although the wiry Frenchman would have the world believe that this is all terribly embarrassing to him. A fifth place at the Grande Premio do Brasil and three sixth-place finishes in Argentina, Britain and Holland bring him to position 15, tying him with tarnished idol Emerson Fittipaldi, but give no indication of the true balance of power. From the outset, Alain Prost, "The Professor," is quicker. At season's end, the duel with Watson for faster qualifying times ends 8:3 in his favor. He sits out three races, South Africa and Long Beach after an accident during practice results in a broken hand, and the finale in Watkins Glen. The reason for his better qualifying times: since Zandvoort, Prost has been driving Gordon Coppuck's latest creation, the M30. Its monocoque is 50 per cent stiffer, its aerodynamics have been optimized in the wind tunnel. Springs and shock absorbers have been moved outside the tub, the brakes are located outboard. The result of this consistent detail "improvement" is a genuine deterioration: all of Prost's qualifying losses to Watson were in his three races with the M30. When this car, the last descendant of the classic McLaren dynasty, crashes against the Watkins Glen guardrail during qualifying, it is an event of unmistakably dismal symbolism.

By that time, the history of the firm has long since taken a different course. In the late summer of 1980, sponsor Marlboro suggests that McLaren join forces with Ron Dennis, whose racing team, Project Four, has carved out a name for itself in Formula 3 and the ProCar series. Plagued by losses, Teddy Mayer is unable to resist this union. At the same time, a sacrifice is called for: Gordon Coppuck must go, giving Ron Dennis employee John Barnard a free hand in the design and construction of a new generation of racers with state-of-the-art carbon fiber monocoques.

A week before the Gran Premio d'Italia in Imola, on September 14, the news is broken to the racing world: the new joint venture is called McLaren International, with Ron Dennis and Teddy Mayer as co-directors with equal power. The driver assignments are finalized later that winter: John Watson and the fearless young Roman, Andrea de Cesaris. Alain Prost follows the siren call of Régie Renault, who will make use of his services as of 1981.

Qualified successor: McLaren's new recruit, Alain Prost, at Zeltweg (left) and Zolder (right). Not qualified: John Watson at Monaco (above). Teddy Mayer has to explain this to Bernie Ecclestone (below).

Qualifizierter Nachwuchs: Der neue McLaren-Rekrut Alain Prost in Zeltweg (links) und in Zolder (rechts). Nicht qualifiziert: John Watson in Monaco (oben). Das muß Teddy Mayer Bernie Ecclestone erst einmal erklären (unten).

La relève pousse: la nouvelle recrue de McLaren, Alain Prost, à Zeltweg (à gauche) et Zolder (à droite). Non qualifié: John Watson à Monaco (en haut). Teddy Mayer va devoir s'expliquer avec Bernie Ecclestone (en bas).

Wer da meinte, 1979 sei das düsterste Kapitel der McLaren-Saga gewesen, den belehrte das Jahr 1980 eines schlimmeren: Es war nur in relativ schwarzen Tönen gehalten. John Watson, am Ende mit vier anderen auf Platz zehn im Championat, gerät völlig aus dem Tritt. Auf drei in den Betonkanälen des Straßenkurses von Long Beach erzielte Punkte folgt als schriller Kontrapunkt, daß der McLaren M29/2 mit der Startnummer sieben auf dem Straßenkurs von Monaco durch das Schüttelsieb der Qualifikation fällt. Erst gegen Ende der Saison, als sein Arbeitsplatz akut bedroht ist, fährt der Ire wieder mit dem alten Feuer, in dem drei weitere Punkte in Montreal geschmiedet werden.

De facto die Nummer eins im Team ist jedoch Alain Prost, obwohl der kleine Franzose vorgibt, dies sei ihm furchtbar peinlich. Seine Bilanz: Position 15 – zusammen mit dem stark angerosteten Denkmal Emerson Fittipaldi nach einem fünften Platz beim Grande Premio do Brasil und drei sechsten Rängen in Argentinien, England und Holland – gibt keinerlei Auskunft über die wahren Kräfteverhältnisse. Das Bleifuß-Genie Prost ist von Anfang an viel schneller. Acht zu drei steht am Ende das stets verräterische Trainingsduell für ihn. Drei Rennen muß er aussitzen: Südafrika und Long Beach, nachdem er sich bei einem Trainingsunfall in Kyalami einen Mittelhandknochen gebrochen hat, und das Finale in Watkins Glen. Die Vorgeschichte: Seit Zandvoort fährt Prost das jüngste Œuvre Gordon Coppucks, den M30. Um 50 Prozent steifer ist dessen Monocoque, im Windkanal optimiert seine Aerodynamik. Federn und Dämpfer sind aus dem inneren Bereich verschwunden, die Bremsen ganz nach außen gewandert. Das Resultat dieser konsequenten Arbeit am Detail ist eine echte Verschlechterung: Die Trainingsniederlagen des Franzosen gegen Watson stammen allesamt aus seinen drei Rennen im M30. Daß er diesen Wagen, den letzten Sproß der Dynastie der klassischen McLaren, schließlich beim Training in Watkins Glen an der Leitplanke zerdrückt, ist ein Akt von ebenso trister wie unübersehbarer Symbolik.

In diesem Augenblick haben die Geschicke des Unternehmens längst eine entscheidende Wendung genommen. Im Spätsommer 1980 mahnt Sponsor Marlboro, man möge sich mit Ron Dennis zusammentun, dessen Rennstall Project Four sich in der Formel 3 und in der ProCar-Serie einen Namen gemacht hat. Von Verlustängsten gequält, mag sich Teddy Mayer diesem Ansinnen nicht entziehen. Gleichwohl muß er ein Bauernopfer bringen: Gordon Coppuck soll gehen, damit Ron Dennis' Kostgänger John Barnard freie Hand hat bei Planung und Bau einer neuen Generation von Rennwagen mit Monocoques aus Kohlefaser nach dem letzten Stand der Kunst.

Eine Woche vor dem Gran Premio d'Italia in Imola am 14. September weiß es die Welt: McLaren International heißt das Joint Venture, mit Ron Dennis und Teddy Mayer als Direktoren gleichen Rechts. Erst im Winter steht die Pilotenbesetzung fest: John Watson und der unerschrockene junge Römer Andrea de Cesaris. Denn Alain Prost konnte den buhlenden Rufen der Régie Renault nicht widerstehen, die ab 1981 seine Dienste wünscht.

Ceux qui ont tenu 1979 pour le chapitre le plus sombre dans la saga de McLaren ont vite déchanté en 1980: 1979 n'aura, comparativement, pas été si mauvaise. En 1980, John Watson, qui terminera 10e ex aequo avec quatre autres pilotes au classement général, perd totalement pied. Après trois points engrangés entre les blocs de béton du circuit urbain de Long Beach, il tombe de Charybde en Scylla lorsque sa McLaren M29/2 frappée du numéro sept figure parmi les non qualifiés dans le dédale des rues de Monaco. Vers la fin de la saison, sentant que son contrat risque de ne pas être reconduit, l'Irlandais pilote de nouveau avec le feu sacré qui lui permet d'obtenir trois points supplémentaires à Montréal.

De facto, le pilote numéro 1 de l'écurie est Alain Prost, ce dont se défend le petit Français, énormément gêné. Son bilan – quinzième ex aequo avec un Emerson Fittipaldi qui n'est plus que l'ombre de lui-même avec une cinquième place au Grande Premio do Brasil et trois sixièmes en Argentine, en Angleterre et en Hollande – ne donne absolument aucune idée du véritable rapport de forces. Le génie de la trajectoire qu'est Prost est, d'emblée, beaucoup plus rapide. Révélateur, le duel des meilleurs résultats en qualifications est de huit à trois en sa faveur. Mais il reste sur le banc de touche pour trois courses: Afrique du Sud et Long Beach, après s'être brisé un os de la main lors de son accident aux essais à Kyalami, ainsi qu'à la finale, à Watkins Glen. Explication: depuis Zandvoort, Prost est aux commandes de la toute dernière création de Gordon Coppuck, la M30. Sa monocoque est à moitié plus rigide que celle de l'ancienne et son aérodynamique a été optimisée en soufflerie. Les ressorts et les amortisseurs ne sont plus in-board et les freins ont été placés tout à l'extérieur. Le résultat de ce travail systématique sur des points de détail est une véritable catastrophe: toutes les défaites subies en qualifications par le Français face à Watson sont à porter au passif de ses trois courses au volant de la M30. Lorsqu'il détruit finalement cette voiture, le dernier rejeton de la dynastie des McLaren classiques, contre les glissières de sécurité lors des essais de Watkins Glen, cet incident a un symbolisme aussi triste qu'évident.

Pendant ce temps, les destinées de l'entreprise ont depuis longtemps pris une tournure qui allait s'avérer déterminante. Vers la fin de l'été 1980, le sponsor Marlboro intime à McLaren de fusionner avec l'écurie de Ron Dennis, Project Four, qui s'est fait un nom en Formule 3 et dans la série ProCar. Pour ne pas tout perdre, Teddy Mayer se plie contre son gré à cette injonction. Mais on lui demande un sacrifice de plus: congédier Gordon Coppuck pour que l'ingénieur fétiche de Ron Dennis, John Barnard, ait carte blanche pour dessiner et construire une nouvelle génération de monoplaces à monocoque en carbone qui représente l'état de l'art.

Une semaine avant le Gran Premio d'Italia, à Imola, le 14 septembre, le monde entier est au courant: McLaren International est le nom donné au joint-venture avec Ron Dennis et Teddy Mayer comme directeurs placés sur un pied d'égalité. Ce n'est qu'au cours de l'hiver que le choix des pilotes est fait définitivement: John Watson et l'inconscient jeune Romain Andrea de Cesaris – Alain Prost n'a, en effet, pu résister au chant des sirènes de la Régie Renault qui souhaite s'attacher ses services à partir de 1981.

Rebirth and Renaissance

Behind the eight-ball: Stephen South, a young star from Formula 2, is unable to qualify Alain Prost's car at the United States Grand Prix West (1). Wild West show: Watson (2, 3) brings up the rear as the twitching snake of F1 cars threads its way through the Long Beach concrete, chain link fencing, palms and light poles. Prost leads Piquet (Brabham): in the 1980 season, this shot could only have been taken while being lapped, or in practice, such as here at Monaco (4). At his home track in Le Castellet, the Frenchman drops out on lap 6 with front suspension damage (5).

Außer acht: Stephen South, junge Hoffnung aus der Formel 2, kann sich mit dem Wagen von Alain Prost beim United States Grand Prix West nicht bis ins Starterfeld vorarbeiten (1). Wilder Westen: In der irr zuckenden Schlange, die sich in Long Beach ihren Weg zwischen Beton, Draht, Palmen und Lichtmasten sucht, muß sich Watson (2, 3) ganz hinten anstellen. Prost vor Piquet (Brabham): Das kann in diesem Jahr nur eine Konstellation beim Überrunden oder beim Training sein, wie hier in Monaco (4). Beim heimischen Grand Prix in Le Castellet fällt der Franzose in Runde 6 aus – die Vorderradaufhängung (5).

Laissé pour compte: Stephen South, jeune espoir de la Formule 2, ne parvient pas à se qualifier avec la voiture d'Alain Prost à l'United States Grand Prix West (1). Far-West: Watson (2, 3) doit se contenter de la toute dernière place dans le peloton de furieux qui se jettent dans le dédale de béton, de câbles, de palmiers et de lampadaires de Long Beach. Prost devant Piquet (Brabham): cette année-là, il ne peut y avoir qu'une explication: l'un prend un tour à l'autre ou l'on est aux essais. C'est le cas ici, à Monaco (4). Lors de son Grand Prix national, au Castellet, le Français abandonne au sixième tour: ces fichues suspensions avant (5).

Rebirth and Renaissance

Rebirth and Renaissance

2 The eye of the storm: while those around engage in a frenzied dance of purposeful activity, the drivers are able to take a short break, as demonstrated by Prost at Hockenheim (1) and Zeltweg (2) and Watson at Zandvoort (3). The Ford DFV, in its thirteenth season of Formula 1, can almost be regarded as a production engine (4).

Im Auge des Wirbels: Während ringsum ein Veitstanz streng zweckorientierter Aktivität ausgebrochen ist, nutzen die Piloten die Atempause, wie Prost in Hockenheim (1) und Zeltweg (2) und Watson in Zandvoort (3). Der Ford DFV ist in seinem 13. Jahr in der Formel 1 fast schon ein Großserienmotor (4).

Dans l'œil du cyclone: alors que, tout autour d'eux, chacun vaque à ses activités, les pilotes en profitent pour respirer, comme Prost à Hockenheim (1) et Zeltweg (2) ou Watson à Zandvoort (3). Pour sa 13ᵉ année en Formule 1, le Ford DFV est déjà presque un moteur de grande série (4).

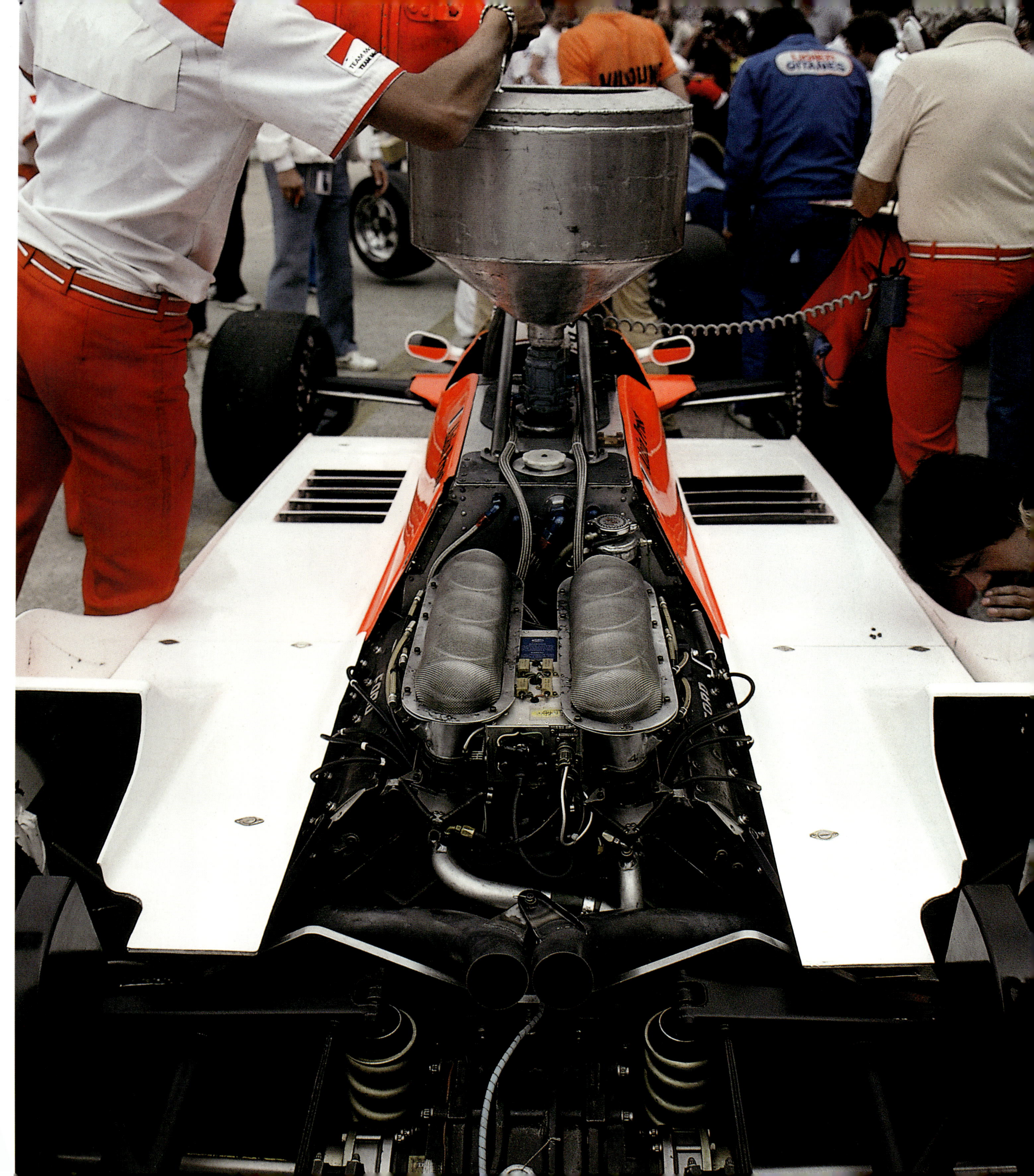
GITANES

McLaren 1981

The name is almost a foregone conclusion. Colnbrook's new weapon, called the MP4, is presented on March 6 at Silverstone. On this important day, the British track is wet and gray. The abbreviation is for Marlboro-Project Four, and does not even recognize McLaren as a coalition partner. With John Barnard's first creation, Ron Dennis has fulfilled a long-standing personal ambition.

The advantages of the carbon fiber monocoque, developed in cooperation with Hercules Inc. of Salt Lake City, are readily apparent: simplicity with high stiffness. While a conventional aluminum tub is an assembly of about 50 different components, the black moldings, which mark the end of one era and the beginning of a new one in race car design, are built up of only five parts. Any doubts as to whether the new material will shatter and splinter like an icicle in a severe impact are laid to rest by McLaren's number two driver, Andrea de Cesaris, a true virtuoso of destruction with 49 accidents in 208 Grand Prix starts. Six of these come during the 1981 season, plus a few crashes in practice. The Italian always climbs out of his trashed rides, miraculously uninjured. After one excursion into the tire walls lining the Tarzan hairpin at Zandvoort, the team has had enough. Icily, he is told in no uncertain terms that in view of his solitary championship point in Imola, his cost-to-benefit ratio is simply unacceptable. He is asked to look for a new employer for the 1982 season.

The MP4 is sent into combat relatively late in the season. For the opener at Long Beach in March, the new model shines if only by its presence; its physical beauty and classic simplicity are well noted by observers. Compared to the MP4 on display, the M29s entered in the race come across as outdated designs. Four weeks later, in Buenos Aires, John Watson is given chassis MP4/1, but makes no great impression. Not until Monaco does McLaren entrust the rather impetuous de Cesaris with one of the precious new cars. The result is predictable: an encounter of the hostile kind with Mario Andretti's Alfa on the first lap, just beyond Ste. Devote, and retirement.

Finally, in mid-season, the first successes are recorded. At Jarama, Watson takes third place in a twitching, snaking string of cars being held up by Gilles Villeneuve's swerving Ferrari. At Dijon, the Ulsterman finishes second behind Alain Prost's Renault Turbo. All signs point to victory at the British Grand Prix in Silverstone. Indeed, carried on the shoulders of the patriotic crowd, Watson wins, although with some difficulty. As he later admits in a self-critical interview, there is a difference between winning and coming in first.

At Donington in mid-September, Niki Lauda turns his first test laps in an MP4. In 1979, the double world champion declared that he was tired of driving around in circles. Now, he seems wide awake again.

Born again: on lap 20 of the Gran Premio d'Italia at Monza (left), John Watson spins at 125 mph in the second Lesmo turn, and hits tail-first, tearing the engine and rear suspension out of the car. Watson survives with virtually no injuries, thanks in large measure to the diamond-hard cocoon of the MP4/3 designed by John Barnard (below, on the left). Illustrious company: Prost in practice in Monaco between 1982 world champion Rosberg and 1981 champion Piquet (above). Chalk one up: the direction of rotation and mounting side are marked on the tires. In the heat and confusion of battle, such obvious aids come in handy (right).

Rebirth and Renaissance

Der Name ist programmatisch: MP4 heißt die neue Waffe aus Colnbrook, vorgestellt am 6. März auf dem Kurs von Silverstone, der sich an diesem bedeutenden Tage feucht und grau in grau gibt. Das Kürzel steht für Marlboro-Project Four und nimmt den Koalitionspartner McLaren eigentlich gar nicht zur Kenntnis. Denn Ron Dennis hat sich mit dem Opus 1 von Konstrukteur John Barnard eine langgehegte Ambition selbst erfüllt.

Die Qualitäten des Kohlefaser-Monocoques, das man zusammen mit der Hercules Inc. in Salt Lake City entwickelt hat, liegen auf der Hand: hohe Festigkeit und Simplizität. Wo ein herkömmlicher Aluminiumrumpf aus ungefähr 50 Teilen verquickt ist, genügen nun fünf aus dem schwarzen Gold des Fin de siècle. Die Zweifel, ob der neue Werkstoff bei einem heftigen Aufprall nicht zersplittern werde wie ein Eiszapfen, zerstreut unermüdlich McLarens Nummer zwei, Andrea de Cesaris, ein wahrer Mozart der Zerstörung mit 49 Unfällen in seinen 208 Grand Prix. Sechs davon entfallen auf die Saison 1981, hinzu kommen etliche Crashs im Training. Immer aber steigt der stämmige Italiener auf wundersame Weise unversehrt aus seinen geborstenen Gefährten. Nach einem Abflug in die Reifenwälle hinter der Tarzan-Haarnadel in Zandvoort ist das Maß voll. Man gibt ihm eisig zu verstehen, angesichts seines einsamen Punktes in Imola stimme einfach das Verhältnis von Preis und Leistung nicht. 1982 möge er sich einen neuen Arbeitgeber suchen.

Erst relativ spät wird der MP4 in die Saison eingespeist. Zur Eröffnung in Long Beach im März glänzt er lediglich durch Anwesenheit und durch seine allseits wohlwollend vermerkte physische Schönheit und klassische Einfachheit. Neben ihm wirken die im Rennen eingesetzten M29 genauso, wie sie sind – ganz alt. In Buenos Aires vier Wochen später verfügt John Watson über das Chassis MP4/1, allerdings ohne sonderlich zu glänzen. Erst in Monaco vertraut McLaren International auch dem ungestümen de Cesaris einen der kostbaren Neuwagen an. Man ahnt den Ausgang: Begegnung der unfreundlichen Art mit Mario Andrettis Alfa in der ersten Runde hinter Sainte Devote – Ausfall.

Ein Dreischritt führt endlich Mitte des Jahres zum ersehnten Erfolg. In Jarama belegt Watson den dritten Rang in einer tückisch zuckenden Schlange von Wagen, die von Gilles Villeneuves führendem Ferrari aufgehalten wird. In Dijon erreicht der Mann aus Ulster Rang zwei hinter Alain Prost im Renault Turbo. Somit stehen die Zeichen auf Sieg beim Großen Preis von England in Silverstone. Und in der Tat, gewissermaßen getragen auf den Schultern der patriotischen Menge, schafft es Watson mit einiger Mühe. Er habe gewonnen, aber nicht gesiegt, gibt er später selbstkritisch zu Protokoll. Mitte September aber dreht Niki Lauda in Donington seine ersten Testrunden in einem MP4. Er sei es müde, erklärte der Doppel-Champion 1979, immer nur im Kreise zu fahren. Nun ist er wieder munter.

Nomen est omen: MP4 est le nom de la nouvelle arme de Colnbrook, présentée le 6 mars sur la piste de Silverstone qui, en cette journée importante, se présente sous un mauvais jour de grisaille humide. Cette abréviation signifie Marlboro-Project Four et ne prend même pas note de son nouvel allié, McLaren. En effet, avec l'«opus 1» de son ingénieur John Barnard, Ron Dennis s'est exaucé lui-même un vœu qu'il nourrissait depuis longtemps.

Les qualités de la monocoque en fibre de carbone mise au point avec le concours de Hercules Inc., à Salt Lake City, sont manifestes: grande rigidité et, aussi, grande simplicité. Là où une coque conventionnelle en aluminium est assemblée à partir d'une cinquantaine de pièces, il en suffit de cinq avec l'or noir de la fin du siècle. On craint toutefois que le nouveau matériau ne se désintègre comme une boule de verre au moindre choc. Mais le pilote n°2 de McLaren, Andrea de Cesaris, prouve assidument le contraire: c'est un véritable Mozart de la destruction qui commet 49 accidents en 208 Grands Prix. Six se produisent durant la saison 1981, sans compter d'innombrables collisions et sorties de piste en essais. Mais, miraculeusement, le robuste Italien ressort toujours sain et sauf des débris de ses épaves. La goutte qui fait déborder le vase est un choc fatal contre les piles de pneumatiques à la sortie de l'épingle de Tarzan, à Zandvoort. On lui fait comprendre sans ambiguïté que, compte tenu de son seul et unique point remporté à Imola, le rapport prix/prestation lui est tout simplement défavorable – on le prie donc de se chercher un nouveau volant en 1982.

La MP4 n'apparaît sur les circuits que relativement tard cette saison-là. Pour l'ouverture de la saison, à Long Beach en mars, elle brille seulement par sa présence et sa beauté, qui recueille l'adhésion de tous, ainsi que par sa simplicité classique. A côté d'elle, les M29 utilisées pour la course font vraiment penser à ce qu'elles sont – des dinosaures. A Buenos Aires, un mois plus tard, John Watson touche son châssis MP4/1, mais, malheureusement, sans briller par un haut fait. Ce n'est qu'à Monaco que McLaren International confie aussi au bouillonnant de Cesaris l'une des précieuses voitures neuves. On se doute de ce qui va advenir: rencontre à l'issue fatale avec l'Alfa Romeo de Mario Andretti, dès le premier tour, à Sainte Devôte; la cause est entendue.

Trois facteurs se conjuguent enfin, à la mi-saison, pour donner le succès si ardemment désiré. A Jarama, Watson termine 3e d'un peloton de fous furieux qui zigzaguent comme un serpent en furie et sont bloqués par la Ferrari de Gilles Villeneuve, en tête. A Dijon, l'homme de l'Ulster termine 2e derrière Alain Prost sur Renault Turbo. L'évolution est encourageante et une victoire lors du Grand Prix d'Angleterre à Silverstone semble possible. Et, de fait, en quelque sorte porté sur les épaules d'une foule patriotique, John Watson signe cet exploit, mais non sans mal. Il a gagné, mais non vaincu, déclarera-t-il plus tard lui-même, faisant son autocritique, en guise de procès-verbal.

Mais, à la mi-septembre, Niki Lauda fait, à Donington, ses premiers tours de roues à titre d'essai aux commandes d'une MP4. En 1979, le double champion du monde avait déclaré être fatigué de toujours tourner en rond. Eh bien, maintenant, les mains et les pieds le démangent de nouveau.

Zweiter Geburtstag: In der 20. Runde des Gran Premio d'Italia zu Monza (links) wird sich John Watson in der zweiten Lesmokurve mit Tempo 200 drehen und mit dem Heck voran aufprallen, wobei sich Motor und Hinterachse vom Rumpf trennen werden. Daß der Ire relativ ungeschoren davonkommt, verdankt er nicht zuletzt dem diamantharten Kokon des MP4/3, den John Barnard (unten links) auf die fetten Räder gestellt hat. Illustre Gesellschaft: Prost beim Training in Monaco zwischen Rosberg, Weltmeister 1982, und Piquet, Champion 1981 (oben). Angekreidet: Auf den Reifenwalzen sind Fahrtrichtung und Wagenseite notiert. Das hilft in der Hitze des Gefechts (rechts).

Un bon ange gardien: au 20e tour du Gran Premio d'Italia, à Monza (à gauche), John Watson part en tête-à-queue à 200 km/h dans le deuxième virage de Lesmo et percute les glissières par l'arrière, la coque se désolidarisant du moteur et du train arrière sous la violence du choc. L'Irlandais s'en tire indemne, ce qui est surtout le mérite du cocon dur de la MP4/3 que John Barnard (en bas à gauche) a conçu pour les épais slicks. En bonne compagnie: Prost, lors des essais de Monaco, entre Rosberg, champion du monde 1982, et Piquet, champion 1981 (en haut). Pense-bête: le sens de rotation et le côté de la voiture sont notés sur les gommes des pneumatiques. Bien utile dans l'ardeur du combat (à droite).

Rebirth and Renaissance

1

Rebirth and Renaissance

Tunnel vision: Andrea de Cesaris at Monaco, on his way to 11th place on the grid (1). Wall Street crash: de Cesaris M29, chassis number 5, is removed from the Long Beach track after a first-lap encounter with Prost's Renault and Hector Rebaque's Brabham (2). Used car: John Watson in the M29 at Long Beach (3). Magnificent Seven: Watson in the MP4 at Monza (4).

Tunnel-Vision: Andrea de Cesaris in Monaco auf dem Weg zu Startplatz 11 (1). Wall Street Crash: Der M29 mit der Chassisnummer 5 von de Cesaris wird in Long Beach nach einer Kollision mit Prosts Renault und Hector Rebaques Brabham in Runde eins entsorgt (2). Altwagen: John Watson im M29 in Long Beach (3). Glorreiche Sieben: Watson im MP4 in Monza (4).

Lumière au bout du tunnel: Andrea de Cesaris à Monaco, en passe de se qualifier à la 11ᵉ place (1). Wall Street Crash: évacuation de la M29 avec le châssis numéro 5 de Cesaris, à Long Beach, après une collision avec la Renault de Prost et la Brabham de Hector Rebaque au premier tour (2). Cheval de retour. la M29 de John Watson à Long Beach (3). La Sept du mercenaire: Watson et sa MP4 à Monza (4).

Rebirth and Renaissance 101

McLaren 1982

"The Rat is in the trap," says Teddy Mayer in a November 1981 press conference at McLaren's new base in Woking. He is announcing Niki Lauda's comeback, driving for McLaren. Grinning maliciously, he refers to the Austrian's nickname, which, in the course of two world championships and 17 Grand Prix victories, has lost all trace of spite and has become an expression of respect bordering on awe.

It is soon apparent that despite two years of Grand Prix abstinence, SuperRat has lost none of his bite. At Kyalami and Jacarepagua, Lauda is still taking it easy, getting accustomed to the car. In Long Beach, however, he hangs back until hotheaded Andrea de Cesaris, who takes the early lead in his Alfa Romeo, takes himself out of the lead 50 kilometers into the race while attempting to lap Raul Boesel's March. Lauda reels off the remaining 61 laps as leader. After the race, he opens the customary postrace press conference with the words "Any questions?"

At Brands Hatch on July 18, the Viennese, always ready and willing to reply with a quip or wisecrack, is once again presented to the journalists as victor. McLaren International has won the British Grand Prix for the second year in a row, giving British fans something to cheer about. Lauda's ride is the McLaren MP4/1B, which has emerged from winter quarters at Le Castellet and the Michelin test track at Ladoux, in the Auvergne, with significant improvements: more grip due to better aerodynamics, higher chassis stiffness, and weight very close to the legal minimum of 580 kg. While Goodyear customers are struggling with tires that expand like warm dumplings at high speed, increasing the gap between the car's bottom and the road, Michelin customers have solved the opposite problem: the French radial tires squash down, reducing the play of the side skirts on bumps, where it is needed most. When setting up the suspension, the McLaren crews must work to extremely tight tolerances.

Lauda's teammate John Watson has his best Grand Prix season in 1982. Amid the sandy hills of Zolder, his McLaren MP4/1B, carrying race number seven, carves through the field like the proverbial hot knife through butter, and is in the lead when it matters most: the last two laps. His first-place finish in Montreal, by contrast, required more intensive labor. The championship title, seemingly always just within his grasp, eludes him like a desert mirage. Ferrari driver Didier Pironi, leading the championship by nine points going into the German Grand Prix at Hockenheim, suffers a serious accident during practice and retires from racing. At the finale, the absurd parking lot course in Las Vegas, Williams driver Keke Rosberg must be beaten. However, the Finn finishes fifth, enough to win the championship. The Ulsterman's second place in the championship is no more than a nice consolation prize.

"Die Ratte", sagt Teddy Mayer im November 1981 bei der Pressekonferenz am neuen Standort Woking zum Comeback Niki Laudas für McLaren, „ist in der Falle." Maliziös grinsend, bemüht er dabei des Österreichers Spitznamen, der im Verlauf von zwei Championaten und 17 gewonnenen Großen Preisen alles Despektierliche verloren hat und zum Ausdruck von an Ehrfurcht grenzender Hochachtung geworden ist.

Daß die Ratte auch nach zwei Jahren Grand-Prix-Abstinenz nichts von ihrem alten Biß eingebüßt hat, zeigt sich bald. In Kyalami und Jacarepagua fährt sich Lauda noch relativ locker ein. In Long Beach hingegen wartet er klug, bis sich der anfänglich führende Feuerkopf Andrea de Cesaris im Alfa Romeo nach 50 Kilometern Fahrstrecke beim Überrunden von Raul Boesels March selbst entsorgt hat, und spult dann die verbleibenden 61 Runden an der Spitze ab. „Irgendwelche Fragen?" leitet er nach dem Rennen das übliche Meeting mit der Presse ein.

Noch einmal stellt sich der stets schlagfertige und -bereite Wiener in jenem Jahr den Journalisten als Sieger: in Brands Hatch am 18. Juli. Zum zweiten Mal in Folge hat McLaren International da gewonnen, wo es der britischen Seele zum höchsten Behagen gereicht – beim Großen Preis von England. Laudas Dienstwagen ist der McLaren MP4/1B, der im Winterlager von Le Castellet und auf der Michelin-Teststrecke Ladoux in der Auvergne um folgende Faktoren gereift ist: mehr Grip bei besserer Aerodynamik, höhere Steifigkeit sowie ein Gewicht ganz in der Nähe der vorgeschriebenen 580 Kilogramm. Während Goodyear-Kunden sich damit herumschlagen müssen, daß bei hoher Geschwindigkeit ihre Reifen aufgehen wie Dampfnudeln und der Abstand zwischen Wagenboden und Fahrbahn größer wird, muß die Michelin-Klientel das entgegengesetzte Problem in den Griff bekommen: Die Radial-Pneus des französischen Herstellers knautschen sich dann zusammen und schränken den Spielraum der beweglichen Schürzen etwa an Buckeln ein, wo er dringend benötigt wird. Beim Einstellen der Aufhängung können die McLaren-Männer lediglich mit winzigen Toleranzen arbeiten.

Laudas Teamkollege John Watson erlebt 1982 sein größtes Jahr im Grand-Prix-Sport. In der Sandwüste von Zolder fährt sein McLaren MP4/1B mit der Nummer sieben durch das Feld wie ein heißes Messer durch die Butter und ist vorn, als es darauf ankommt: in den letzten zwei Runden. Seinen ersten Platz in Montreal muß sich Watson eher erarbeiten. Der Meistertitel, scheinbar immer in Griffweite, weicht vor ihm zurück wie eine Fata Morgana. Ferrari-Pilot Didier Pironi, vor Hockenheim mit neun Zählern in Führung, wird nach einem schlimmen Trainingsunfall im badischen Motodrom zum Frührentner. Williams-Fahrer Keke Rosberg wäre beim Finale auf dem absurden Parkplatz-Kurs von Las Vegas noch zu schlagen. Aber schon des Finnen fünfter Rang dort reicht. Da verkommt der zweite Platz des Iren zum netten Achtungserfolg.

Rolling chassis: in this configuration, the red and white racer is easier to push around the Long Beach paddock, but suffers in the beauty department (left). The two McLarens dive into the gorge just past Loews Hotel, heading for the Mediterranean (above), while the ladies in the Monaco pit balcony seem interested in everything but the race (right). Champagne time in Silverstone, where Lauda has just won ahead of the turbocharged Ferraris of Pironi and Tambay (below).

Rolling Chassis: In diesem Zustand ist der rotweiße Renner in Long Beach leichter zu schieben, büßt allerdings entschieden an Attraktivität ein (links). Absturz der beiden McLaren durch die Klamm hinter dem Loews-Hotel Richtung Mittelmeer (oben), während sich die Damenriege im ersten Stock über der Boxenstraße für Gott, die Welt und kein bißchen für die Rennwagen da unten interessiert (rechts). Schauplatz ist Monaco. Champagerlaune in Silverstone, wo Lauda soeben vor den Turbo-Ferrari von Pironi und Tambay gewonnen hat (unten).

Rolling Chassis: ainsi gréé, le bolide rouge et blanc est plus facile à manœuvrer à Long Beach, mais où est restée sa séduction (à gauche) ? Les deux McLaren plongent dans l'épingle du Loews en direction de la Méditerranée (en haut), tandis que le groupe de femmes massé au premier étage au-dessus de la voie des stands s'intéresse à tout sauf aux bruyantes voitures de course à leurs pieds (à droite). On se trouve à Monaco. Bain de champagne à Silverstone, où Lauda vient de gagner devant les Ferrari turbo de Pironi et Tambay (en bas).

« Le rat est pris au piège », dit Teddy Mayer, fin 1981, lors de la conférence de presse organisée à la nouvelle usine de Woking pour le come-back de Niki Lauda chez McLaren. Goguenard, il fait allusion au surnom de l'Autrichien aux deux titres de champion du monde et 17 victoires en Grand Prix, qui a perdu tout caractère irrespectueux et exprime même plutôt une admiration frôlant la vénération.

On constate vite que, même après deux ans d'absence des circuits, « le rat » n'a absolument rien perdu de son mordant. Pour Lauda, Kyalami et Jacarepagua sont une simple séance de mise en jambes. Mais, à Long Beach, il attend intelligemment que cette tête brûlée de Cesaris, en tête pendant 50 km avec son Alfa Romeo, finisse par percuter le rail en doublant la March de Raul Boesel. Il accomplit alors les 61 derniers tours en tête avec une régularité de métronome. « Des questions ? » demande-t-il pour inaugurer la conférence de presse traditionnelle d'après course.

Cette année-là, le Viennois à la répartie facile aura encore une fois le loisir de répondre aux journalistes comme vainqueur : à Brands Hatch, le 18 juillet. McLaren International a déjà gagné deux fois de suite là où cela émeut le plus tout Britannique – au Grand Prix d'Angleterre. Lauda pilote une McLaren MP4/1B considérablement améliorée durant les essais hivernaux au Castellet et sur la piste d'essai de Michelin à Ladoux : elle a plus de grip, est plus aérodynamique, plus rigide, et son poids frôle les 580 kg réglementaires. Quand les écuries chaussées par Goodyear sont confrontées au problème insoluble de pneus qui, à haute vitesse, augmentent leur diamètre et, ainsi, la distance entre la caisse et la piste, le dilemme des clients de Michelin est exactement opposé : les pneus à carcasse radiale français se contractent et limitent le jeu des jupes mobiles, notamment sur les bosses, là où on en a le plus besoin. Pour les réglages de suspension, les mécaniciens de McLaren doivent travailler avec des tolérances extrêmement minimes.

Le coéquipier de Nicki Lauda, John Watson, signera en 1982 son année la plus brillante en Grand Prix. Dans le désert de sable de Zolder, sa McLaren MP4/1B numéro 7 traverse le peloton de ses concurrents comme un couteau brûlant une motte de beurre et il se retrouve en tête au moment fatidique : pour les deux derniers tours. Sa première place à Montréal, par contre, Watson doit l'obtenir à la sueur de son front. Le titre de champion du monde, apparemment toujours à sa portée, lui échappe comme un mirage dans le désert. Aux essais, le pilote Ferrari Didier Pironi, qui comptait neuf points d'avance avant Hockenheim, subit, sous la pluie du motodrome badois, un effroyable accident qui met fin à sa carrière. Keke Rosberg, le pilote Williams, aurait encore pu être battu lors de la finale sur l'absurde circuit dessiné sur un parking de Las Vegas. Mais une cinquième place suffit au Finlandais pour coiffer la couronne. La seconde place de l'Irlandais ne restera donc jamais qu'un simple succès d'estime.

Rebirth and Renaissance

1

2

104 Rebirth and Renaissance

A grateful glance toward the heavens: above all, Niki Lauda's piety is based on faith in himself. At Brands Hatch, he is rewarded with a first-place finish (1). Climbing mountains in the dawn light: the Austrian in the Zeltweg warm-up (2). On the edge: Lauda at Long Beach, stubbornly holding on to the racing line (3). Approaching the Parabolique: Watson is in perfect position in the Swiss Grand Prix at Dijon, until he damages a skirt on the rumble strips (4).

Dankbarer Blick nach oben: Niki Laudas Frömmigkeit besteht vor allem aus dem Glauben an sich selbst. In Brands Hatch wird er mit Platz eins belohnt (1). Im Frühtau zu Berge: der Österreicher beim Warm-up in Zeltweg (2). Grenz-Bereich: Lauda in Long Beach stur auf der Ideallinie (3). Anfahrt zur Parabolique: Watson in günstiger Position beim Großen Preis der Schweiz in Dijon. Aber dann beschädigt er eine Schürze an der Abweiskante (4).

Regard empli de gratitude levé vers le ciel : la piété de Niki Lauda se nourrit surtout de sa foi en lui-même. A Brands Hatch, il est récompensé par la première place (1). Qui se lève tôt... l'Autrichien lors du warm-up à Zeltweg (2). Flirter avec la limite : Lauda suivant fidèlement la trajectoire idéale à Long Beach (3). Virage relevé en vue : Watson en bonne position au Grand Prix de Suisse, à Dijon. Mais il endommagera une jupe sur un vibreur (4).

Rebirth and Renaissance

Rebirth and Renaissance

Out on the track, the driver is the loneliest man in the world. But Formula 1 is also a team sport and the scene of cooperative efforts like those at Zolder (1), Long Beach (2), and Zeltweg (3).

Draußen auf der Piste ist der Pilot mutterseelenallein. Aber die Formel 1 ist auch ein Mannschaftssport. Szenengute Zusammenspiele in Zolder (1), Long Beach (2) und Zeltweg (3).

Dehors, sur le macadam, le pilote est laissé à lui seul. Mais la Formule 1 est aussi un sport d'équipe. Equipes bien rodées à la tâche à Zolder (1), Long Beach (2) et Zeltweg (3).

Rebirth and Renaissance

McLaren 1983

The two great discontinuities in the history of Team McLaren resulted in vastly different consequences. After the premature death of the founder in 1970, continuity was assured by the Old Guard who had helped Bruce found the company. Ten years later, however, the changing of the guard draws massive changes in its wake. The custodians of the old firm, Teddy Mayer and Tyler Alexander, are removed from the company payroll at the end of 1982; the chain of command of a Formula 1 team demands lean management. Phil Kerr had already departed in 1975, to start a new venture in his native New Zealand with Mike Hailwood and Denny Hulme.

The endeavor to reach new heights is not an immediate success by any means. In 1983, Ron Dennis and John Barnard are faced with a dilemma. The regulatory death of the wing cars robs the teams running Ford engines of the one thing which compensated for their power deficit compared to the turbos: the turbos' abundance of power lets them run larger wings, set at a higher angle of attack, resulting in more downforce and higher tire temperatures. In December 1982, McLaren signs a contract with Porsche. The Stuttgart firm will design and build a turbocharged V6 engine. The project is bankrolled by the Saudi Arabian firm Techniques d'Avant-Garde, represented by its junior manager Mansour Ojjeh. The problem is that the TAG Turbo will not be ready before mid-season. John Barnard arrives at a compromise. With a flat underbody and no skirts, the McLaren MP4/1C complies with the new rules, yet differs little from its predecessor. The sudden shift to extremes even results in a surprise win at the U.S. Grand Prix West on March 27. Although they were among the slowest backmarkers in qualifying, John Watson and Niki Lauda claw their way through the field to hold down first and second places. Their victory is helped in no small part by sticky Michelin rubber, as well as some bad luck and breakdowns on the part of the competition. Just three races later though, after soaring to new heights at Long Beach, the red and white racers from Woking suffer the humiliation of both drivers failing to qualify for Monaco.

The TAG dream becomes reality at Zandvoort at the end of August. The interim model MP4/1E impresses with elegant engineering solutions. The compact six-cylinder and its ancillary equipment are well integrated in the chassis, evidence of the good working relationship between John Barnard and Porsche engine developer Hans Mezger. But the car has been cobbled together quickly, and Lauda drops out after 25 laps. It does not become a force to be reckoned with until the season's finale in Kyalami, in mid-October. A week later, it becomes a genuine threat: Alain Prost, after three seasons with Renault, is once again a commodity on the driver market. Ron Dennis does not hesitate for an instant.

108 Rebirth and Renaissance

Mixed emotions: John Watson is happy to collect two points at Hockenheim (left), while Lauda (right, with Bernie Ecclestone) loses fourth place to Renault pilot Prost because he backed up in the pit lane. Developed on contract to Mansour Ojjeh's company, Techniques d'Avant-Garde, the Porsche V6 Turbo (above) is the embodiment of German quality. Attractive frame: double victories like the one at Long Beach represent more than just great photo opportunities (below).

Gemischte Gefühle: John Watson darf sich in Hockenheim über zwei Zähler freuen (links), während Lauda (rechts, mit Bernie Ecclestone) seinen vierten Rang an Renault-Pilot Prost verliert – wegen Zurücksetzens in der Boxenstraße. Im Auftrag von Mansour Ojjehs Unternehmen Techniques d'Avant-Garde entwickelt, gleichwohl schwäbische Wertarbeit: Porsche V6 Turbo (oben). Schöner Rahmen: Doppelsiege wie der von Long Beach bringen nicht nur statistische Annehmlichkeiten mit sich (unten).

Sentiments mitigés : John Watson est heureux de ses deux points récoltés à Hockenheim (à gauche), alors que Lauda (à droite, avec Bernie Ecclestone) doit céder sa quatrième place au pilote Renault Prost – pour avoir fait une marche arrière dans la voie des stands. Développé sur commande de la firme de Mansour Ojjeh Techniques d'Avant-Garde, il s'agit pourtant d'un travail de précision souabe : le Porsche V6 Turbo (en haut). Bien encadré : les doublés comme celui de Long Beach ont entre autre des avantages sur le plan des statistiques (en bas).

Die beiden tiefen Einschnitte in der Vita des McLaren-Rennstalls zeitigen ganz unterschiedliche Folgen. Während nach dem frühen Tod des Gründers 1970 Kontinuität angesagt ist, zieht der Wachwechsel zehn Jahre später kräftige Verwerfungen nach sich. Die Nachlaßverwalter Teddy Mayer und Tyler Alexander werden Ende 1982 aus den Gehaltslisten der Firma getilgt: Die Kommandostrukturen der Formel 1 verlangen nach schlankem Management. Phil Kerr setzte sich bereits 1975 ab, um zusammen mit Mike Hailwood und Denny Hulme in Neuseeland eine neue Existenz aufzubauen.

Gleichwohl vollzieht sich der Aufbruch zu neuer Größe keineswegs im Handumdrehen. 1983 sehen sich Ron Dennis und John Barnard einem Dilemma gegenüber. Der behördlich verordnete Tod der Wing Cars entzieht den Ford-Kunden das Elixir, welches das Potenzdefizit des DFV gegenüber den Turbos wieder wettgemacht hat. Deren Plus an Kraft gestattet ihnen größere sowie steiler angestellte Flügelflächen und damit mehr Anpreßdruck und höhere Reifentemperaturen. Erst im Dezember 1982 wurde ein Kontrakt mit Porsche unterzeichnet. Die Zuffenhausener wollten für McLaren einen zwangsbeatmeten V6 bauen. Als Mäzen fand sich das in Saudi-Arabien wurzelnde Unternehmen Techniques d'Avant-Garde gefunden, repräsentiert durch seinen Juniorchef Mansour Ojjeh. Nur: Vor Mitte der Saison ist der TAG-Turbo nicht in Sicht. So ringt sich John Barnard zu einem Kompromiß durch. Mit glattem Bauch und ohne Schürzen gehorcht der McLaren MP4/1C dem neuen Regelwerk, unterscheidet sich aber im übrigen nicht viel von seinem Vorgänger. Einmal führt das Lavieren zwischen den Extremen sogar zum Überraschungserfolg: beim United States Grand Prix West am 27. März. Obwohl unter den hintersten Backbenchern im Training, stürmen John Watson und Niki Lauda nach vorn und belegen die Ränge eins und zwei. Ihre zählebigen Michelin-Pneus tragen dazu bei und auch ein bißchen das Pech und die Pannen der Konkurrenz. Schon drei Rennen später müssen die Rotweißen aus Woking jedoch bitterlich büßen, denn auf den Höhenflug von Long Beach folgt die Bruchlandung von Monaco, wo sich beide Piloten nicht zu qualifizieren vermögen.

Der TAG-Traum wird erst in Zandvoort wahr, Ende August. Das Interims-Modell MP4/1E besticht durch schöne Lösungen: Daß sich der kompakte Sechszylinder nebst seinen Domestiken harmonisch mit dem Chassis zusammenfindet, zeugt nicht zuletzt vom guten Klima zwischen John Barnard und Porsche-Motoreningenieur Hans Mezger. Doch der Wagen ist hastig zusammengeschustert, fällt nach 25 Runden mit Lauda am Volant aus und wird erst beim Saisonfinale in Kyalami Mitte Oktober zu einer Kraft, mit der gerechnet werden muß. Eine Woche später wird sie zur Drohung: Alain Prost wird nach drei Jahren bei Renault plötzlich wieder an der Fahrerbörse gehandelt. Ron Dennis zögert keinen Augenblick zuzugreifen.

Les deux césures décisives dans la saga de l'écurie McLaren ont chacune un effet opposé. Alors que, après le décès précoce du fondateur de la firme, en 1970, la continuité figura à l'ordre du jour, la relève de la garde, dix ans plus tard, entraîne de violentes convulsions. Fin 1982, les administrateurs de succession qu'étaient Teddy Mayer et Tyler Alexander n'émargent plus sur les fiches de paye de la société McLaren : l'organigramme de la Formule 1 exige un style de direction plus percutant. Phil Kerr avait déjà démissionné en 1975 pour fonder une société en Nouvelle-Zélande avec ses deux vieux amis Mike Hailwood et Denny Hulme.

Et pourtant, la révolution qui allait mener au succès demande du tempo. En 1983, Ron Dennis et John Barnard sont confrontés à un dilemme. La condamnation à mort des wing cars par la fédération sportive prive les écuries propulsées par des moteurs Ford de l'atout qui compensait le déficit de puissance du DFV vis-à-vis des moteurs turbo. Leur puissance phénoménale permettait en effet aux voitures à moteur suralimenté de rouler avec des ailerons plus imposants et plus inclinés et, ainsi, d'obtenir plus d'appui et, donc, des températures supérieures pour faire chauffer leurs pneumatiques. Ce n'est qu'en décembre 1982 qu'est signé un contrat avec Porsche. Le constructeur de Zuffenhausen veut réaliser pour McLaren un V6 suralimenté. Techniques d'Avant-Garde, le groupe d'Arabie saoudite représenté par son jeune P.D.G. Mansour Ojjeh, finance ce projet. Mais il va falloir faire preuve de patience, car le moteur turbo TAG-Porsche est annoncé seulement pour le milieu de la saison. John Barnard est donc forcé d'adopter un compromis. Avec un fond plat et sans jupes, la McLaren MP4/1C respecte bien le nouveau règlement, mais, pour le reste, elle ne se distingue guère de sa devancière. Surprise, ce compromis entre deux extrêmes se traduira même par un succès inespéré : lors du United States Grand Prix West, le 27 mars. Bien que relégués tout au fond de la grille de départ, John Watson et Niki Lauda accomplissent une remontée stupéfiante et terminent aux deux premières places. Si ceci est dû pour une bonne part à leurs indestructibles pneus Michelin, ce l'est aussi un peu aux malheurs et aux pannes de leurs concurrents. Trois courses plus tard, déjà, les rouges et blancs de Woking doivent déchanter, car l'envolée de Long Beach est suivie par l'atterrissage en catastrophe de Monaco où aucun des deux pilotes ne parvient à se qualifier.

Le rêve, l'arrivée du moteur TAG, ne se réalise qu'à Zandvoort, fin août. Le modèle intérimaire, la MP4/1E, séduit par la beauté de ses solutions : le compact six-cylindres et sa périphérie se fondent harmonieusement au châssis, ce qui témoigne aussi et surtout de la bonne entente qui règne entre John Barnard et l'ingénieur motoriste de Porsche, Hans Mezger. Mais, réalisée à la va-vite, la voiture abandonne au bout de 25 tours avec Lauda au volant. Il faudra attendre la finale de la saison, à Kyalami, à la mi-octobre, pour qu'elle affiche le punch que l'on est en droit d'attendre d'elle. Une semaine plus tard, la menace se précise : après trois ans passés chez Renault, Alain Prost redevient une valeur sûre à la Bourse des pilotes et Ron Dennis n'hésite pas une seconde à s'assurer ses services.

Rebirth and Renaissance

1

Wailing wall: at Long Beach, advertising fulfills a variety of roles (1). At Circuit Paul Ricard, Lauda completes only 29 of 54 scheduled laps before the rear drive gives up the ghost (2).

Rebirth and Renaissance

Mauer-Schau: Die Sponsor-Botschaften von Long Beach decken ein großes Spektrum an Bedürfnissen ab (1). Die Ziellinie des Circuit Paul Ricard überquert Lauda nur in 29 von 54 geplanten Runden. Dann kündigt die Hinterachse den Dienst auf (2).

Le mur de la pub : avec les sponsors de Long Beach, il y en a pour tous les goûts (1). Lauda ne franchira la ligne d'arrivée du Circuit Paul Ricard que 29 fois sur les 54 tours prévus. Puis le train arrière se mettra en grève (2).

1

2

3

4

Compositions in red and white, or, the fine art of serendipity (1, 2, 4). Wallflowers: Some sponsor logos blossom in hidden corners (3). After you, Alphonse: for pedestrians, the Long Beach track provides safe crossing points – but at other locations (5).

Kompositionen in Rotweiß oder die Kunst des Zufalls (1, 2, 4). Mauerblümchen: Einige Sponsor-Logos blühen sogar im verborgenen (3). Nach Ihnen: Für Fußgänger sieht der Kurs von Long Beach anderswo auch Zebrastreifen vor (5).

Compositions en rouge et blanc ou l'art du hasard (1, 2, 4). Surprise: quelques logos de sponsors fleurissent là où on les attend le moins (3). Après vous: pour les piétons, le circuit de Long Beach a aussi prévu des passages cloutés à des endroits plus appropriés (5).

Rebirth and Renaissance

McLaren 1984

Events take on an air of *déjà vu;* just as in the late 1960s, when the CanAm series was transformed into the Bruce & Denny Show, the 1984 Grand Prix season mutates into the Niki & Alain Spectacle, and essentially an internal affair of McLaren International. For the first time, Ron Dennis and his crew experience the irresistible magic of running up truly big numbers; after that season's 16 Grands Prix, the cars from Woking have accumulated 143.5 championship points, annihilating the second-place finisher Ferrari, who ekes out only 57.5 points.

Initially, though, designer John Barnard is as angry as a wet hen. On November 3, 1982, FISA, the racing governing body (Fédération Internationale du Sport Automobile) decreed that the cars must have flat bottoms, and banned the side-mounted skirts. The decree came out of Paris far too late to suit McLaren. Had it been announced earlier, one would have ordered a different engine concept from Porsche, small, lightweight, and compact: similar to the TAG Turbo V6 to be sure, yet a bit different.

The new MP4/2 is finished late, just in time for three days of testing in Le Castellet before the season gets under way in Jacarepagua on March 25. Again, the car embodies the design philosophy of its creator: anything good has to look good as well, for example the "McLaren tail," in which the rear bodywork shrouds the engine, transmission and the lower transverse arms, while the halfshafts extend through neatly drilled holes.

Prost wins seven Grands Prix, including his first race since rejoining McLaren and the first race of the season, at Rio de Janeiro's Autodromo Riocentro. Lauda wins five races. The Austrian, once the idol of his French teammate, now regains his old stature alongside the younger man's genius. They trade victories in almost perfectly alternating rhythm, obeying some casually accurate laws of chance. The Austrian is crowned champion, with a half point lead over his eventual successor.

Half points always indicate some hidden drama. In 1984, this was the Grand Prix of Monaco on June 3, an unforgettably ugly, rain-soaked day. After 31 of 77 scheduled laps, chief steward Jacky Ickx halts a race which could not in good conscience be allowed to continue a moment longer. Prost is leading at the time, harried and threatened by Ayrton Senna, driving the virtually undrivable Toleman-Hart. If the Belgian had allowed events to run their course, Prost would have left the principality's precipitation with a full ration of six points for second place, enough to win his first of five world championships by the end of the year. As it is, he gets 4.5 points for a win, and leads the championship race, until Lauda tops his tally on his home ground at Zeltweg.

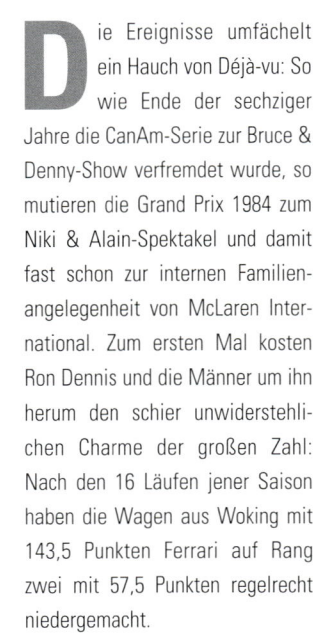

By the simple arithmetic of Formula 1, the Viennese driver needs only a second-place finish at the season's finale in Estoril – which he achieves. Next year, he consoles Prost, it will be the Frenchman's turn.

Well led: Prost after his rain win at Monaco, seven and a half seconds ahead of Senna (left). Densely packed: the minimalist instrument panel of the MP4/2. For better readability in critical ranges, the tachometer has been installed with a quarter turn counterclockwise (above). Data acquisition: meticulous records are kept using equipment of ever-increasing complexity, such as here at Brands Hatch (right). Happy day: Alain Prost wins the Grande Premio de Portugal, with the help of the V6 from Stuttgart, while Niki Lauda wins the world championship and McLaren the constructors' championship (below).

Les événements ont un goût de déjà-vu: à l'instar de la fin des années 60, où la série CanAm s'était muée en un two-men-show avec Bruce & Denny, la saison de Grands Prix 1984 se circonscrit à un duel entre Niki & Alain, à une guerre intestine qui n'intéresse que McLaren. Pour la première fois, Ron Dennis et ses fidèles ont succombé au charme irrésistible des gros chiffres: à l'issue des 16 Grands Prix de cette saison-là, les voitures de Woking totalisent 143,5 points, déclassant Ferrari, deuxième, avec 57,5 points. Et pourtant, avant le début de la saison, l'ingénieur John Barnard tempêtait et se plaignait à qui voulait l'entendre. Le 3 novembre 1982, la FISA (Fédération Internationale du Sport Automobile) qui édicte les règlements, avait imposé un fond plat aux voitures, qui, de plus, avaient dû abandonner leurs jupes latérales. Une décision prise beaucoup trop tard à Paris, dit Barnard. S'il en avait été informé plus tôt, il aurait commandé à Porsche un moteur d'une conception légèrement différente, petit, léger et compact, comme le TAG Turbo V6 de cette année-là, certes, mais tout de même un peu différent.

La nouvelle MP4/2 n'est achevée que tardivement et il lui reste tout juste trois jours pour un roulage sommaire au Castellet avant l'ouverture de la saison à Jacarepagua, le 25 mars. Une fois de plus, elle incarne la philosophie de son créateur, qui veut que tout ce qui est bon soit, aussi, beau, par exemple avec une arrière en goulot de bouteille: le carénage postérieur épouse étroitement le moteur et la boîte de vitesses ainsi que les bras transversaux, tandis que les demi-arbres parviennent à l'air libre à travers des ouvertures ménagées avec précision dans la carrosserie. Prost gagne sept Grands Prix, dont le tout premier à Rio de Janeiro. Lauda remporte cinq victoires, lui qui était jadis l'idole du Français et dont le génie lui fait recouvrer aujourd'hui son ancienne grandeur. Les deux hommes se partagent pratiquement les victoires selon la devise du: «Un coup à toi, un coup à moi!», suivant à la régie du hasard. C'est pourtant ce rusé d'Autrichien qui sera sacré champion, du monde avec un demi-point d'avance sur son dauphin.

Les demi-points sont toujours le témoignage d'un drame, comme le 3 juin 1984, au Grand Prix de Monaco, sous un déluge qui entrera dans les annales pour sa violence. Après 31 des 77 tours prévus initialement, le directeur de course Jacky Ickx stoppe une mascarade irresponsable. A ce moment-là, Prost est encore en tête, talonné et, enfin, menacé par Ayrton Senna au volant d'une monoplace quasi inconduisible, une Toleman-Hart. Si le Belge avait laissé les choses suivre leur cours plus longtemps, Prost aurait quitté la Principauté noyée sous le déluge avec le total des points de la seconde place et aurait été sacré champion du monde, pour la première de cinq fois. Ainsi prend-il la tête du classement, mais Lauda le rattrape, chez lui, sur le circuit autrichien de Zeltweg.

Selon l'arithmétique inéluctable de la Formule 1, une seconde place suffit au Viennois, au show-down d'Estoril – il saura s'en contenter. «L'an prochain», réconforte-t-il Prost, «ce sera ton tour».

Guide fidèle: Prost après sa victoire sous la pluie à Monaco, avec sept secondes et demie d'avance devant Senna (à gauche). Bien agencé: le tableau de bord minimaliste de la MP4/2. Pour rendre la zone critique mieux lisible, le compte-tours a été décalé de 90 degrés vers la gauche (en haut). Saisie de données: la technique devenant de plus en plus compliquée, on tient une comptabilité exacte, comme ici à Brands Hatch (à droite). Jour d'allégresse: le V6 de Stuttgart a permis à Alain Prost de gagner le Grande Premio de Portugal et, à Niki Lauda, le championnat du monde des conducteurs, McLaren remportant celui des constructeurs (en bas).

Rebirth and Renaissance

Rebirth and Renaissance

Springtime on the Côte d'Azur: on this weekend, many have sought out the Principality of Monaco because of the mild, high-pressure weather normally expected there.

Frühling an der Côte d'Azur: Manche suchen das Fürstentum Monaco an diesem Wochenende im Juni auch wegen der dort zu erwartenden milden und beständigen Hochdrucklagen auf.

Le printemps sur la Côte d'Azur: certains se rendent ce week-end de juin dans la Principauté de Monaco, car ils croient y trouver des températures clémentes et le beau temps.

Rebirth and Renaissance 117

Smiling second: even with second-place finishes behind Prost, such as those in Zandvoort (1) and Estoril (3), Lauda collects enough points for his third championship title. Twistin': Prost wins at Imola, after Lauda's engine blows a cylinder on lap 15 (2). Turnabout: the Frenchman manages only seventh place at his home Grand Prix in Dijon, after a dramatic pit stop. The winner is Lauda (4).

Lachender Zweiter: Auch mit zweiten Plätzen hinter Prost wie in Zandvoort (1) und Estoril (3) sammelt Lauda emsig Punkte für seinen dritten Titel. S-Vergnügen: In Imola siegt Prost, während in Laudas Triebwerk in der 15. Runde ein Zylinder Öl erbricht (2). Umkehrschluß: Lediglich Rang sieben für den Franzosen beim Heimspiel in Dijon nach Dramen an der Box. Und der Gewinner heißt Lauda (4).

Rebirth and Renaissance

Rira bien qui rira le dernier: collectionnant les deuxièmes places derrière Prost comme à Zandvoort (1) et Estoril (3), Lauda accumule des points comme un épicier pour son troisième titre. Le grand S: à Imola, Prost est sacré vainqueur tandis qu'un cylindre du moteur de Lauda dégorge son huile au quinzième tour (2). Renversement de situation: le Français seulement septième à domicile à Dijon après des drames aux stands. Et le vainqueur est Lauda (4).

Rebirth and Renaissance 119

120 Rebirth and Renaissance

Suiting up: Lauda's MP4/2 stark naked, and in full fighting trim (1, 2). The master and his work: Porsche engineer Hans Mezger and the TAG turbo (3). Blast of bubbly: on Grand Prix days, like October 21, 1984 in Estoril, the champagne bottle becomes an adult-sized squirt gun (4).

Einkleidung: Laudas MP4/2 splitternackt und in vollem Kampftrimm (1, 2). Meister und Werk: Porsche-Ingenieur Hans Mezger und der TAG turbo (3). Stimmungskanonen: An Grand-Prix-Tagen wie dem 21. Oktober 1984 in Estoril wird die Champagnerflasche zur fröhlichen Waffe (4).

Le jour et la nuit: la MP4/2 de Lauda complètement désossée et avec son armure (1, 2). Le père et son enfant: l'ingénieur de Porsche Hans Mezger et le TAG turbo (3). L'arroseur arrosé: les jours de Grand Prix comme le 21 octobre 1984, la bouteille de champagne vaut tous les tuyaux d'arrosage (4).

McLaren 1985

Alain Prost's 1985 world championship is the triumph of a new prototype: the antiseptically clean race driver, incredibly brilliant, as precise as a computer and completely emotionless. Not only this, but the Frenchman is on friendly terms with his cars and uses his fuel allotment of 220 liters per race sparingly, while many other drivers are incapable of reining in their thirsty turbos and park their mounts with empty tanks before the race is finished. And one more thing: the fact that the man, small and wiry as a jockey, weighs 15 kg less than many others in his profession, gives him an edge even with the 866 horsepower of his TAG V6 (as measured in Zeltweg), an advantage that represents valuable hundredths of a second.

John Barnard placed in Prost's capable hands the perfect tool, the MP4/2B, McLaren's latest evolution. This model is based on a proven platform, but with improved serviceability. The life expectancies of all of its components have been calculated, and future parts requirements covered accordingly. The rule of thumb is that engine, transmission and the four suspension assemblies must survive two races, assuming normal, humane treatment by the two drivers. They are supported by a perfect electronic assistant, the comprehensive Motronic MP 1.4 engine management system, developed by a Bosch project team led by physicist Dr. Udo Zucker. Five microprocessors are embedded in the MP4/2B, four in a small magnesium case and one on the instrument panel. Each of them is fully aware of the other four. Tires are supplied by Goodyear, a year before Michelin's withdrawal from the Formula 1 battlefield.

But the red cars of Maranello have done their homework over the winter, if perhaps not quite so meticulously as the red and white racers of Woking. Initially, Prost finds a formidable adversary in the form of Michele Alboreto and his Ferrari 156/85. Again, the Austrian Grand Prix, at Zeltweg in mid-August, is the watershed: the two opponents depart this majestic course, in the shadow of Castle Spielberg, tied at 50 points each. In Holland, two weeks later, Alboreto finishes fourth and Prost comes in second. From this point onward, the Frenchman has the Italian well in hand, and his championship is assured by his fourth place as early as the Grand Prix of Europe at Brands Hatch on October 6 – two races before the end of the season.

With a win in Zandvoort, Niki Lauda again shows some of the old fireworks, and amazes Ron Dennis on two occasions: first in qualifying for Montreal, where he reports that there is a beaver in the hairpin turn, and in Zeltweg, where he announces his retirement from racing, effective at the end of the season, and this time for good. And so it remains.

Alain Prosts Weltmeisterschaft 1985 ist der Triumph eines neuen Prototyps: des chemisch reinen Rennmenschen, blitzgescheit, computergenau und emotionslos. Überdies geht der Franzose auch noch kameradschaftlich mit seinem Auto und knauserig mit dem knapp bemessenen Sprithaushalt von 220 Litern pro Rennen um, während viele andere der Trunksucht ihrer Turbos nicht gewachsen sind und ihre Renner gelegentlich vorzeitig mit ausgedörrtem Tank am Rande der Piste abstellen müssen. Und noch eins: Daß der Mann, winzig und spillrig wie ein Jockey, 15 Kilogramm weniger auf die Waage bringt als manch anderer in der Branche, wirkt sich selbst angesichts der 866 Pferdestärken seines TAG V6 (gemessen in Zeltweg) als Bonus aus, der sich in kostbare Hundertstelsekunden ummünzen läßt.

Diesem Überflieger hat John Barnard kongeniales Werkzeug an die Hand gegeben, das Evolutionsmodell MP4/2B. Die Grundsubstanz der Baureihe ist bereits gut, also hat man ihre Servicefreundlichkeit verbessert sowie die Lebenserwartung aller Teile vorausberechnet und damit den Bedarf für die Zukunft. Als Faustregel gilt, daß Motor und Getriebe und die vier Ausleger der Aufhängung zwei Rennen durchstehen müssen, die übliche humane Behandlung durch die beiden Piloten vorausgesetzt. Diesen greift dabei ein perfekter elektronischer Helfershelfer unter die Arme, das umfassende Motormanagement Motronic MP 1.4, das eine Bosch-Projektgruppe unter der Leitung des Diplom-Physikers Dr. Udo Zucker entwickelt hat. Fünf Mikroprozessoren sind in den MP4/2B eingepflanzt, vier in einem Kästchen aus Magnesium, einer am Armaturenbrett. Jeder von ihnen weiß alles über alle anderen. Die Reifen liefert Goodyear – ein Jahr vor dem Rückzug von Michelin von den Kriegsschauplätzen der Formel 1.

Doch auch die Roten in Maranello haben ihre Hausaufgaben gemacht, wenn vielleicht auch nicht ganz so pingelig wie die Rotweißen in Woking. Anfänglich erwächst Prost in Michele Alboreto auf dem Ferrari 156/85 ein formidabler Gegner. Wieder wird der Große Preis von Österreich Mitte August in Zeltweg zur Wasserscheide: Die beiden Kontrahenten verlassen den majestätischen Kurs im Schlagschatten des Schlosses Spielberg mit einem Guthaben von je 50 Punkten. In Holland, 14 Tage später, schließt Alboreto als vierter und Prost als zweiter ab. Von nun an behält der Franzose den Italiener fest im Griff, so daß sein Championat bereits nach einem vierten Rang beim Großen Preis von Europa in Brands Hatch am 6. Oktober unantastbar wird – zwei Rennen vor Ende der Saison.

Niki Lauda zündet lediglich mit einem Sieg in Zandvoort noch einmal das gewohnte Feuerwerk und verblüfft im übrigen Ron Dennis zweimal: Beim Training in Montreal, als er ihm mitteilt, in der Haarnadel halte sich ein Biber auf, und in Zeltweg, als er seinen Rückzug aus dem Rennsport zum Ende der Saison ankündigt, diesmal für immer. Und dabei bleibt es in der Tat.

A black day: on April 21, 1985, half year to the day after their glorious double victory, the Estoril circuit deals the McLaren drivers a double blow: Prost retires (left) after a spin on the straight, caused by hydroplaning, while Lauda exits with braking and electronic problems (above, right). In the chilling rain, Senna wins at the wheel of his black Lotus. Four weeks later, at Monaco, Prost wins, after Lauda skids on an oil slick at Sainte Dévote and drops out. Their faces speak volumes (below).

Schwarzer Tag: Am 21. April 1985, auf den Tag ein halbes Jahr nach ihrem glorreichen Doppelerfolg, geht der Kurs von Estoril lieblos mit den McLaren-Piloten um: Ausfall für Prost (links) nach Dreher auf der Geraden durch Aquaplaning, Exitus für Lauda: Elektronik und Bremsen (oben, rechts). In kaltem Regen siegt Senna auf seinem schwarzen Lotus. In Monaco vier Wochen später siegt Prost, während Lauda auf einem Ölfleck bei Sainte Dévote ausgeglitten ist. Die Mienen sprechen Bände (unten).

Journée noire: le 21 avril 1985, six mois jour pour jour après leur mémorable doublé, le circuit d'Estoril est sans pitié pour les pilotes McLaren: abandon pour Prost (à gauche) après un tête-à-queue en pleine ligne droite par suite d'aquaplaning et KO pour Lauda sur panne d'électronique et de freins (en haut, à droite). Dans le froid et le déluge, Senna gagne avec sa Lotus noire. A Monaco, un mois plus tard, Prost est vainqueur, mais Lauda quitte la piste sur une tache d'huile à Sainte Dévote. Les visages sont éloquents (en bas).

Le titre de champion du monde 1985 d'Alain Prost est le triomphe d'un nouveau prototype de pilote : celui de la bête de course génétiquement pure, d'une intelligence acérée, avec une précision d'ordinateur et sans la moindre émotion. De plus, le Français traite sa voiture avec tous les égards imaginables et gère avec une avarice d'Ecossais son allocation de carburant limitée à 220 litres par course, alors que beaucoup d'autres n'arrivent pas à juguler la gloutonnerie de leurs moteurs turbo et doivent occasionnellement garer prématurément leur bolide au bord de la piste avec un réservoir à sec. Et, atout supplémentaire : l'homme, minuscule et fluet comme un jockey, accuse sur la balance 15 kg de moins que beaucoup d'autres de ses collègues, ce qui, même compte tenu des 866 ch de son V6 TAG mesurés à Zeltweg, est un argument supplémentaire qui vaut de précieux centièmes de seconde. John Barnard a donné à cet être d'une autre planète un engin à sa mesure, l'évolution MP4/2B. La substance originelle étant bonne, il a donc pu se contenter d'améliorer sa convivialité et de calculer à l'avance la longévité de toutes les pièces ainsi que, par la même occasion, les besoins pour l'avenir. La loi d'airain est que le moteur, la boîte de vitesses et les quatre éléments de suspension doivent résister deux courses pour autant que les deux pilotes leur réserve le traitement humain habituel. Ces deux pilotes peuvent compter à cette occasion sur l'aide d'auxiliaires électroniques parfaits, en l'occurrence la gestion moteur intégrale Motronic MP 1.4 mise au point par un groupe de projet de chez Bosch sous la direction d'un physicien, le Dr Udo Zucker. Cinq microprocesseurs ont été greffés sur la MP4/2B, quatre dans un boîtier en magnésium placé sur un ponton et le cinquième au tableau de bord. Chacun d'eux sait absolument tout sur les autres.

Les pneus sont fournis par Goodyear – un an avant le retrait de Michelin de la scène des Grands Prix de Formule 1.

Les rouges de Maranello ont, eux aussi, bien fait leurs devoirs, mais, peut-être, pas tout à fait avec autant d'application que les rouges et blancs de Woking. Au début, Prost trouve un formidable adversaire en la personne de Michele Alboreto qui pilote la Ferrari 156/85. Une fois de plus, le Grand Prix d'Autriche, à la mi-août à Zeltweg, sera un Grand Prix charnière : les deux rivaux quittent le majestueux circuit au pied du château de Spielberg avec respectivement 50 points dans leur escarcelle. En Hollande, quinze jours plus tard, Alboreto termine 4e et Prost, 2e. Dès lors, le Français contrôlera l'Italien, si bien que son titre de champion lui sera déjà pratiquement assuré après une quatrième place au Grand Prix d'Europe à Brands Hatch, le 6 octobre – deux courses avant l'issue de la saison. Avec une victoire à Zandvoort, Niki Lauda tire, mais une seule fois, son feu d'artifice habituel et stupéfie, sinon, Ron Dennis à deux reprises : lors des essais de Montréal, lorsqu'il lui fa t savoir qu'un castor se trouve au milieu de l'épingle et, à Zeltweg, lorsqu'il annonce son retrait de la compétition à la fin de la saison, mais, cette fois-ci, définitivement. Et là, il tiendra parole.

Rebirth and Renaissance

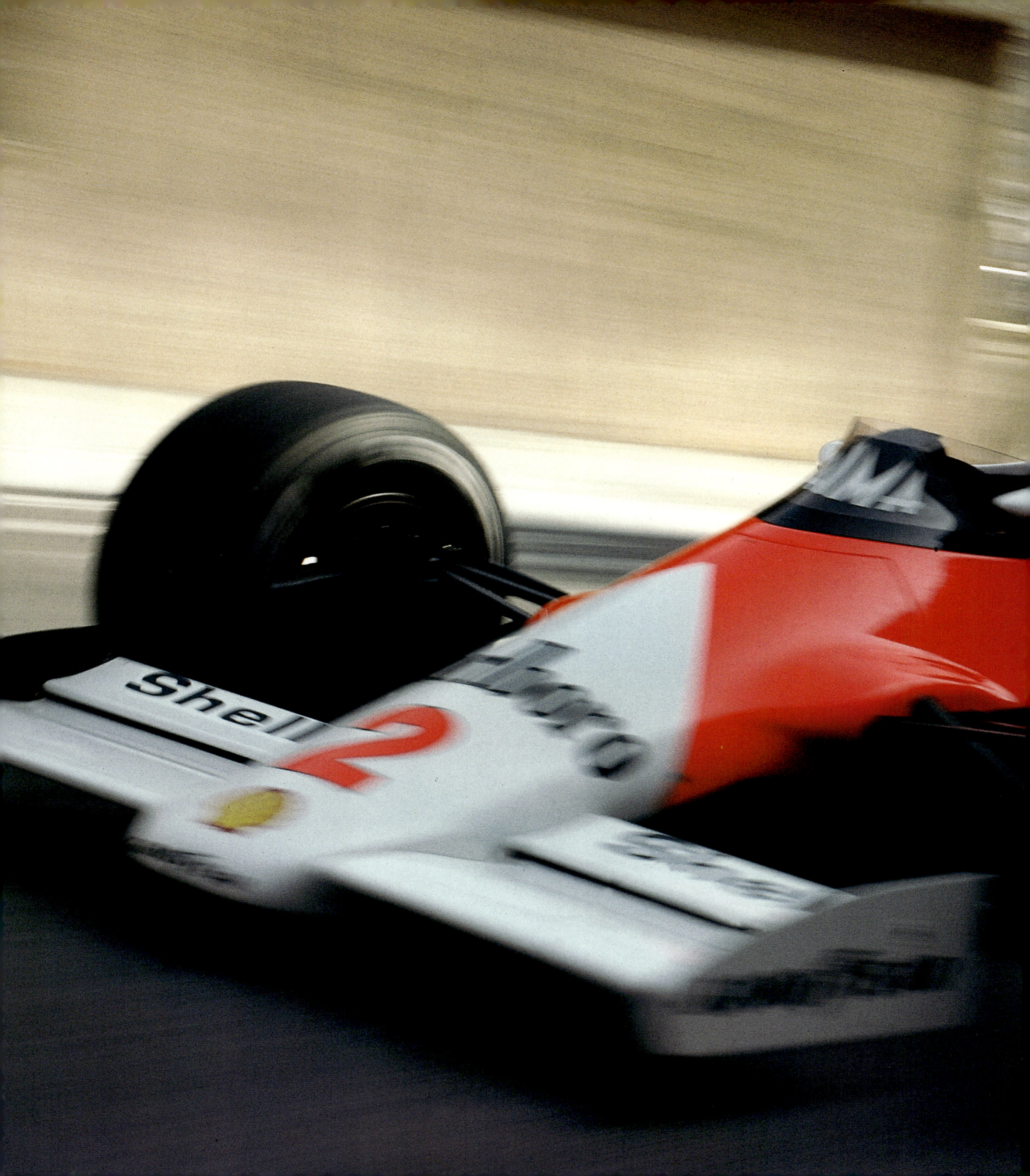
Shell
2

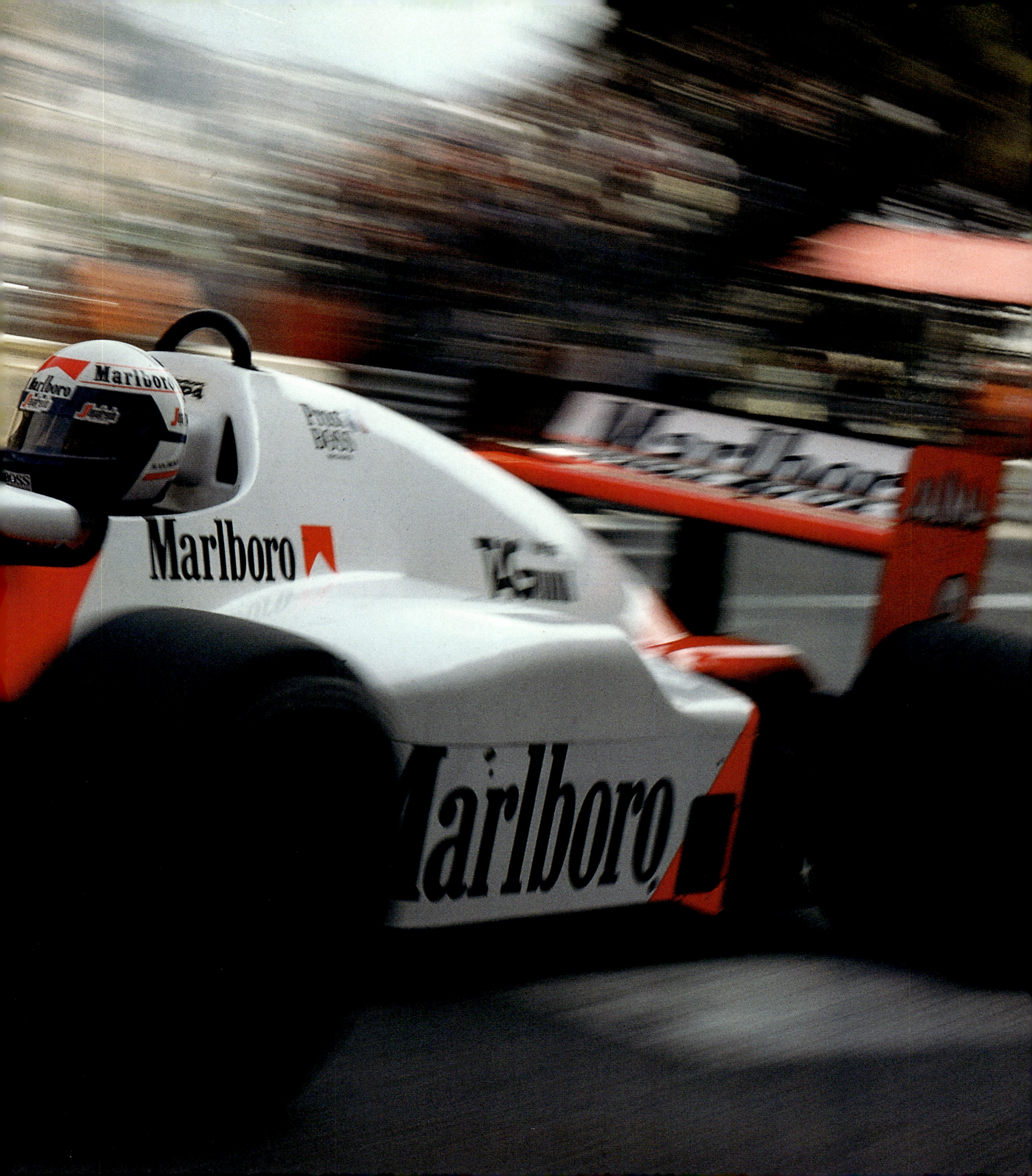
Marlboro
Marlboro
Marlboro

1

2

(Previous pages) A calculated risk: second win of the season for Prost, and his second win in Monaco. He rolls to a stop just past the finish line, out of fuel.

(Vorherige Seiten) Kalkuliertes Wagnis: zweiter Saisonsieg für Prost, zweiter Erfolg auch in Monaco. Hinter der Ziellinie bleibt er ohne Sprit liegen.

(Pages précédentes) Risque calculé: deuxième victoire de la saison pour Prost, deuxième succès aussi à Monaco. Il tombe en panne d'essence juste derrière la ligne d'arrivée.

Rebirth and Renaissance

Managing over 800 horsepower (or even 70 horsepower more under qualifying conditions), on a wet track such as Estoril or Imola, shows Grand Prix drivers for what they are: true artists (1, 2). Unfounded concern: Prost wins in Silverstone, after turning fastest lap (3). In qualifying for Monaco, Niki Lauda (4) manages only 14th on the grid, after being blocked by Senna. At Le Castellet, Lauda is in front of Prost (5), while Piquet (Brabham) and Rosberg (Williams) run away with the race. The Austrian's rapid ride ends on lap 30 with transmission failure.

Parterre-Akrobatik: Ihr Umgang mit über 800 PS, im Training noch einmal 70 PS mehr, auf nasser Fahrbahn wie in Estoril und Imola weist die Grand-Prix-Piloten vollends als das aus, was sie sind: Artisten (1, 2). Unbegründete Sorge: Prost siegt in Silverstone und fährt auch die schnellste Runde (3). Im Zeittraining von Monaco durch Senna vorsätzlich behindert, nur Startplatz 14: Niki Lauda (4). Konstellation auf Zeit: Lauda vor Prost in Le Castellet (5), während vorn Piquet (Brabham) und Rosberg (Williams) enteilen. Des Österreichers rasche Fahrt endet in Runde 30 – Getriebeschaden.

Acrobates du volant: avec plus de 800 ch en course et même 70 ch de plus en qualifications, sur piste détrempée comme à Estoril et Imola, les pilotes de Grand Prix montrent ce qu'ils sont vraiment – des artistes (1, 2). Souci non justifié: en effet, Prost gagne à Silverstone et signe aussi le tour le plus rapide en course (3). Bloqué volontairement par Senna en qualifications, seulement 14e sur la grille de départ: Niki Lauda (4). Cela ne va pas durer: Lauda devant Prost au Castellet (5), tandis que Piquet (Brabham) et Rosberg (Williams) se sont échappés devant eux. La course de l'Autrichien se terminera au 30e tour, panne de boîte de vitesses.

Rebirth and Renaissance

McLaren 1986

The course of the 1986 Grand Prix season sees the same sort of highly-charged three-way contest which created so much joy and frustration in 1973. Two strong drivers on one team rob each other of points, while the top driver of another team deliberately drives up the middle to become world champion. In 1973, Jackie Stewart profited from the rivalry between Lotus teammates Emerson Fittipaldi and Ronnie Peterson. This time, McLaren's main man, Alain Prost, surprises the irreconcilably quarrelsome Williams duo, Nigel Mansell and Nelson Piquet. The two accumulate nine victories and secure the constructors' title for Frank Williams. Prost, however, needs only four wins for the championship, spread throughout the season in a bizarre sequence. A modest season kickoff in Jacarepagua and Jerez is followed by a quick succession of wins in Imola and Monaco, then long dry spells to his remaining victories at Zeltweg and Adelaide.

The outcome of the championship remains in doubt until the last minutes of the finale in Australia. There, the Williams cars close off the first row on the grid like a brick wall. On this October 26, however, luck is on Prost's side. Mansell is fortunate to escape with his life after a tire bursts at 320 kph. On the recommendation of Goodyear racing boss Leo Mehl, leader Piquet is ordered to the pits for a precautionary tire change, dropping him to second place, not enough for the championship. Prost, now leading, can't escape the feeling that his own tires may not be in any better condition. Added to this is the grim news from his on-board computer, reporting that he will run out of fuel three laps before the end. As it turns out, this is in error, and the tires hold up as well.

The MP4/2C is John Barnard's parting gift. He leaves McLaren just before the Gran Premio d'Italia, and not without some rancor. Just as his name is becoming synonymous with the marque from Woking, he goes off looking for a job with another team. In the worst-kept secret in Formula 1, he lands a position with Ferrari. Major changes have occurred in the electronic field, thanks to the efforts of Bosch. In addition, the 2C evolution of the successful MP4 concept incorporates a fuel tank volume reduced to 195 liters, per regulations, forcing the drivers into a more fuel-efficient driving style. This poses a special challenge for Keke Rosberg, McLaren's number two driver and, as a leadfooted fundamentalist, member of a dying breed. Moreover, the Finn longs for the comfortable security of his five years with Williams. He decides to retire at the end of the season.

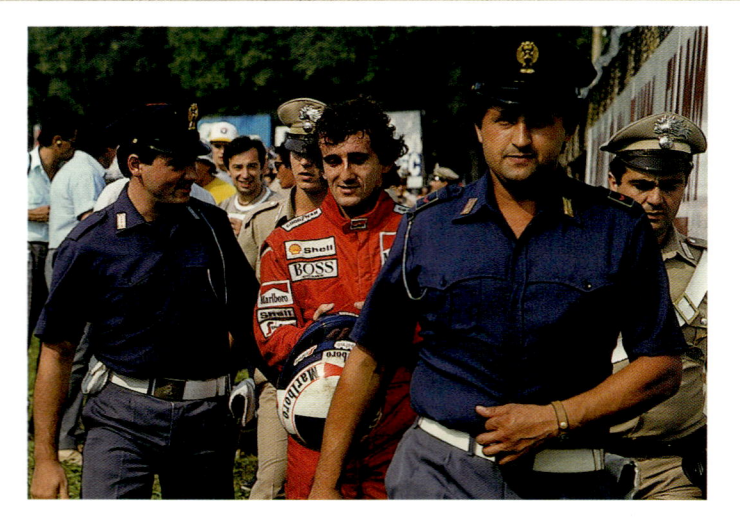

128   Rebirth and Renaissance

Im Laufe des Grand-Prix-Jahres 1986 stellt sich das gleiche emotionsträchtige Dreiecksverhältnis ein, das schon 1973 Frust und Freude auslöste: Zwei starke Piloten eines Teams stehlen einander die Punkte, während der Top-Fahrer eines anderen gewissermaßen in der Mitte durchstößt und Weltmeister wird. Damals profitierte Tyrrell-Pilot Jackie Stewart vom Bruderzwist der Lotus-Zwillinge Emerson Fittipaldi und Ronnie Peterson. Diesmal überrumpelt McLaren-Mann Alain Prost das heillos zerstrittene Williams-Duo Nigel Mansell und Nelson Piquet. Neun Erfolge häufen die beiden gemeinsam an und sichern Frank Williams damit den Konstrukteurentitel. Prost genügen vier, in bizarrem Rhythmus über die Saison verteilt: Nach einem eher unauffälligen Auftakt in Jacarepagua und Jerez folgen die Siege in Imola und Monaco unmittelbar hintereinander, während bis zu den beiden anderen, in Zeltweg und in Adelaide, jeweils beträchtliche Durststrecken überbrückt werden müssen.

Der Ausgang des Championats bleibt indes bis in die letzten Minuten des Finales in Australien offen. Dort verrammeln die Williams die erste Startreihe wie ein Wall. Das Glück jedoch schlägt sich an diesem 26. Oktober auf die Seite von Prost. Mansell kann froh sein, nach einem Reifenplatzer bei Tempo 320 mit dem nackten Leben davonzukommen. Spitzenreiter Piquet wird auf Anraten von Goodyear-Boß Leo Mehl vorsichtshalber zu einem Radwechsel an die Box beordert und sackt so auf Rang zwei ab, und der genügt nicht. Spitzenreiter Prost wurmt unterdessen das mulmige Gefühl, auch um die Lebenserwartung seiner eigenen Pneus könnte es nicht mehr zum besten bestellt sein. Hinzu kommt die Hiobsbotschaft seines Bordcomputers, drei Runden vor Schluß werde ihm der Sprit ausgehen. Dies ist, wie sich herausstellt, eine Falschmeldung, und die Reifen halten auch.

Der MP4/2C ist das Abschiedsgeschenk von John Barnard, der McLaren International vor dem Gran Premio d'Italia verläßt – nicht ohne Mißstimmung. Sein Name begann gerade mit der Marke aus Woking synonym zu werden, da ging Barnard auf Stellensuche bei anderen Rennställen und wurde schließlich – so das am schlechtesten gehütete Geheimnis der Branche – bei Ferrari fündig. Getan hat sich vor allem etwas im Umkreis der Elektronik, für die Bosch verantwortlich zeichnet. Im übrigen beherbergt die Evolutionsstufe 2C des Erfolgskonzepts MP4 natürlich den vorschriftsmäßig auf 195 Litern Volumen geschrumpften Tank, der die Piloten zu einem noch ökonomischeren Umgang mit dem Gaspedal zwingt. Just damit hat Keke Rosberg, die Nummer zwei bei McLaren und als Fundamentalist des Bleifußes einer aussterbenden Spezies zugehörig, seine liebe Last. Überdies vermißt der Finne die wohlige Nestwärme, die ihm in seinen fünf Williams-Jahren entgegenschlug. Und so bleibt es bei seinem Entschluß, sich zum Ende der Saison aufs Altenteil zurückzuziehen.

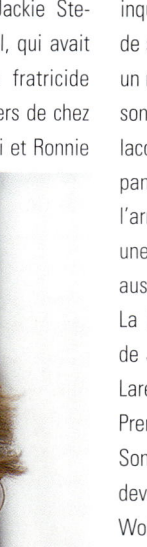

Durant la saison de Grands Prix 1986 règne la même constellation, lourde d'émotions, qui avait déjà provoqué frustration et jubilation en 1973: deux hommes forts dans une seule écurie se chipent mutuellement les points tandis que le pilote numéro 1 d'une autre équipe, en quelque sorte le troisième larron, tire les marrons du feu et coiffe la couronne de champion du monde. Cette année-là, c'est Jackie Stewart, le pilote de Tyrrell, qui avait profité de la querelle fratricide entre les deux coéquipiers de chez Lotus, Emerson Fittipaldi et Ronnie Peterson. Cette fois-ci, c'est l'homme de McLaren, Alain Prost, qui tire avantage de la rivalité entre les frères ennemis de chez Williams, Nigel Mansell et Nelson Piquet. A eux deux, ils accumulent neuf victoires et garantissent ainsi à Frank Williams le titre de champion du monde des constructeurs. Prost se contente de quatre succès, bizarrement répartis sur l'ensemble de la saison: après des débuts plutôt discrets à Jacarepagua et à Jerez, il signe deux victoires consécutives à Imola et à Monaco avant de subir une longue traversée du désert pour, finalement, se retrouver sur la plus haute marche du podium à Zeltweg et à Adelaïde.

L'issue du championnat reste cependant ouverte jusqu'à la toute dernière minute de la finale en Australie. Aux antipodes, les Williams se dressent en première ligne de la grille de départ telles un mur infranchissable. Mais, en ce 26 octobre, c'est à Prost que la chance sourira. Mansell peut, quant à lui, s'estimer heureux de s'en sortir sans une égratignure lorsque son pneu arrière gauche déchape à 320 km/h. Sur les conseils du responsable de Goodyear, Leo Mehl, Piquet, qui caracolait alors en tête, rallie par prudence les stands et retombe ainsi à la deuxième place, ce qui ne lui sera pas suffisant. Le nouveau leader, Prost, est lui aussi inquiet, craignant que la longévité de ses propres gommes ne lui joue un mauvais tour. Sans compter que son ordinateur de bord lui annonce laconiquement qu'il va tomber en panne sèche... à trois tours de l'arrivée. Mais il s'avérera que c'est une erreur et les pneus tiendront aussi le coup.

La MP4/2C est le cadeau d'adieu de John Barnard, qui a quitté McLaren International avant le Gran Premio d'Italia – dans le désaccord. Son nom commençait justement à devenir synonyme de la marque de Woking lorsque Barnard se mit en quête d'un emploi auprès d'une autre écurie avant de tomber d'accord – ce qui était depuis longtemps un secret de polichinelle – avec Ferrari. La plus grande avancée s'est faite, surtout, dans le domaine de l'électronique, qui est de la responsabilité de Bosch. Pour le reste, l'évolution 2C de la MP4 garantie de succès renferme naturellement le réservoir dont le volume a été minoré à 195 litres pour respecter le règlement et qui oblige les pilotes à jouer encore plus parcimonieusement de l'accélérateur. Et c'est justement ce qui pose des problèmes à Keke Rosberg, le numéro 2 de McLaren et qui, en tant que fondamentaliste du style de conduite «pied au plancher», est une espèce en voie d'extinction. De plus, le Finlandais regrette la chaleur humaine dont il avait tant profité au cours de ses cinq années passées chez Williams. Et c'est ainsi qu'il ne reviendra pas sur sa décision de raccrocher son casque définitivement à la fin de la saison.

After the driver has left the security and privacy of his car, much that is normally hidden becomes visible (left). Economy run: at Monaco in 1985, Alain Prost runs out of fuel a hundred yards past the finish line. At Hockenheim in 1986, it happens a hundred yards before the finish. There follows an unequal battle between a man with the physique of a jockey, against a car weighing 540 kg (above). Escort duty: after his victory in the Principality, Prost enjoys the protection of Monaco's finest (below). Flying Finn the First: Keke Rosberg (right).

Ordnungsmaßnahme: Wenn der Pilot die Geborgenheit und Diskretion des Monoposto verlassen hat, wird vieles sichtbar, was man sonst nicht sieht (links). Economy Run: In Monaco 1985 geht Alain Prost das Benzin hundert Meter hinter dem Ziel aus, in Hockenheim 1986 hundert Meter davor. Es folgt der ungleiche Kampf eines Mannes mit Jockeyfigur gegen 540 Kilogramm Wagengewicht (oben). Begleitschutz: Nach seinem Sieg im Fürstentum erfreut sich Prost der Zuwendung der monegassischen Ordnungshüter (unten). Fliegender Finne I: Keke Rosberg (rechts).

Au grand jour: quand le pilote quitte la solitude et la discrétion de sa monoplace, bien des choses apparaissent qui restent, sinon, dissimulées aux regards (à gauche). Economy Run: à Monaco en 1985, Alain Prost tombe en panne d'essence cent mètres derrière la ligne d'arrivée et, à Hockenheim en 1986, cent mètres avant. On assiste alors au vain combat d'un homme à la silhouette de jockey contre une voiture qui pèse 540 kilos (en haut). Gardes du corps: après sa victoire en Principauté, Prost bénéficie de la protection des gardiens de la paix monégasques (en bas). Le Finlandais volant I: Keke Rosberg (à droite).

Rebirth and Renaissance

Chase scenes in red and white: three times, at Jerez (1, 4) and at Imola (3), Rosberg leads Prost. At the end, however, the Frenchman comes out ahead, as in Monza (2).

Jagdszenen in Rotweiß: Dreimal, in Jerez (1, 4) und in Imola (3), liegt hier Rosberg vor Prost. Am Ende jedoch hat der Franzose die Nase vorn, wie in Monza (2).

Scènes de chasse en rouge et blanc: trois fois, à Jerez (1, 4) et à Imola (3), Rosberg est en tête devant Prost. Mais, à la fin, c'est le Français qui termine devant, comme à Monza (2).

Rebirth and Renaissance

3

4

Rebirth and Renaissance

Rebirth and Renaissance

Reporting from the illustrious pit lane at Paul Ricard. Something seems to be awry with Rosberg's right front wheel (1, 2). The McLaren pits at Monza (3).

Berichterstattung vor dem noblen Boxentrakt von Paul Ricard. Vielleicht stimmt etwas nicht mit Rosbergs rechtem Vorderrad (1, 2). Analytische Collage: die McLaren-Box in Monza (3).

Au rapport devant l'imposante tribune des stands du Circuit Paul Ricard. Y a-t-il un loup dans la suspension avant droite de Rosberg (1, 2)? Collage analytique: le stand McLaren à Monza (3).

Rebirth and Renaissance

McLaren 1987

The fourth and final year of the McLaren International-TAG Porsche alliance is characterized by substitutions and musical chairs among the staff, which, however, are only a minor disturbance. Engineers Neil Oatley and Gordon Murray come from Williams and Brabham. From Ferrari, the team gains the services of the calm, composed Swedish driver Stefan Johansson, on his whirlwind tour of all the top F1 teams. Almost as if in trade, John Barnard has gone to Ferrari, without actually going far — he holes up in the Italian team's British subsidiary, GTO, in Guildford, as if in a besieged castle. In 1985, he had sold his McLaren shares to TAG boss Mansour Ojjeh, after which he felt completely uncomfortable in his new role as a mere employee. Since the summer of 1986, Barnard's apprentice Steve Nichols has been responsible for constant, careful model development on the MP4 line. By the end of March 1987, a prototype of the third evolutionary stage is ready, and three spare cars are finished in time for the Grande Premio do Brasil on April 12. While the reduced tank volume of 195 liters of the MP4/2C had been achieved by adding bulkheads, the new monocoque has been custom-tailored for the new regulations. In this season, the turbocharged engines are permitted a maximum of 4 bar boost. The governing body, FISA, keeps tabs on the notoriously cunning Formula 1 teams with the aid of pop-off valves. These are distributed to the teams before the qualifying rounds of every Grand Prix, to eliminate any hint of cheating. Each cylinder bank of the TAG V6 is fitted with one of these mandatory power limiters to monitor turbocharger boost pressure, but it turns out they are not necessary. The latest engine is happiest at 3.7 bar boost, and develops a solid 900 bhp at 13,000 rpm.

In the penultimate year of the turbo era, 900 horses are not enough. The Honda engine, with up to 100 more bhp, becomes the motor of choice for would-be champions. The nominees for the position are the two Williams pilots, Piquet and Mansell, as well as up-and-coming Ayrton Senna in the Lotus 99T. Together, they relegate two-time world champion Alain Prost to the sidelines. Still, the calculating superbrain manages three Grand Prix victories, and with his 28th win at Estoril, has the satisfaction of topping Jackie Stewart's career Grand Prix win record. Stewart accepts the inevitable gracefully, and even has some kind words for his successor.

For Stefan Johansson, the 1987 season will probably be remembered for its Austrian hunting scenes. During practice at Zeltweg, he tops the blind crest just before the Rindt Curve, in time to meet a fully grown deer crossing the road. The deer becomes instant chopped venison, and the Swede's McLaren MP4/3 is a total write-off.

Only two weeks separate the Grands Prix of Belgium and Monaco, two venues that could not be more different. At Spa, Prost wins aboard McLaren, while in the Principality Senna still manages a win with his Lotus (left, above). Anchor man: Ron Dennis in Jerez, with Gordon Murray (below) and Prost (right).

Nur 14 Tage trennen die Grand Prix von Belgien und von Monaco und zugleich Schauplätze, wie sie unterschiedlicher nicht sein könnten. In Spa siegt Prost im McLaren, im Fürstentum Senna auf Lotus – noch (links, oben). Anchorman: Ron Dennis in Jerez, mit Gordon Murray (unten) und Prost (rechts).

Deux semaines seulement séparent les Grands Prix de Belgique et de Monaco, aux antipodes l'un de l'autre. A Spa, Prost gagne sur McLaren, dans la Principauté, Senna sur Lotus – pour l'instant encore (à gauche, en haut). Anchorman: Ron Dennis à Jerez, avec Gordon Murray (en bas) et Prost (à droite).

Das vierte und letzte Jahr der Allianz zwischen McLaren International und TAG-Porsche steht im Zeichen von Revirement und Rochade, die allerdings nur sanfte Turbulenzen auslösen. Von Williams und Brabham kommen die Ingenieure Neil Oatley und Gordon Murray. Von Ferrari herüber wechselt der gelassene schwedische Pilot Stefan Johansson auf seiner kurzen Tournee durch die Top-Teams. In einer Art Ringtausch ist John Barnard zu den Roten abgewandert, wird sich allerdings gewissermaßen als Heimschläfer in deren englischer Filiale GTO in Guildford verschanzen wie in einer belagerten Burg. Bereits 1985 hatte er seine McLaren-Anteile an TAG-Boß Mansour Ojjeh abgestoßen und sich seitdem in seiner Rolle als bloßer Angestellter herzlich unbehaglich gefühlt.

Für Konstanz und behutsame Modellpflege an der Baureihe MP4 sorgt seit Sommer 1986 Barnards Zögling Steve Nichols. Ein Prototyp der Evolutionsstufe 3 steht Ende März 1987 auf den feisten Goodyear-Reifen, drei Einsatzwagen sind pünktlich zum Grande Premio do Brasil am 12. April fertig. War der auf 195 Liter verkleinerte Tank im MP4/2C lediglich durch zusätzliche Schotte eingezwängt, hat man nun das Monocoque auf die veränderten Gegebenheiten zugeschnitten. Mit maximal 4 bar dürfen die Turbo-Triebwerke jener Saison zwangsbeatmet werden. Die Rennsport-Legislative FISA kontrolliert die Gesetzestreue des notorisch verschlagenen Formel-1-Volks mit Hilfe von Pop-off-Ventilen. Diese teilt man den Rennställen vor Beginn des Qualifikationstrainings bei jedem Grand Prix zu, damit niemand dem schnöden Verdacht ausgesetzt wird, er mogele. Je einer dieser behördlich verordneten Potenzminderer überwacht den Ladedruck an den beiden Zylinderbänken des TAG-V6, was sich als eine höchst überflüssige Maßnahme erweist: Dessen jüngste Evolutionsstufe fühlt sich bei 3,7 bar am wohlsten und gibt bei 13 000/min ursolide 900 PS ab.

Die aber reichen im vorletzten Jahr der Turbo-Ära nicht aus. Es ist der Honda-Motor mit bis zu 100 PS mehr, der ins kleine Handgepäck der Aspiranten für die Weltmeisterschaft gehört. Dabei handelt es sich um die beiden Williams-Piloten Piquet und Mansell sowie den zügig aufstrebenden Ayrton Senna im Lotus 99T. Sie verdrängen gemeinsam den Zweifach-Champion Alain Prost auf die Kriechspur des Erfolgs. Immerhin bleiben dem kühl kalkulierenden Superhirn der Branche noch drei Grand-Prix-Erfolge und die Genugtuung, in Estoril mit Sieg Nummer 28 den bisherigen Rekordhalter Jackie Stewart überflügelt zu haben. Der fügt sich locker ins Unvermeidliche und findet sogar noch artige Worte für seinen Nachfolger.

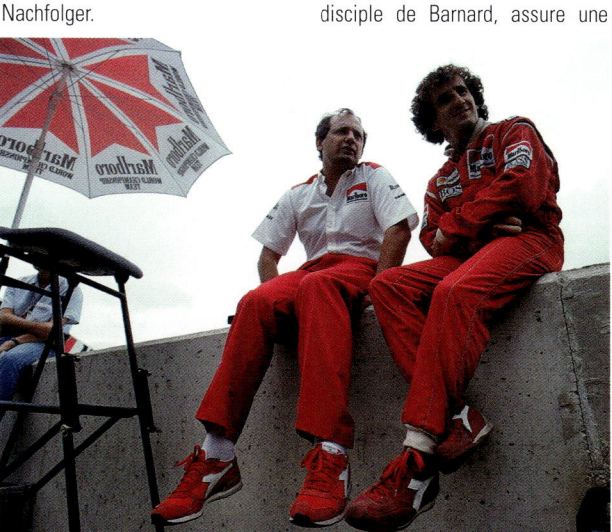

Stefan Johansson aber fallen zur Saison 1987 vor allem Jagdszenen in der Steiermark ein: Als er beim Training in Zeltweg über die blinde Kuppe vor der Rindt-Kurve schießt, kreuzt ein ausgewachsenes Reh seine Bahn. Von dem scheuen Waldbewohner bleibt nur Hackfleisch übrig, von des Schweden McLaren MP4/3 ein wirtschaftlicher Totalschaden.

La quatrième et dernière année de l'alliance entre McLaren et TAG-Porsche est placée sous le signe des changements de cap et des intrigues, lesquelles ne font toutefois pas trop de remous. Les ingénieurs Neil Oatley et Gordon Murray ont respectivement quitté Williams et Brabham pour rejoindre McLaren. Venu de chez Ferrari, le Suédois à la décontraction légendaire, Stefan Johansson, poursuit sa tournée des top-teams. En un échange de bons procédés, John Barnard est passé dans le camp des rouges, mais il va se barricader comme dans une forteresse assiégée dans sa filiale anglaise GTO qu'il a lui-même créée à Guildford. Dès 1985, il avait cédé à Mansour Ojjeh, le P.D.G. de TAG, ses parts chez McLaren et se trouvait, depuis, mal à l'aise dans la peau de simple employé.

Depuis l'été 1986, Steve Nichols, le disciple de Barnard, assure une évolution constante et prudente de la MP4. Fin mars 1987, un prototype de l'Evolution 3 est chaussé des sensibles pneus Goodyear et trois voitures de course sont prêtes à temps pour le Grande Premio do Brasil, le 12 avril. Alors que le réservoir de la MP4/2C ramené à une capacité de 195 litres était seulement maintenu en place par une entretoise supplémentaire, on a cette fois-ci adapté la monocoque aux nouveaux particularismes du règlement. Cette saison-ci, les moteurs turbo ne peuvent être suralimentés qu'à une pression maximum de 4 bars. La FISA contrôle avec un œil d'argus le respect du règlement par les ingénieurs de Formule 1, qui ont toujours plus d'un tour dans leur sac, et impose les fameuses soupapes de décharge pop-off. Celles-ci sont distribuées aux écuries avant le début des essais qualificatifs de chaque Grand Prix afin que nul ne puisse se voir soupçonner de tricherie. Chacun des deux bancs de cylindres du TAG-V6 est coiffé par l'un de ces limiteurs de puissance imposés par le règlement, ce qui, dans ce cas-là, est parfaitement superflu: sa dernière évolution fonctionne en effet optimalement à une pression de 3,7 bars et au régime de 13 000 tr/mn auquel il délivre 900 ch d'une fiabilité absolue.

Et pourtant, durant l'avant-dernière année de l'ère des turbos, une telle cavalerie ne suffit pas. Le moteur Honda fait la loi, avec ses 100 ch de plus, ingrédient indispensable pour les aspirants au titre de champion du monde. Il s'agit en l'occurrence des deux pilotes de Williams, Piquet et Mansell, ainsi que du jeune Ayrton Senna, dont l'étoile brille de plus en plus avec la Lotus 99T. A eux trois, ils privent le double champion Alain Prost d'un grand nombre de succès. Le maître tacticien qu'est le pilote français n'en remportera pas moins trois autres Grands Prix et aura la satisfaction, en signant sa 28e victoire, à Estoril, de battre l'ancien titulaire du record, Jackie Stewart. Il accepte avec fatalité son destin et trouve même des mots élogieux pour son successeur.

Quant à Stefan Johansson, ce qu'il retiendra de la saison 1987, ce seront surtout des scènes de chasse en Styrie: lors des essais de Zeltweg, déboulant du dos d'âne sans visibilité qui précède le virage Rindt, il se trouve nez à nez avec un magnifique chevreuil: il ne reste plus grand-chose du timide habitant des forêts ni, d'ailleurs, de la McLaren MP4/3 du pilote suédois.

Rebirth and Renaissance

1

2

3

136　　Rebirth and Renaissance

Filing away at the details: the last millimeters and thousandths of a second are gained along the guardrails. At the moment, Prost (2) is having a better time of it than Johansson (1). Under fire: Stefan Johansson passes the pit lane in a shower of sparks thrown up by former McLaren employee de Cesaris' Brabham (3).

Feinarbeit: Die letzten Millimeter und Tausendstelsekunden werden in Monaco an der Leitplanke herausgeschunden. Prost hat es da im Augenblick etwas leichter (2) als Johansson (1). Unter Feuer: Stefan Johansson vor der Boxenanlage des Österreichrings im Funkenregen, den der Brabham des früheren McLaren-Angestellten de Cesaris versprüht (3).

Travail de précision: à Monaco, on gagne les ultimes millimètres et millièmes de seconde en flirtant avec les glissières. Prost a, là, actuellement la tâche un peu plus facile (2) que Johansson (1). Feux croisés: Stefan Johansson, devant les stands de l'Österreichring, sous la pluie d'étincelles qui fusent de la Brabham de l'ancien pilote McLaren de Cesaris (3).

Rebirth and Renaissance

Hurry up and wait: apparently, a pit stop is in the offing, but there is still time (1). Soon, however, the pit will erupt in feverish, precisely choreographed activity which leaves no margin for error (3, 4). Handiwork: in practice for the San Marino Grand Prix, Prost practices patience (2).

Eile und Weile: Offenbar steht ein Boxenstopp an. Aber die Dinge haben noch ein bißchen Zeit (1). Bald aber wird fieberhaftes Treiben ausbrechen, streng einstudiert nach einer Choreographie, die keine Spielräume läßt (3, 4). Hand-Werk: Im Training zum Großen Preis der Republik San Marino übt sich Prost in Geduld (2).

Calme avant la tempête: un arrêt aux stands est apparemment imminent. Mais on a encore un peu de temps (1). Bientôt va se déclencher un ballet orchestré avec précision selon une chorégraphie qui ne laisse pas place à l'improvisation (3, 4). Travail manuel: aux essais du Grand Prix de la République de San Marino, Prost doit faire preuve de patience (2).

Rebirth and Renaissance

McLaren 1988

McLaren 1988 is shorthand for an orgy of superlatives. Never before has a single marque left such a deep impression on a season, to the point of despair and humiliation for its competitors. McLaren's new facilities on Albert Drive in Woking, occupied since the end of the previous year, are nothing short of intimidating, a high-tech temple with the productivity and clinical atmosphere of a maternity ward.

The new MP4/4 chassis is every inch a winner. Gordon Murray has given the car an extreme recumbent seating position, one of the features of the low-slung Brabham BT55 which he penned for his previous employer in 1986. Then there is the Honda twin-turbo V6, carrying the rather unexceptional designation RA168E, the most powerful engine in its field with 685 bhp yet still content to use less than the allotted 150 liters per Grand Prix race. Ron Dennis has painstakingly adjusted to the "Japanese connection," to the point of studying the culture and cuisine of the land of the rising sun. Finally there is the elite team of Alain Prost and Ayrton Senna, each in his own mind the greatest and therefore a nightmare for the other. At the end, they are bitter enemies. In the difficult two years in which the pair shares driving duties in the team, Ron Dennis discovers his own hidden talents as a teacher and moderator.

In fifteen of the 1988 season's sixteen Grands Prix, the odd couple makes short work of the competition. Senna wins eight times, Prost seven times, and ten times they finish 1-2. Only the Gran Premio d'Italia eludes the red and white cars from Woking. In the 35th of 51 laps, the Frenchman stops with engine damage. Two laps before the finish, the Brazilian trips over Jean-Louis Schlesser's Williams-Judd at the first chicane. The result is two Ferraris in the lead, hysterical pandemonium among the *tifosi*, and a false impression that the McLaren spell has been broken. Fifteen times in 1988, a McLaren takes pole position: twice it is Prost, thirteen times it is Senna. In the metal cage that is Monaco, Senna is a second and a half faster than his teammate and rival. He drives as if in a trance, he says later, as if overcome by a genie. After 66 racing laps, he takes refuge in his nearby apartment after a misstep in the Portier right-hander, which converts his McLaren into a three-wheeler. For Prost, too, glory and misery are often close companions. At Paul Ricard, his home Grand Prix, he rules like an absolute monarch, but at Silverstone a week later, he gives up in the rain.

But Ayrton Senna is always nearby, on the track and on the points chart. Finally it all comes down to the Grand Prix of Japan in Suzuka, on October 30. In the 28th lap, the Brazilian goes past and is crowned world champion. Uttering a biblical "It is finished," he steps out of the car.

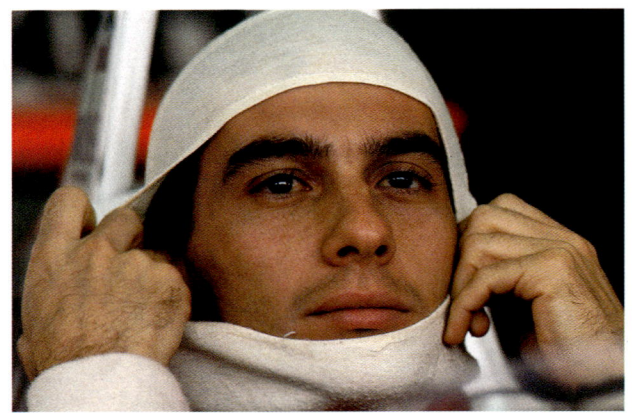

McLaren 1988: So lautet das Kürzel für eine Orgie der Superlative. Nie hat eine Marke einer Saison ihren Stempel so nachhaltig aufgedrückt, bis hin zur Hoffnungslosigkeit und Demütigung für die anderen. Einschüchternd ist bereits das neue Anwesen am Albert Drive in Woking, in das man Ende des Vorjahres umzog – ein High-Tech-Tempel mit der Produktivität und klinischen Reinlichkeit einer Entbindungsstation.

Da ist zum einen das Chassis MP4/4, jeder Zoll ein Sieger. Gordon Murray hat ihm eine extrem geneigte Sitzposition verliehen, markantes Merkmal des Flachmanns Brabham BT55, den er 1986 für seinen früheren Brotgeber entwickelte. Da ist zum anderen der V6-Doppelturbo von Honda mit dem nüchternen Namen RA168E, das stärkste Stück in der Branche mit maximal 685 PS, das sich überdies brav mit den vorgeschriebenen 150 Litern pro Grand Prix bescheidet. Ron Dennis hatte sich mit penibler Sorgfalt auf die japanische Connection eingestimmt und sich sogar gründlich mit Kultur und Eßgewohnheiten des Landes der aufgehenden Sonne befaßt. Und da ist die Eliteriege Alain Prost und Ayrton Senna, jeder der Größte und somit ein Alptraum für den jeweils anderen, am Ende einander spinnefeind. In den menschlich so schwierigen zwei Jahren mit diesen beiden entdeckt Dennis bislang verborgene Talente an sich selbst – die des Pädagogen und des Moderators.

In 15 von den 16 Großen Preisen 1988 macht das ungleiche Paar kurzen Prozeß mit der Konkurrenz, achtmal Senna, siebenmal Prost, zehnmal in Doppelsiegen. Nur der Gran Premio d'Italia geht den Rotweißen aus Woking durch die Lappen. In der 35. von 51 Runden bleibt der Franzose mit einem Motorschaden auf der Strecke. Zwei Durchgänge vor Schluß stolpert der Brasilianer an der ersten Schikane über den Williams-Judd von Jean-Louis Schlesser. Fazit: zwei Ferrari vorn, hysterischer Taumel der Tifosi sowie der trügerische Eindruck, der Bann sei gebrochen.

Fünfzehnmal steht 1988 ein McLaren auf der Pole Position, zweimal Prost, dreizehnmal Senna. Durch den Metallkäfig von Monaco huscht dieser dabei eineinhalb Sekunden schneller als der Rivale aus dem eigenen Rennstall. Wie in Trance sei er gefahren, grübelt er später, gewissermaßen überwältigt vom eigenen Genie. Im Rennen flieht er nach der 66. Runde in sein nahegelegenes Appartement: Fahrfehler in der Rechtskurve Portier, der den McLaren zum Dreirad verstümmelt. Auch für Prost liegen Glanz und Elend manchmal nahe beieinander. Über seinen Heim-Grand-Prix in Paul Ricard herrscht er wie ein absolutistischer Souverän, in Silverstone eine Woche später gibt er im Regen auf. Immer aber findet man Ayrton Senna in seiner Nähe, auf der Piste wie in den Punkterängen. Zum Schlüsselrennen wird der Große Preis von Japan in Suzuka am 30. Oktober. In der 28. Runde zieht der Brasilianer vorbei und ist Weltmeister. Mit dem biblischen Satz „Es ist vollbracht." steigt er aus dem Wagen.

Pole position gone to waste: Senna at Jerez. Alain Prost is ultimately the victor (left). Lost, fair and square, again to Prost: Senna at Le Castellet. It was the Frenchman's weekend: best qualifying time, fastest lap, and victory (above). In Budapest, Prost is occasionally faster than his McLaren teammate, but after one final attack has to settle for a loss (below). By contrast, the Brazilian Marlboro girls at Jacarepagua are not children of despair (right); and after all, why should they be?

Pole Position schlecht genutzt: Senna in Jerez. Sieger ist Alain Prost (links). Fair verloren, wieder gegen Prost: Senna in Le Castellet. Es war das Wochenende des Franzosen – Trainingsbestzeit, Sieg und schnellste Runde (oben). Bonjour Tristesse: In Budapest ist Prost zeitweise schneller als sein McLaren-Kollege, muß sich aber nach einer letzten Attacke geschlagen geben (unten). Die brasilianischen Marlboro-Mädchen von Jacarepagua sind hingegen offensichtlich keine Kinder von Traurigkeit (rechts). Und warum auch?

Pole position gaspillée: Senna à Jerez. Le vainqueur est Alain Prost (à gauche). Bon perdant, de nouveau contre Prost: Senna au Castellet. C'était le week-end du Français: pole position, victoire et meilleur tour en course (en haut). Bonjour Tristesse: à Budapest, Prost, parfois pourtant plus rapide que son coéquipier de chez McLaren, doit s'avouer vaincu après une ultime attaque (en bas). Les hôtesses brésiliennes de Marlboro, à Jacarepagua, n'incitent pas à la tristesse. Elles n'en ont d'ailleurs aucune raison (à droite).

New Heights with Honda

McLaren en 1988: synonyme d'une profusion de superlatifs. Jamais une marque n'a apposé aussi violemment son sceau à une saison sportive, allant jusqu'à écœurer et décourager tous les autres. La nouvelle usine sise Albert Drive à Woking, déjà, dans laquelle on a emménagé fin 1987, coupe le souffle: c'est un temple dédié à la high tech avec la productivité et la pureté clinique d'une salle d'opération. Mais il y a aussi le châssis MP4/4, un gagnant inné. Gordon Murray a conféré au pilote une position de conduite extrêmement allongée, signe distinctif de la Brabham BT55 surbaissée qu'il avait déjà conçue en 1986 pour son précédent employeur. Et il y a encore le V6 biturbo de Honda avec le nom de code RA168E, le plus puissant du plateau puisqu'il développe jusqu'à 685 ch et, qui plus est, se contente bravement des 150 litres de carburant alloués pour chaque Grand Prix. Ron Dennis s'était préparé jusque dans les moindres détails à la Japanese Connection et avait même étudié consciencieusement la culture et les coutumes culinaires du pays du Soleil levant. Et il y a enfin les mercenaires d'élite, Alain Prost et Ayrton Senna, qui sont tous deux les meilleurs pilotes de leur génération et, donc, un cauchemar pour tous les autres. Mais leurs rapports en feront deux frères ennemis. Durant les deux années si difficiles sur le plan humain partagées avec ces deux pilotes d'exception, Ron Dennis découvre des talents qu'il ignorait posséder lui-même: ceux de pédagogue et de médiateur.

A l'issue de 15 des 16 Grands Prix de 1988, les coéquipiers-rivaux ne laissent rien à leurs concurrents: huit victoires pour Senna, sept pour Prost et dix doublés. Il n'y a que le Gran Premio d'Italia qui échappe aux Rouges et Blancs de Woking. Au 35e de 51 tours, le Français doit garer son bolide en bord de piste sur panne de moteur. Deux tours plus tard, le Brésilien percute la Williams-Judd de Jean-Louis Schlesser à la première chicane. Conclusion: deux Ferrari en tête. Les tifosi explosent d'une liesse hystérique et l'on a l'impression fallacieuse que la série noire est interrompue.

En 1988, une McLaren occupe la pole position à 15 reprises, deux fois avec Prost et 13 fois avec Senna. Dans le dédale monégasque, celui-ci déclasse même son rival et coéquipier en lui assénant une avance d'une seconde et demie. Il a piloté comme en transe, grommellera-t-il plus tard, en quelque sorte survolté par son propre génie. En course, il se réfugie dans son appartement tout proche à l'issue du 66e tour: faute de pilotage dans le virage à droite du Portier, qui transforme la McLaren en tricycle. Pour Prost aussi, splendeur et détresse se succèdent. Lors de son Grand Prix national sur le Circuit Paul Ricard, il règne en maître absolu alors que, à Silverstone, une semaine plus tard, il devra se résoudre à l'abandon sous la pluie. Mais Ayrton Senna le talonne toujours, sur la piste comme au classement. Le Grand Prix du Japon programmé pour le 30 octobre à Suzuka rendra le verdict. Au 28e tour, le Brésilien double son coéquipier et est sacré champion du monde. Il descend de voiture en prononçant la phrase biblique « Ma tâche est accomplie ».

New Heights with Honda

1

2

New Heights with Honda

Finding the groove: At Monza (1) and Spa (2), Senna is unstoppable. The Monaco weekend also favors the Brazilian driver (3). Left standing in the rain: on a wet Sunday in Hockenheim, Senna has complete mastery of the Frenchman (4). Laying on of hands: at the Hungaroring, Senna's car is prepared for action (5).

Richtig in Fahrt geraten: In Monza (1) und Spa (2) ist Senna nicht zu halten. Böse Miene zum guten Spiel: Auch das Wochenende in Monaco steht ganz im Zeichen des Brasilianers (3). Im Regen stehen gelassen: An dem nassen Sonntag von Hockenheim beherrscht Senna den Franzosen nach Belieben (4). Hand angelegt: Auf dem Hungaroring wird Sennas Wagen für den Einsatz vorbereitet (5).

Irrésistible: à Monza (1) et Spa (2), rien ne pourrait arrêter Senna. Contre mauvaise fortune bon cœur: le week-end de Monaco est aussi placé sous le signe du Brésilien (3). Waiting in the rain: sous le déluge dominical de Hockenheim, Senna joue au chat et à la souris avec le Français (4). Main à la pâte: au Hungaroring, on prépare la voiture de Senna pour la course (5).

New Heights with Honda

1

2

144   New Heights with Honda

Not just hot air: after Sennas disqualification in Brazil, Berger finishes a comfortable second (1). Before the fall: until his spin twelve laps from the end, Senna dominates the Grand Prix of Monaco even more solidly than in the previous year (2). Jacked up: tires are preheated just prior to the start of the Gran Premio di San Marino (3). Turned loose: just after the lights turn green, Senna has already carved out a small but decisive lead (4).

Nicht nur heiße Luft: Nach Sennas Disqualifikation wird Berger in Brasilien auf komfortable Weise zweiter (1). Vor dem Fall: Bis zu seinem Ausrutscher zwölf Runden vor Schluß dominiert Senna den Grand Prix de Monaco mehr noch als im Jahr zuvor (2). Aufgebockt: Kurz vor dem Start zum Gran Premio di San Marino werden die Reifen noch vorgeglüht (3). Losgelassen: Unmittelbar nachdem die Ampel auf Grün geschaltet worden ist, hat sich Senna bereits einen entscheidenden kleinen Vorsprung verschafft (4).

A toute chose malheur est bon: après la disqualification de Senna, au Brésil, Berger termine 2ᵉ dans un fauteuil (1). Avant la chute: avant de percuter les glissières, à douze tours de l'arrivée, Senna domine le Grand Prix de Monaco encore plus que l'année précédente (2). Starting-block: peu avant le départ du Gran Premio di San Marino, les pneus sont mis en température (3). C'est parti: à peine les feux sont-ils passés au vert que Senna s'est déjà assuré une avance petite, mais décisive (4).

New Heights with Honda

New Heights with Honda

A week after his win at Estoril, Prost turns in a brilliant performance on Jerez' turbo-unfriendly track (1, 2). Senna, on the other hand, struggles against Mansell's Williams and a hostile computer which insists on reporting incredibly high fuel consumption.

Aufbruchstimmung: Eine Woche nach seinem Sieg in Estoril kommt Prost auch auf der turbofeindlichen Piste von Jerez glänzend zurecht (1, 2). Senna muß sich unterdessen mit Mansell im Williams und einem Computer herumschlagen, der ihm hartnäckig hemmungslosen Spritkonsum meldet.

Optimisme: une semaine après sa victoire à Estoril, Prost tire aussi son épingle du jeu sur le circuit de Jerez pourtant peu favorable aux turbos (1, 2). Senna doit pendant ce temps se battre contre Mansell sur Williams et son propre ordinateur qui lui indique avec entêtement une consommation débridée.

New Heights with Honda

McLaren 1989

Again, the McLaren duo – this time Prost leading Senna – heads the world championship. In that order, they take pole position eleven times, and four times deliver 1-2 wins. And again as in the year before, the qualifying duels between the two end in a score of 13:2 in favor of the man from São Paulo. Otherwise, the McLaren harvest is a bit leaner this year. Senna wins six Grands Prix, Prost only four. But the Frenchman collects enough points with lower placings, while the Brazilian scorns such lowly pursuits and only settles for second place on one occasion. At times, the points chart could serve as a psychological profile.

There are two reasons why the all-out assault on the title in 1988 is followed by a gentle descent in 1989, typified by Ron Dennis' radical creed of "all or nothing." In the first year of the 3.5 liter formula for normally aspirated engines, McLaren is powered by a V10 designated the RA109E. Honda's racing department, under engineer Osamu Goto, provides eight examples per Grand Prix. Although chief designer Neil Oatley provides the now customary perfect symbiosis between the power plant and the MP4/5 chassis, the engine still suffers some teething troubles. Lubrication problems lead to massive failures for Senna at Montreal and Monza.

Moreover, other competitors are tired of trundling along half a lap behind the McLarens. The screaming Ferrari Type 640s in particular are fond of drafting the McLarens, and are even capable of winning, as shown by Nigel Mansell in Jacarepagua and Budapest, and Gerhard Berger in Estoril.

The shimmering red and white façade obscures the smoldering rivalry between the two superstars, which finally breaks out into a blazing inferno. Prost's countryman Jean-Paul Sartre, in his one-act play *Huis Clos,* says "L'enfer c'est les autres" – Hell is other people. In the Darwinistic world of Formula 1, the inferno is more sparsely furnished; only one other is sufficient, in this case one's own teammate, to create hell on earth. At Imola, events come to a head. The Frenchman suggests that the two not attack until they are past the first-turn confusion of the opening lap. Senna takes advantage of Prost's slipstream and pulls past just before the difficult Tosa left-hander. In a post-race interview with the French sporting paper *L'Equipe,* Prost complains that the Brazilian is not an honorable man. In the future, communication will be reduced to the bare minimum required by the job. Prost also suspects that McLaren and Honda are providing him with second-rate machinery. On the first day of practice for Le Castellet, he announces that he will leave McLaren at the end of the season. In Monza, the world finds out where he's going: Ferrari. In Suzuka, the archrivals' antagonism turns physical. On the 47th lap, the two McLarens square off like battling stags. Senna takes an illegal shortcut, drives on, and is disqualified. When Prost gets out of the car, he is world champion.

Wieder führt das McLaren-Duo – Prost diesmal vor Senna – die Weltmeisterschaftswertung an, wie elfmal in dieser Saison die Startaufstellungen und viermal die Ergebnislisten der Grand Prix. Und wie im Vorjahr endet das Trainingsduell zwischen den beiden im Verhältnis 13:2 für den Mann aus São Paulo. Ansonsten fällt die Ausbeute magerer aus. In sechs Grand Prix ist Senna siegreich, Prost nur in vier. Allerdings sammelt der Franzose emsig Punkte in den niedrigeren Rängen, während der Brasilianer dergleichen Kärrnerarbeit verschmäht und es bei einem einzigen zweiten Platz bewenden läßt. Manchmal wird das Punktekonto zum Psychogramm.

Zwei Gründe lassen sich dafür anführen, daß auf den Gipfelsturm des Jahres 1988 nun ein sanfter Abstieg folgt, gemessen an Ron Dennis' Radikalcredo „Ganz oder gar nicht". Im Jahr eins der 3,5-Liter-Formel für Saugmotoren verfügt McLaren über einen V10 namens RA109E, den die Honda-Rennabteilung unter Ingenieur Osamu Goto in acht Exemplaren pro Grand Prix zur Verfügung stellt. Zwar sorgt Chefdesigner Neil Oatley für die gewohnte perfekte Symbiose mit seinem Chassis MP4/5. Aber das Modell-Triebwerk laboriert noch an Kinderkrankheiten. So sorgen Probleme mit der Schmierung wie etwa bei Senna in Montreal und in Monza für massive Einbrüche.

Zudem sind es die anderen satt, eine halbe Runde hinter den McLaren hinterherzutrödeln. Insbesondere die kreischenden Ferrari Tipo 640 lassen sich gelegentlich in deren Windschatten ansaugen oder siegen sogar selbst, wie unter Nigel Mansell in Jacarepagua oder Budapest und mit Gerhard Berger in Estoril.

Hinter der funkelnden rotweißen Fassade aber schwelt die Rivalität der beiden Superstars und lodert schließlich ungezügelt empor. „L'enfer c'est les autres", lehrt Prosts Landsmann Jean-Paul Sartre in seinem Einakter *Huis Clos,* die Hölle, das sind die anderen. Im darwinistischen Vorzeigeprojekt Formel 1 ist das Inferno jedoch sparsamer ausgestattet: Ein anderer genügt, vorzugsweise der eigene Teamgefährte. In Imola kommt es zum offenen Bruch. Man werde einander bis nach der ersten Kurve im Wirrwarr der Startrunde nicht angreifen, regte der Franzose vor dem Rennen an. Senna nutzt gleichwohl seinen Windschatten und zieht vor dem schwierig zu fahrenden Linksknick Tosa vorbei. Der Brasilianer, meckert Prost in einem Interview für das französische Sportblatt *L'Equipe,* sei kein ehrenhafter Mann. Man werde die Kommunikation in Zukunft auf das beruflich unbedingt Notwendige beschränken. Überdies keimt in ihm der Argwohn, McLaren und Honda versorgten ihn mit zweitklassigem Material. Am ersten Trainingstag in Le Castellet macht er publik, er werde McLaren zum Ende der Saison verlassen. In Monza erfährt die Welt auch, wohin er geht: zu Ferrari. In Suzuka kommt es schließlich zu Handgreiflichkeiten. In der 47. Runde verschränken sich die beiden McLaren wie kämpfende Hirsche. Senna benutzt eine unzulässige Abkürzung, fährt weiter und wird disqualifiziert. Prost hingegen steigt aus und ist Champion.

"Why should sherry taste different here than anywhere else?" Senna at Jerez, with McLaren engineers Steve Nichols and Tim Wright (left). Mixed emotions: again, Prost wins at Le Castellet (above, right). Before the race, however, he announced his departure from McLaren.

„Warum soll der Sherry hier besser sein als anderswo?" Senna in Jerez mit den McLaren-Ingenieuren Steve Nichols und Tim Wright (links). Gemische Gefühle: Wieder siegt Prost in Le Castellet (oben, rechts). Aber vor dem Rennen hat er seine Trennung von McLaren bekanntgegeben.

«Pourquoi le Sherry serait-il meilleur ici qu'ailleurs?» Senna à Jerez avec les ingénieurs McLaren Steve Nichols et Tim Wright (à gauche). Sentiments mitigés: nouvelle victoire de Prost au Castellet (en haut, à droite). Mais, avant la course, il a annoncé sa séparation de McLaren.

Une fois de plus, les duettistes de McLaren – Prost devant Senna – mènent le championnat du monde, avec onze pole positions et quatre doublés à la clef. Et, comme l'an dernier déjà, le duel des qualifications entre les deux pilotes se solde par un 13:2 en faveur de l'homme de São Paulo. A part cela, le butin est plus maigre. Senna sort victorieux de six Grands Prix et Prost, seulement de quatre. Le Français, en revanche, telle une fourmi, accumule les points aux places d'honneur, une mentalité d'épicier étrangère au Brésilien, qui se contentera d'une seule et unique deuxième place. Le décompte des points équivaut parfois aussi à un psychogramme.

Deux raisons expliquent qu'après le triomphe de 1988, une baisse relative de régime suive maintenant, tout au moins mesurée à l'aune du credo radicaliste de Ron Dennis du «tout ou rien». En l'an 1 de la formule des moteurs atmosphériques de 3,5 litres, McLaren dispose d'un V10 baptisé RA109E, que le département Moteurs de Honda dirigé par l'ingénieur Osamu Goto met à sa disposition en huit exemplaires pour chaque Grand Prix. Certes, l'ingénieur en chef Neil Oatley garantit la symbiose parfaite habituelle avec son châssis MP4/5. Mais le moteur expérimental souffre encore de quelques maladies de jeunesse. Ainsi des problèmes de lubrification, notamment pour Senna à Montréal et Monza, hypothèquent-ils la victoire.

De plus, la concurrence en a assez de trottiner un demi-tour derrière les McLaren. Les stridentes Ferrari Tipo 640, en particulier, parviennent occasionnellement à renifler leurs ailerons, voire à les battre de leurs propres forces, exploit que signent ainsi Nigel Mansell à Jacarepagua et à Budapest et Gerhard Berger à Estoril.

Mais, derrière la façade rutilante en rouge et blanc, couve entre les deux superstars une rivalité qui finit par éclater au grand jour. «L'enfer c'est les autres», a écrit Jean-Paul Sartre, compatriote de Prost, dans sa pièce en un seul acte *Huis Clos*. Dans le projet de référence darwinien qu'est la Formule 1, l'enfer se contente cependant de moins: Un autre suffit, surtout quand il s'agit de son propre coéquipier. A Imola, la rupture est consommée. Le Français avait proposé un pacte de non-agression pour que les deux pilotes McLaren ne s'attaquent pas mutuellement au freinage du premier virage. Senna profite cependant de son aspiration et fait l'intérieur au Français dans le difficile gauche de Tosa. Le Brésilien, se plaint Prost dans une interview accordée au quotidien sportif français *L'Equipe*, est un «malhonnête». A l'avenir, ajoute-t-il, il circonscrira la communication à ce qui est strictement nécessaire professionnellement. De plus, il commence à soupçonner McLaren et Honda de ne lui fournir du matériel que de seconde qualité. Lors de la première séance d'essais, au Castellet, il annonce en public son intention de quitter McLaren à la fin de la saison. A Monza, il dévoile aussi le nom de son nouvel employeur: Ferrari. A Suzuka, le duel entre les deux hommes tourne court et se solde par un accrochage. Au 47ᵉ tour, les deux McLaren s'enchevêtrent piteusement comme des cerfs se combattant. Senna prend un raccourci illégal, repart et est disqualifié. Prost, quant à lui, descend de voiture et est sacré champion.

New Heights with Honda 149

New Heights with Honda

Again, Senna is denied a hometown victory at the Grande Premio do Brasil, after he collides with Gerhard Berger's Ferrari in the first turn. The McLaren heads for the pits with a damaged nose, and loses three laps (1). Snookered: at the Hockenheim start, Berger takes full advantage of his semi-automatic transmission (2–4). But soon, the McLaren duo is in the lead again.

Wieder kein Heimsieg für Senna beim Grande Premio do Brasil nach einer Kollision mit dem Ferrari von Gerhard Berger in der ersten Kurve. Der McLaren muß mit zerbeulter Schnauze an die Box und verliert drei Runden (1). Überrumpelt: Berger reizt beim Start in Hockenheim die Vorteile seiner Halbautomatik voll aus (2–4). Aber bald ist das McLaren-Duo wieder vorn.

De nouveau pas de victoire à domicile pour Senna au Grande Premio do Brasil après une collision avec la Ferrari de Gerhard Berger au premier virage. La McLaren doit regagner les stands avec son museau déformé et perd trois tours (1). Bien joué: lors du départ à Hockenheim, Berger exploite à fond les avantages de sa transmission semi-automatique (2–4). Mais les duettistes de McLaren ne tardent pas à le rattraper.

New Heights with Honda

The two McLarens at Imola's wet Friday practice session (1). Senna at Spa, at the lowest point on the circuit, which bears the unhealthy-sounding name Eau Rouge (Red Water) (2) and farther along, at Raidillon (3). At no other point, and on no other race track in the world, do Grand Prix speeds seem more insane.

Parterre-Akrobatik: Die beiden McLaren beim verregneten Training Freitag nachmittag in Imola (1). Senna in Spa am tiefsten Punkt des Kurses mit dem unheilvollen Namen Eau Rouge (2) und ein Stück höher an der Gemarkung Raidillon (3). Auf keiner Rennstrecke der Welt und an keiner anderen Stelle wirkt Grand-Prix-Tempo in diesen Umständen irrsinniger.

Running in the rain: les deux McLaren lors des essais noyés sous la pluie, le vendredi après-midi à Imola (1). Senna à Spa, à l'endroit le plus bas du circuit qui porte le nom funeste d'Eau Rouge (2) et, un peu plus haut, dans le Raidillon (3). Sur aucun autre circuit du monde et à aucun autre endroit le rythme des Grands Prix n'est aussi affolant dans de telles conditions.

New Heights with Honda

Jesus saves, but Senna's congregation seems dubious about his prayer at Jerez (1). Relaxed: the Brazilian just before the start of the Gran Premio de España. The McLaren still needs to have its skins attached (2). Hitched up: Alain Prost on the same weekend (3). Yet another star: the Honda V10 at Le Castellet (4).

Jesus hilft, aber Sennas Gebet in Jerez kommt seiner Gemeinde anscheinend spanisch vor (1). Relaxed: Der Brasilianer vor dem Start zum Gran Premio de España. Der McLaren muß noch bekleidet werden (2). Angespannt: Alain Prost am gleichen Wochenende (3). Auch ein Star: Der Honda V10 in Le Castellet (4).

A la grâce de Dieu: mais la prière de Senna à Jerez ressemble apparemment à du chinois pour ses paroissiens (1). Relaxed : le Brésilien avant le départ du Gran Premio de España. Il faut encore habiller la McLaren (2). Tendu : Alain Prost le même week-end (3). C'est aussi une vedette : le Honda V10 au Castellet (4).

New Heights with Honda 155

McLaren 1990

During the sixteen races which make up the 1990 Grand Prix season, the principals live life at the limit for a total of about 25 hours. This season once again bears the stamp of the acrimony between Alain Prost and Ayrton Senna, with the one difference being that the man with the yellow helmet stays with McLaren, while the Frenchman now drives for Ferrari. In the round of driver swaps, Ron Dennis has acquired the services of Gerhard Berger, and with him the basis for a solid personal friendship. Later, the Austrian jokes that it was he who taught Senna how to laugh. At first, though, this warm human relationship is purchased at the expense of painful working conditions; it is not until mid-season that Berger is able to squeeze his long frame into the McLaren MP4/5B monocoque with a reasonable degree of comfort. The car was conceived around the jockey-like statures of Senna and Prost.

The world championship is decided in the space of nine seconds, about the time it takes a decent Fourth of July rocket to rise, blossom and fade away. The scene is once again the Suzuka circuit, which is gaining a reputation as a reliable stage for truly dramatic events. As Prost does his evening jog before the Grand Prix and arrives for a scheduled interview at the scene of the previous year's contretemps with Senna, he shudders; no, it is absolutely impossible to pass here. In that moment, Senna decides to put a quick end to the proceedings, and goes so far as to inform the small group present of his intentions. The duel between the two men on the front row lasts as far as the first turn, whereupon the McLaren nails the Ferrari. One car loses its wing, the other its left front wheel. Senna had arrived at Japan with a nine-point lead. When the dust settles, he is champion for the second time. He walks back to the pits, warmly embraced by Ron Dennis.

The team had entered the season in a considerably weakened state. In March 1989, the TAG-McLaren group decided to build a road-going supercar. This drew qualified personnel away from the Formula 1 side, including designer Gordon Murray. For his part, Alain Prost took capable racing engineer Steve Nichols with him to Ferrari, to the outraged cries of Senna who felt that the two could divulge many a secret in Maranello. The MP4/5B is once again the work of Neil Oatley, refined and fitted with the Honda V10, now making more than 600 bhp. McLaren's most potent weapon, however, remains Ayrton Senna. In the aftermath of the previous season, he picked fights with God, the world, but above all the despotic president of FISA, Jean-Marie Balestre, because in the clash of Titans, he stuck up for his fellow Frenchman, Alain Prost. Balestre very nearly denied the brusque Brazilian his superlicense for 1990, which would have condemned him to the unemployment line. But the sport does not release its grip on its heroes so easily.

Rund 25 Stunden sind die Akteure am Limit unterwegs in den 16 Rennen des Grand-Prix-Jahres 1990. Dieses Jahr ist erneut geprägt von der Fehde zwischen Alain Prost und Ayrton Senna, nur daß der Mann mit dem gelben Helm bei McLaren blieb, während der Franzose nun für Ferrari fährt. Im Ringtausch für ihn hat Ron Dennis Gerhard Berger erworben und damit zugleich den Grundstein für eine stabile Männerfreundschaft gelegt. Er sei gewesen, scherzt der Österreicher später, der Senna das Lachen gelehrt habe. Diese Wärme im Menschlichen wird zunächst mit peinvoller Enge am Arbeitsplatz erkauft: Bis zur Mitte des Jahres dauert es, ehe Berger seinen langen Leib einigermaßen kommod im Monocoque des McLaren MP4/5B verstauen kann, der um die Jockeyfiguren von Senna und Prost herum konzipiert worden war.

Entschieden wird die Weltmeisterschaft in neun Sekunden, etwa der Spanne zwischen Aufstieg und Verglühen einer gut gebauten Silvesterrakete. Schauplatz ist wiederum der Kurs von Suzuka, der sich als zuverlässige Bühne für wahre Dramen zu empfehlen beginnt. Als Prost beim abendlichen Joggen vor dem Grand Prix gewissermaßen zum Lokaltermin an der Stelle erscheint, wo im Vorjahr die Rangelei mit Senna stattfand, schaudert es ihn: Nein, hier könne fürwahr kein Mensch überholen. In diesem Moment ist Senna bereits entschlossen, das Verfahren erheblich abzukürzen, und teilt dies im kleinen Kreise sogar mit. Bis zur ersten Kurve dauert das Duell der beiden Inhaber der ersten Startreihe diesmal, dann bohrt sich der McLaren knirschend in den Ferrari. An diesem geht im Handgemenge der Flügel, an jenem das linke Vorderrad verloren. Mit neun Punkten Vorsprung auf dem Konto kam Senna nach Japan. Als sich das Staubgewölk zu lichten beginnt, ist er Champion – zum zweiten Mal. Zu Fuß kehrt er an die Box zurück, demonstrativ geherzt von Ron Dennis.

Das Team war durchaus geschwächt in die Saison gegangen. Im März 1989 hatte sich die TAG-McLaren-Gruppe entschlossen, einen Supersportwagen für die Straße zu bauen. Dazu mußte qualifiziertes Personal abgestellt werden, unter anderem Konstrukteur Gordon Murray. Und Alain Prost seinerseits nahm den fähigen Renningenieur Steve Nichols mit zu Ferrari, begleitet vom Wehgeschrei Sennas, die beiden könnten in Maranello so manches Geheimnis verraten. Der MP4/5B ist ein weiteres Mal das Werk von Neil Oatley, gereift und auf über 600 PS gestärkt der Honda-V10. Die schärfste Waffe von McLaren International aber bleibt Ayrton Senna. In den Nachwehen der alten Saison und im Vorfeld der neuen hat er sich mit Gott, der Welt, vor allem aber mit dem knöchern-despotischen FISA-Präsidenten Jean-Marie Balestre angelegt, weil der seinem Landsmann Prost im Kampf der Titanen die Stange hält. Beinahe hätte Balestre dem brüsken Brasilianer die Superlizenz für 1990 entzogen und ihn damit zur Arbeitslosigkeit verdammt. Aber so leicht läßt der Sport seine Helden nicht los.

March separately, attack jointly: Ron Dennis and partner Mansour Ojjeh at Phoenix (left). Mansour, in gray flannel, at his Paris residence (below left) and Dennis, in shirtsleeves, in his Woking office (below right). Single seater: in his first drives for McLaren, Berger complains of the car's claustrophobic confines (above). Senna at Hockenheim: pole position, leading 29 of 45 laps, and his fourth win of the season (right).

Getrennt marschieren, vereint schlagen: Ron Dennis und Partner Mansour Ojjeh in Phoenix (links). Mansour im grauen Tuch vor seiner Residenz in Paris (unten links). Dennis hemdsärmelig in seinem Büro in Woking (unten rechts). Einsitzer: Bei seinen ersten Einsätzen für McLaren klagt Berger noch über klaustrophobische Enge (oben). Senna in Hockenheim: Pole Position, 29 von 45 Runden geführt, Sieg Nummer vier in dieser Saison (rechts).

Séparés dans la vie, unis dans la victoire: Ron Dennis et son associé Mansour Ojjeh à Phoenix (à gauche). Mansour en costume de flanelle devant sa résidence à Paris (en bas à gauche). Dennis, manches de chemise retroussées, dans son bureau à Woking (en bas à droite). A l'étroit: lors de ses premières courses pour McLaren, Gerhard Berger se plaint encore d'un manque de place (en haut). Senna à Hockenheim: pole position, 29 tours en tête sur 45, victoire numéro quatre cette saison (à droite).

Les pilotes roulent à la limite pendant environ 25 heures durant les 16 Grands Prix de la saison 1990. Cette année-là s'inscrit de nouveau sous la devise de la haine entre Prost et Senna, à cette seule différence près que l'homme au casque jaune est resté fidèle à McLaren, alors que le Français a désormais rejoint le camp de Ferrari. En un échange de bons procédés, Ron Dennis a débauché Gerhard Berger et jeté ainsi les bases d'une amitié indissoluble et virile. C'est lui, dira plus tard l'Autrichien en plaisantant, qui a appris à Senna à rire. Cette chaleur humaine sera toutefois obtenue au prix d'une étroitesse difficilement supportable à son poste de travail : il faudra attendre le milieu de 1990 pour que Berger dispose d'une monocoque à ses dimensions pour pouvoir glisser sa longue carcasse à peu près correctement dans une McLaren MP4/5B conçue autour des silhouettes de jockey d'Ayrton Senna et Alain Prost.

L'issue du championnat du monde sera décidée en neuf secondes, ce qui correspond sensiblement au temps que met à s'élancer et à briller au firmament une fusée de la Saint-Sylvestre bien conçue. Une fois de plus, la scène en est le circuit de Suzuka, qui devient lentement synonyme avéré de véritables drames. Lorsqu'Alain Prost se rend une nouvelle fois sur les lieux de la collision de l'année précédente, pendant son jogging de fin d'après-midi précédant le Grand Prix, il est sûr de lui : non, il est absolument impossible qu'un pilote tente de doubler ici. A ce moment-là, Ayrton Senna est d'ores et déjà résolu à raccourcir considérablement la procédure, une intention dont il fait part à quelques intimes. Cette fois-ci, le duel des deux occupants de la première ligne sur la grille de départ durera jusqu'au premier virage, puis le museau de la McLaren s'encastrera en grinçant dans l'arrière de la Ferrari. A l'issue du choc, elle perdra son aileron et la McLaren, sa roue avant gauche. Senna est arrivé au Japon avec neuf points d'avance à son compte. Lorsque la poussière retombe, il sait qu'il est champion – pour la seconde fois. Il rentre à pied aux stands où Ron Dennis lui donne une accolade démonstrative.

L'équipe avait abordé la saison dans une constitution incontestablement affaiblie. En mars 1989, le groupe TAG-McLaren a décidé de produire une exclusive voiture de sport pour la route. Il a fallu détacher pour ce projet un personnel qualifié, notamment l'ingénieur Gordon Murray. Alain Prost avait, quant à lui, emmené son fidèle ingénieur de course Steve Nichols chez Ferrari, départ ponctué des hurlements de Senna qui craignait que les deux hommes puissent dévoiler de nombreux secrets à Maranello. La MP4/5B est une fois de plus l'œuvre de Neil Oatley, elle a mûri et est propulsée par les plus de 600 ch du Honda V10. Mais l'arme la plus acérée de McLaren est et reste Ayrton Senna. Dans les convulsions d'après-saison et en amont de la prochaine, il s'en est pris à Dieu et au monde, mais aussi et surtout au despotique président de la FISA Jean-Marie Balestre, qui marche pour son compatriote Alain Prost dans cette lutte de titans. Il s'en est fallu de peu que Balestre retire au brutal Brésilien l'indispensable superlicence pour 1990 et ne le condamne par conséquent au chômage. Mais le sport ne se laisse pas priver aussi facilement de ses héros.

New Heights with Honda

The Hour before the Race | Die Stunde vor dem Start | L'heure avant le départ

Time, as Albert Einstein tells us, is relative. In terms understandable by male listeners, the mischievous genius illustrates the theory of relativity with scenes from life: subjectively, a minute spent with a beautiful woman may be too short, while a minute spent sitting on a red-hot stove may be too long.

The last hour before a Grand Prix race is both too long and much too short. Minutes flow away in torrents, while seconds disappear drop by drop. Tension builds, is felt on the skin, finally gets under one's skin. The Grand Prix circus, a teeming collective, follows a precise choreography without the benefit of a choreographer. Thousands of actions have only one purpose: preparing man and machine for the coming contest.

At the center of activity are the drivers, unshakeable, apparently relaxed or obviously excited. One of these is Gerhard Berger. The scene is a forested valley east of Francorchamps. The occasion is the Grand Prix of Belgium, 1990. The hour before the race is taken up in part by the 70-minute siesta carved out by the team's rigid timetable. Berger spends it in quiet seclusion with teammate Ayrton Senna in the air-conditioned McLaren motor home. Heavily tinted glass permits only dim light to filter in, and holds the outside world at bay — especially the heat, and swarms of wasps and journalists that buzz around the gray bus. Whatever Berger does here, or doesn't do, it is all aimed at preparing for what will happen at 2 pm that afternoon: "I doze, I dream of the race, I go through the start in my mind — where am I gridded? Who is around me?"

Calm before the storm: in the hectic last minutes before the start, Berger is remarkably relaxed.
Ruhe vor dem Sturm: In der Hektik der letzten Minuten vor dem Einsatz bleibt Berger wundersam gelassen.
Le calme avant la tempête: dans la fébrilité des dernières minutes qui précèdent le départ, Berger reste d'un calme olympien.

Three years before, at the end of the first lap, just past the Bus Stop chicane, he went onto the throttle too soon, his Ferrari spun in the following left-hander and attempted to swim upstream against 23 fast-approaching race cars – a most undesirable situation. "I analyze this, too, so that it won't happen again. Every year, you know a little bit more."

Sometimes, on rare occasions, out of nowhere, he is struck by a disquieting thought. Berger wrestles it down on his own, spurning the help of the gurus, who talk drivers out of their nervous thoughts – for a fee. "It's phenomenal how Gerhard maintains his self-control," says his friend and confidant, Horst Röger. "Once, I had to get him out of his bunk to line up on the grid. He was fast asleep."

Normally, like today, Berger returns from his inner journey, becomes somewhat communicative but in a way that does not disturb his just-gained calm and confidence. "Why should I worry or exaggerate? That only makes me insecure." Senna, his neighbor in the motor home, is a good match, as the Brazilian has the same countdown sequence. They chat a bit, small talk. Irrelevant things which do not intrude on their fighting spirit.

In between, at odd intervals, they reach for the bottle. In this phase, Berger

---

Auch Zeit, so lehrte Albert Einstein, ist eine schwankende Größe. Für männliche Zuhörer bebilderte der schalkhafte Genius diese Relativitätstheorie mit Szenen aus dem Leben: Subjektiv gesehen, sei eine Minute mit einer schönen Frau auf einem Kanapee zu kurz, mit bloßem Hinterteil auf einer glühenden Herdplatte dagegen zu lang.

Die letzte Stunde vor einem Großen Preis ist beides zugleich: entschieden zu lang und viel zu kurz. Da zerfließen Minuten, tröpfeln Sekunden. Da baut sich Spannung auf, die auf der Haut spürbar wird und schließlich unter die Haut geht. Da bewegen sich die Grand-Prix-Schaffenden, ein wimmelndes Kollektiv, nach einer genauen Choreographie ohne Choreographen. Da fügen sich Tausende von Handgriffen zusammen zur Betriebsbereitschaft von Mensch und Maschine.

Im Zentrum des Wirbels die Piloten, unerschütterlich, scheinbar gelassen oder offensichtlich erregt. Einer von ihnen: Gerhard Berger. Der Schauplatz: ein bewaldetes Tal ostwärts von Francorchamps. Der Anlaß: der Große Preis von Belgien 1990. Die Stunde vor dem Start verschränkt sich für die Fahrer mit den 70 Minuten Siesta, die der rigide Dienstplan diesmal ausgespart hat. Berger verbringt sie, entspannt hingelagert, in trauter Zweisamkeit mit Ayrton Senna in einer wohltemperierten Kabine des McLaren-Motorhomes. Schwarzes Glas läßt nur schummriges Halbdämmern herein und schirmt ab gegen Gott, die Welt, die Hitze sowie die Schwärme von Wespen und Journalisten, die den grauen Bus umschwirren. Was immer Berger hier tut oder läßt – es dient dazu, sich auf das Ereignis um 14:00 Uhr einzustimmen: „Ich döse, träume vom Rennen, gehe in Gedanken den Start durch: Wo stehe ich? Wer ist in meiner Umgebung?"

Vor drei Jahren stieg er am Ende der ersten Runde hinter der Busstop-Schikane zu früh aufs Gaspedal, der Ferrari drehte sich in die folgende

---

Le temps, comme nous l'a appris Albert Einstein, est une grandeur relative. Pour les auditeurs masculins, le génie illustrait cette théorie de la relativité avec des scènes issues de la vie quotidienne: subjectivement, une minute passée avec une jolie femme est trop courte alors qu'une minute assis le postérieur nu sur une plaque de cuisinière brûlante semble, en comparaison, beaucoup plus longue.

Les deux choses valent au même titre pour la dernière heure avant le départ d'un Grand Prix: définitivement trop longue et beaucoup trop courte. Les minutes s'écoulent, les secondes s'égrainent à tout jamais. C'est alors que s'instaure une tension qui devient tangible et vous pénètre au plus profond de vous-même. Alors, les acteurs des Grands Prix s'activent selon une chorégraphie exacte, mais sans chorégraphe. Des milliers de gestes se conjuguent pour rendre prêts à fonctionner l'homme et son engin.

Dans l'œil du cyclone, les pilotes, jamais impressionnés, apparemment décontractés ou manifestement excités. Un parmi eux: Gerhard Berger. La scène: une vallée couverte de forêts à l'est de Francorchamps. L'occasion: le Grand Prix de Belgique 1990. Pour les pilotes, l'heure qui précède le départ se combine aux 70 minutes de sieste que leur a réservées l'horaire inflexible. Berger la passe sur une couchette, avec la complicité d'Ayrton Senna dans une cabine du luxueux motorhome climatisé de l'écurie McLaren. Les vitres noires engendrent une semi-obscurité et protègent de la chaleur ainsi que des essaims de guêpes et de journalistes. Quel que soit ce que Berger fait ici – cela lui sert à se mettre dans l'ambiance pour l'événement qui va débuter à 14 heures: «Je somnole, rêve de la course, me remémore le processus du départ: où suis-je placé sur la grille? Quels sont les pilotes qui m'entourent?»

Il y a trois ans, à la fin du premier tour, juste à la chicane de l'arrêt de bus, il a appuyé trop tôt sur l'accélérateur, à tel point que sa Ferrari est soudain partie en toupie dans le gauche consécutif, se dressant tel un barrage face à la meute des 23 voitures de course fondant sur lui – situation peu enviable: «Quelque chose comme cela, j'en fais l'analyse afin que cela ne se reproduise pas. Chaque année, on en apprend un peu plus.»

Parfois, mais c'est très rare, une idée surgie de rien le transpose dans un état d'excitation déraisonnable. Mais Berger la combat tout seul, refuse le concours de tout gourou qui, contre espèces sonnantes, fait disparaître en vous toute nervosité. «Il est phénoménal de voir à quel point Gerhard se contrôle», déclare son ami et confident Horst Röger. «Une fois, il a même fallu que je le secoue de sa couchette pour qu'il aille sur la grille de départ. Il avait sombré dans un sommeil profond.»

Normalement, Berger ressort de son émigration intérieure, se met à communiquer d'une façon qui ne porte en rien préjudice au calme et à la

158 **New Heights with Honda**

builds up a water reservoir which will be consumed in the coming heat of battle. No more talk of the race strategy which the two have worked out with Ron Dennis, their workaholic team chief who drives himself and his pilots with a dedication otherwise seen only in show business. The McLaren drivers will be gridded in the front row, Senna on the right, Berger on the left, staggered a carlength back, arch-enemy Prost in his Ferrari behind the Brazilian. If Senna gets a good start, Berger will swing in behind him and slam the door on second place.

At 1:10, the Austrian appears at the door of his sanctuary, the upper half of his racing coveralls still wrapped around his hips, his hands taped to protect them from the steering wheel. For a moment, all eyes are drawn to him. Intimate moments are assaulted and captured by a barrage of motor-driven cameras: the understanding glance to his girlfriend Ana, the embrace for his daughter Christina. As a surprise, Christina was in the airplane that picked him up in Sardinia the previous Thursday. "Papi will be first," she predicts, "Senna second, Nannini third."

A narrow stairway connects the service deck of the sloping, stepped paddock to the start-finish area like a rope ladder, a ready escape route for a race car driver fleeing the crowd. Berger reaches it like prey running from its hunters, and with a leap is at the top. Requests for autographs, journalists' cleverly phrased questions, all go unheeded. At the McLaren transporter, he grabs his helmet, gloves and balaclava – the fireproof headsock which gives his head a much smaller profile – and goes to his pit, a rigidly defined point in the center of the structured chaos created by a crew of more than 30 people. Racing engineer Tim Wright reports actions executed as ordered; Berger's wishes after the half-hour exploratory session in racing trim earlier that day, simply and erroneously known as the warm-up, have been carried out. Their professional cooperation is like a well-oiled machine. Developing a personal rapport, in the opinion of the Englishman, will take a bit more than three-quarters of a season.

At 1:29, Berger pulls on his balaclava and helmet, and carefully threads his way into the car. Helping hands fasten the safety belts to the central latch at the driver's waist, attach the oxygen hose to the helmet, install the steering wheel. The unit known as Gerhard Berger has been integrated with the unit known as the McLaren MP4/5B. "At this moment, you have a hundred thousand things going through your head, pressures, temperatures, the car's behavior. You're at work, nothing else."

The ten-cylinder Honda awakens with a roar, bellows a few times, a mechanic helps steer it using a floor jack, and the McLaren trundles away toward the exit of the pit lane, transmission whining, parting the teeming crowd, which closes again behind the car. Immediately one hears the car howling through the downgrade toward the universally feared left-right-left combination at Eau Rouge. Tim Wright stands in front of the monitor in the command post on the pit wall, speaks into his microphone, continues his face-to-face conversation with Berger to ensure once more that radio contact is not lost anywhere on the roller coaster known as the Francorchamps circuit. Otherwise, this lap does not provide much useful information. Berger knows that "The car isn't warmed up yet. The tires aren't warm, you aren't warm either." Nevertheless, a few key points on the track, driven full throttle, mercilessly underscore lost opportunities. An annoying chain of causality reaches back to Saturday morning. The Grand Prix schedule called for untimed practice. First order of the day: set up the car for the race, with full tanks. Second order: find the best setup for that day's scheduled "rush hour," from 1 to 2 pm. Too soon, Berger began to defend his Friday pole position against his friendly rival, Senna. At the end of the session, the results appear on the monitors: only tenth place for Berger,

Linkskurve, stemmte sich plötzlich gegen den Strom der 23 heranschießenden Rennwagen – eine unattraktive Situation: „Auch so etwas analysiere ich, damit es nicht wieder passiert. Jedes Jahr weiß man mehr."

Manchmal, sehr selten, fliegt ihn aus dem Nichts eine unvernünftige Erregung an. Berger kämpft sie allein nieder, verschmäht die Hilfe der Seelengurus, die einem Nervosität gegen Bezahlung ausreden. „Es ist phänomenal, wie Gerhard sich im Griff hat", wundert sich Freund und Vertrauter Horst Röger. „Einmal mußte ich ihn zur Startaufstellung aus seiner Koje holen. Da war er fest eingeschlafen."

Normalerweise, auch diesmal, kehrt Berger irgendwann aus seiner inneren Emigration wieder zurück, wird mitteilsam auf eine Weise, die die just gewonnene Ruhe und Zuversicht nicht antastet: „Warum sollte ich grübeln, übertreiben? Das macht nur unsicher." Zellen-Nachbar Senna kommt ihm da gerade gelegen, denn der Brasilianer hat den gleichen Countdown-Rhythmus. Man ratscht ein bissel, small talk. Belanglosigkeiten, die die Gefechtsmoral nicht belasten.

Zwischendurch, immer wieder, der Griff zur Flasche: In dieser Phase trinkt sich Berger ein Wasserreservoir an, das die Hitze des Gefechts nachher wieder aufzehren wird. Kein Wort mehr von der Kriegslist, die die beiden vorhin ausgeheckt haben, zusammen mit Workaholic Ron Dennis, dem Teamchef, der seine Fahrer und sich selbst mit einer Hingabe schindet, die sonst nur noch im Showbusiness üblich ist. Die McLaren-Piloten werden in der ersten Reihe sitzen, Senna rechts, Berger links versetzt eine Wagenlänge zurück, Erzfeind Prost im Ferrari hinter dem Brasilianer. Wenn Senna einen guten Start erwischt, wird Berger hinter ihm einscheren, die Tür zum zweiten Platz zumachen.

Als der Österreicher um 13:10 Uhr in der Pforte seiner Eremitage erscheint, die obere Hälfte des Overalls noch um die Hüften geschlungen, die Hände bereits gegen die Schikanen des Lenkrads umwickelt, zieht er augenblicklich das öffentliche Interesse auf sich. Intimes gerät ins Sperrfeuer der Motorkameras: der Blick des Einverständnisses hinüber zu Freundin Ana, die Umarmung für Tochter Christina. Christina war im Flugzeug, das ihn am Donnerstag auf Sardinien abholte, eine Überraschung. „Papi wird erster", sagt sie voraus, „Senna zweiter, Nannini dritter."

Eine schmale Treppe verbindet das Versorgungsdeck des stufenförmig abfallenden Fahrerlagers wie ein Fallreep mit dem Start-Ziel-Bereich, eine neuralgische Stelle für einen fliehenden Rennfahrer. Berger erreicht sie hakenschlagend wie ein gehetztes Stück Wild, ist mit wenigen Sprüngen oben. Bitten um ein Autogramm, klüglich formulierte Journalistenfragen verhallen ungehört. Er holt sich Helm, Handschuhe und Balaclava, jene feuerfeste Strumpfmaske, die ein ganz schmales Köpfchen macht, aus dem McLaren-Transporter und erscheint gleich darauf in seiner Box, ein Fixpunkt inmitten des streng strukturierten Chaos, das gut 30 Leute dort inszenieren. Renningenieur Tim Wright meldet Vollzug: Bergers Wünsche nach dem halbstündigen Informationstraining im Grand-Prix-Trimm am Morgen, in der Branche kurz und falsch Warm-up genannt, sind in die Tat umgesetzt worden. Die dienstliche Kooperation klappt wie am Schnürchen. Zum Menschlichen, meint der Engländer, brauche es ein bißchen mehr als eine Dreiviertelsaison.

Um 13:29 Uhr streift Berger die Maske über, stülpt den Helm auf und fädelt sich behutsam in den Wagen ein. Hilfreiche Hände geben die Sicherheitsgurte in dem Zentralschloß über dem Bauch zusammen, schließen den Sauerstoffschlauch am Helm an, setzen das Lenkrad ein. Das Modul Gerhard Berger und das Modul McLaren MP4/5B sind ineinander integriert: „In diesem Augenblick hast du schon hunderttausend Sachen im Kopf, Drücke, Temperaturen, Fahrverhalten. Du bist bei der Arbeit, nirgends sonst."

confiance qu'il vient de se procurer: «Pourquoi devrais-je me prendre la tête, pourquoi exagérer? Cela ne fait que vous troubler.» Son voisin de cellule, Ayrton Senna, est à ce point de vue un coéquipier idéal, car le Brésilien a le même rythme avant le compte à rebours. On bavarde un peu, de choses sans importance qui n'hypothèquent pas l'ardeur du combat. Entre-temps, geste récurrent, il saisit une bouteille: Berger s'imbibe d'un réservoir d'eau. Aucun mot au sujet de la stratégie sur laquelle les deux hommes se sont mis d'accord, avec le concours de Ron Dennis, leur chef d'écurie, qui exige de ses pilotes et de lui-même un pensum de travail. Les

Team tactics: Senna and Berger in the TAG McLaren motorhome.
Plan ausgeheckt: Senna und Berger im TAG McLaren Motorhome.
Le tactique est au point: Senna et Berger dans le motorhome de TAG McLaren.

pilotes de McLaren seront en première ligne, Senna à droite, Berger à gauche, décalé d'une longueur de voiture avec l'ennemi juré Prost, sur Ferrari, derrière le Brésilien. Si Senna fait un bon départ, Berger va s'engouffrer dans la brèche derrière lui, fermant la porte de la seconde place. Lorsque l'Autrichien s'encadre, à 13 h 10, dans la porte de son ermitage, les mains déjà prêtes à agripper son volant, il attire sur lui l'intérêt du public. Un geste intime est pris sous le feu roulant des appareils photos: le regard de connivence lancé à son amie Ana, l'étreinte de sa fille Christina. Christina était une surprise dans l'avion qui est allé le chercher, le jeudi, en Sardaigne. «Papa va terminer 1er», prédit-elle, «Senna 2e et Nannini 3e.» Un escalier relie la partie supérieure du paddock qui s'échelonne à flanc de colline à la ligne de départ et d'arrivée, un endroit névralgique pour les pilotes de course toujours pourchassés par quelqu'un. Berger l'atteint en faisant des moulinets autour de lui tel un gibier talonné par une meute de chiens et se retrouve à son sommet en quelques pas. Il fait semblant de ne pas entendre les demandes d'autographes, ni les questions des journalistes. Dans le motorhome de McLaren, il saisit son casque, ses gants et sa cagoule en matériau ignifugé qui donnent au pilote une allure bizarre et il réapparaît instantanément dans son stand, un point fixe au cœur d'un chaos minutieusement orchestré par une trentaine de spécialistes. Son ingénieur de course Tim Wright se présente au rapport: les désirs formulés par Berger après la séance d'entraînement faussement appelée warm-up, ont été exaucés. L'entente entre le pilote et son équipe est parfaite. Pour qu'un pilote se sente comme chez lui, précise l'Anglais, il faut un peu plus des trois quarts d'une saison.

A 13 h 29, Berger enfile sa cagoule, coiffe son casque et se glisse prestement dans le cockpit de sa voiture. Des mains bienveillantes insèrent les boucles du harnais dans le fermoir central à hauteur de son nombril, rac-

New Heights with Honda   159

third for Senna, and ahead of them all, with a one-second lead over Nannini, is, of all people, Alain Prost. At 1:34, Berger pits again, has the front wings set at a steeper angle, which, coming so close to the start of the race, represents a major operation. Departure time is 1:37.

Meanwhile, a seemingly endless stream of mechanics troops to the starting grid beyond the pit wall, towing rattling, clanking devices, jacks, compact generators, giant batteries with their snaking cables and rigidly mounted starter motors, tools, and devices which, if necessary, can reprogram the on-board electronics. Only the front places on the grid are unoccupied. At 1:39, Senna blazes his path through the crowd, closely followed by Berger. The engines scream briefly, then fall silent.

Berger gets out, reports his impressions to Tim Wright, only then takes off his helmet, while the car is jacked up. Shyly, Christina clings to him. Strictly

After the driver dons his helmet, all that remains is a frozen likeness in the form of a graphic design.
Nach dem Aufsetzen des Helms bleibt nur noch das Design – als erstarrte Mimik.
Une fois le casque enfilé, il ne reste plus que le design – œuvre d'art moderne.

speaking, the pre-grid of a Grand Prix is off limits to children, but Horst Röger has had a word with the race organizer. On one condition: at ten minutes to two, she has to be off the grid. Calmly, Ana looks on. No, she is not worried. "I trust him," she says softly, "and I try to let him know that." Meanwhile, the McLaren's fat tires have been covered by black muffs, which preheat the rubber to 80 °C (176 °F). The scanty red and white bodywork is propped up against the guardrail. The car itself is stark naked carbon fiber, an absurd shape. Any fluid leaks would be spotted immediately by the pit crew, in red and white livery matching the sponsor's colors. The auxiliary power generators rattle away, a helicopter hovers above the tableau like a hawk, the track PA system drones on in three languages.

At 1:47, Berger prepares to go racing: balaclava on, helmet on, say goodbye to Ana and Christina – an island of privacy amid the public spectacle. At 1:49, he is in the car. The fuel tanks are topped off from a slim tube attached to a round container. A pressure head of one and a half meters forces the McLaren's rubber fuel bladder against the cockpit wall. At ten to two, a mechanic installs the steering wheel. Grid marshals with shrill whistles chase out all but those whose full-time profession is Grand Prix racing. Unwillingly, the crowd clears the grid. At eight to two, the body is attached, while Jean-Marie Balestre, president of the international racing sanctioning body, has a few words with Prost, gives a military nod to Senna, and assumes an imperial stance at the start-finish line. A raucous klaxon at five to two chases off the last camera crew.

The klaxon and three jarring tones announce three minutes to go. Berger's crew surrounds the car, grinning. two more minutes: the tire heaters are

Der Honda-Zehnzylinder erwacht tosend, bellt ein paarmal, ein Mechaniker gewährt Lenkhilfe mit dem Wagenheber, der McLaren trödelt mit weinendem Getriebe dem Ausgang der Boxenstraße zu, drückt Menschenmassen auseinander, die hinter ihm wieder zusammenschwappen. Gleich darauf hört man ihn das Gefälle zu dem allseits gefürchteten Links-Rechts-Links-Schlängel Eau Rouge hinunterkreischen. Tim Wright steht vor dem Bildschirm in der Kommandozentrale an der Boxenmauer und spricht in sein Mikrofon, setzt das Tête-à-tête mit Berger fernmündlich fort, um noch einmal zu überprüfen, ob der Funkkontakt nirgends auf der Achterbahn von Francorchamps abreißt. Ansonsten läßt sich dieser Runde wenig Aufschlußreiches entlocken: „Das Auto ist nicht warm", weiß Berger, „die Reifen sind nicht warm, du selbst bist nicht warm." Gleichwohl decken ein paar Schlüsselstellen, bereits voll gefahren, gnadenlos Versäumtes auf. Eine ärgerliche Kausalkette reicht zurück bis zum Samstag vormittag. Da stand ungezeitetes Training auf den Agenden für den Grand Prix, anderthalb Stunden. Punkt eins der Tagesordnung: das Auto mit vollem Tank fürs Rennen abzustimmen. Punkt zwei: die beste Einstellung für die gezeitete Rushhour von eins bis zwei zu finden. Dabei begann Berger zu früh damit, seine Pole Position vom Freitag gegen den befreundeten Rivalen Senna zu verteidigen. Am Ende des Warm-up flimmert die Quittung über die Bildschirme: nur Platz 10 für Berger, Rang 3 für Senna, und allen voran, mit einer Sekunde Abstand zu Nannini, ausgerechnet Alain Prost. Um 13:34 Uhr sucht Berger noch einmal die Box auf und läßt den Frontflügel stärker anwinkeln, zu diesem Zeitpunkt ein massiver chirurgischer Eingriff. Abfahrt 13:37 Uhr. Unterdessen hat sich der schier unendliche Troß der Mechaniker auf den Weg gemacht zu den Startplätzen jenseits der Boxenmauer, im Schlepptau klappernde, rasselnde und scheppernde Gerätschaften, Wagenheber, kompakte Stromaggregate, riesige Batterien mit Kabelschläuchen und fest montierten Anlassern, Werkzeug, Schreibmaschinen, die bei Bedarf das Programm der Elektronik nachbessern. Nur die Parklücken in der vordersten Reihe sind noch verwaist. Erst um 13:39 Uhr bahnt sich Senna einen Zugang durch das Getümmel der Befugten, unmittelbar dahinter Berger. Die Motoren schreien kurz auf und verstummen auf der Stelle.

Berger steigt aus, berichtet Tim Wright von seinen Eindrücken, setzt erst dann den Helm ab, während der Wagen aufgebockt wird. Christina drängt sich an ihn, etwas eingeschüchtert. Die Startaufstellung zu einem Grand Prix ist eigentlich nicht jugendfrei, aber Horst Röger hat den Rennleiter beschwatzt. Klausel: Um zehn vor zwei muß Schluß sein. Ana schaut gelassen zu. Nein, sie sei nicht aufgeregt: „Ich vertraue ihm", sagt sie sanft, „und ich versuche, ein bißchen von diesem Vertrauen zu ihm hinüberzubringen." Inzwischen sind die fetten Räder des McLaren mit schwarzen Muffs verkleidet worden, die die Reifen auf 80°C vorwärmen sollen. Die spärliche rotweiße Karosserie steht steil an der Leitplanke. Der Wagen selbst ist nun splitterkohlefasernackt, ein absurder Torso. Würde irgendwo Flüssigkeit heraussickern, es bliebe den Augen der ebenfalls rotweiß livrierten Bedienungsmannschaft keinesfalls verborgen. Die Hilfsaggregate schnarren, ein Hubschrauber rüttelt über der Szene wie eine Gabelweihe, die Lautsprecher dröhnen dreisprachig.

Um 13:47 Uhr macht sich Berger rennfertig: Maske auf, Helm auf, Abschied von Ana und Christina – ein Inselchen des Privaten. Um 13:49 Uhr sitzt er im Auto. Aus einem schlanken Rohr, gekrönt von einem kreisrunden Behälter, werden die letzten Tropfen Treibstoff nachgefüllt. Anderthalb Meter Flüssigkeitssäule pressen den Gummitank des McLaren paßgerecht gegen die Wand des Cockpits.

Um zehn vor zwei steckt ein Mechaniker das Lenkrad auf. Funktionäre mit Trillerpfeifen verjagen alle, die den Grand Prix nicht hauptberuflich betrei-

cordent le flexible d'oxygène au casque et mettent en place le volant. Le module Gerhard Berger et le module McLaren MP4/5B font désormais bloc: «A cet instant-là, tu as déjà cent mille paramètres en tête, pressions, températures, comportement. Tu es au travail, et rien de plus.»

Le dix-cylindres Honda se réveille dans des claquements, un mécanicien aide à braquer la voiture avec le cric à roulettes, la McLaren s'éloigne en direction de la sortie de la voie des stands dans les couinements de sa boîte de vitesses, faisant s'ouvrir devant elle une marée humaine qui se referme après son passage. On l'entend dévaler dans des hurlements la descente qui mène au gauche-droite-gauche de l'Eau Rouge qui est la terreur de tous les pilotes. Tim Wright se tient devant l'écran de télévision de la passerelle de commande et lui parle dans son micro, poursuivant à distance le tête-à-tête avec Berger pour vérifier encore une fois que le contact radio sur le circuit de Francorchamps n'est interrompu nulle part. A part cela, ce premier tour ne donne aucun enseignement utile: «La voiture n'est pas chaude, précise Berger, les pneus ne sont pas chauds, et toi-même tu n'es pas chaud non plus.» Et pourtant, quelques endroits clefs dévoilent le moindre déficit du set-up. Une irritante relation de cause à effet remonte jusqu'au samedi matin. Les essais libres figuraient à l'agenda du Grand Prix, durée: une heure et demie. Le point un de l'ordre du jour spécifiait: régler la voiture pour la course avec le plein de carburant. Point deux: trouver les meilleurs réglages pour les essais qualificatifs chronométrés de 13 à 14 heures. Berger a commencé trop tôt à défendre sa pole position du vendredi contre son ami et rival Ayrton Senna. A la fin du warm-up, le verdict tombe sans appel sur les écrans: seulement une dixième place pour Berger, troisième rang pour Senna et, devant tout le monde, avec une seconde d'avance sur Nannini, Alain Prost! A 13 h 34, Berger rentre une nouvelle fois aux stands et fait incliner un peu plus son aileron avant, ce qui est à ce moment-là une intervention chirurgicale capitale. Re-démarrage à 13 h 37.

Pendant ce temps, les équipes de mécaniciens se sont mises en route vers les places de départ de l'autre côté de la murette des stands, tirant derrière eux de bizarres appareils dans des bruits de ferraille, de roulements et grincements: crics, groupes électrogènes compacts, énormes accumulateurs avec flexibles et démarreur monté à demeure, outils, ordinateurs portables permettant de corriger en cas de besoin les programmes électroniques. Seuls les emplacements de la toute première ligne sont encore vacants. Ce n'est que vers 13 h 39 que Senna fraye son chemin à travers la mer des porteurs de badges, suivi, sur ses talons, par Berger. Les moteurs font entendre quelques secondes un hurlement strident avant de se taire.

Berger descend de voiture, confie ses impressions à Tim Wright et n'ôte son casque que lorsque la voiture est mise sur cales. Christina se presse contre lui, un peu intimidée. La grille de départ d'un Grand Prix n'est pas accessible aux enfants, mais Horst Röger a convaincu le directeur de course. Condition: à 13 h 50, il faut qu'elle soit partie. Ana regarde d'un air tranquille. Non, elle n'est pas du tout nerveuse: «Je lui fais confiance, dit-elle tendrement, et j'essaye de lui communiquer un peu de cette confiance.» Entretemps, les énormes roues de la McLaren ont été revêtues de leurs couvertures chauffantes qui permettent de faire monter à 80° C la température des pneumatiques. La filigrane carrosserie en rouge et blanc est adossée contre les glissières de sécurité. La voiture s'affiche dans toute la nudité de sa coque en fibre de carbone, telle un torse absurde. Si le moindre liquide devait fuir quelque part, ceci n'échapperait pas aux yeux acérés des mécaniciens qui portent une livrée rouge et blanc. Les organes secondaires ronronnent, un hélicoptère fait du sur place au-dessus de la scène tel un ange gardien et les haut-parleurs résonnent en trois langues consécutivement.

A 13 h 47, Berger s'apprête pour la course: cagoule enfilée, casque coiffé,

Fill 'er up: the last corners of the fuel tank are filled.
Bitte volltanken: Die letzten Nischen des Tanks werden aufgefüllt.
Le plein, s'il vous plaît: les derniers recoins du réservoir sont remplis.

disconnected and removed. One minute: the McLaren comes down from its jacks and is started. Berger's engine joins the rising hellish cacophony.

At exactly two o'clock, 26 racers, menacing and majestic, depart on the warm-up lap, speed about 130 kph. The last of the crews quickly return to their pits, there is a general hubbub like at a well-packed barbecue, here and there a bit of laughter. At 2:04, the helicopter, which has once more traced out the shape of the course against the light overcast, announces the return of the field. There is a brief spinning of rear tires, then the cars coast to their starting positions.

"Just don't kill the engine, or you'll get rear-ended," thinks Berger at this moment. Does he experience a sense of anticipation, of joy for the combat that is about to be joined? "Not a bit! The higher you climb, the more pressure you feel." There is a monotone howl, with a few staccato throttle blips thrown in. The signal lights show red; a rising crescendo, which breaks into brutal acceleration as the light turns green.

Prost is trapped in third place. A black cloud rises, mercifully hiding the chain reaction 80 meters up the road at the La Source hairpin, which involves Alesi, Piquet, Mansell, Suzuki, Warwick and Donnelly. Instead of Formula 1 cars, the call for the "drapeau rouge" – the red flag – speeds around the track, and the race is halted almost before it begins.

It will be another hour before the Grand Prix of Belgium actually starts.

ben. Man trollt sich nur widerwillig. Um acht vor zwei wird die Karosserie montiert, während sich Jean-Marie Balestre, der Präsident des internationalen Rennsportgeschäfts, nach einem kurzen Schwätzchen mit Prost und militärischem Kopfnicken zu Senna hin in imperialer Attitüde auf der Ziellinie aufbaut. Ein schmetternder Hupton um fünf vor zwei vertreibt ein letztes Kamerateam.

Noch drei Minuten, angezeigt durch die Hupe und einen grellen Dreiklang: Bergers Crew umringt grinsend den Wagen. Noch zwei Minuten: Die Heizungen für die Pneus werden abgeklemmt und kurz darauf entfernt. Noch eine Minute: Der McLaren wird abgebockt und angelassen. Bergers Maschine stimmt ein in den Höllenlärm, der sich erhebt.

Um Punkt zwei begeben sich 26 Rennwagen drohend-majestätisch in die Formationsrunde, Richttempo 130. Die Hintermannschaften kehren mit hastigen Schritten zu den Boxen zurück, überall Gemurmel wie auf einer gut besuchten Grillparty, vereinzelt Gelächter. Um 14:04 Uhr kündigt der Hubschrauber, der die Umrisse der Rennstrecke noch einmal in den leicht bedeckten Himmel gezeichnet hat, die Rückkunft des Feldes an, durchdrehende Hinterräder, dann Ausrollen in die Startpositionen.

„Nur nicht den Motor absterben lassen, sonst eckt mir noch einer hinten rein", denkt Berger in diesem Moment. Empfindet er so etwas wie Vorfreude, Lust am Kampf, der jetzt gleich beginnen wird? „Keine Spur! Je höher man steigt, desto mehr nimmt der Druck zu." Unisono-Geheul, in das sich stakkatohaft wütende Gasstöße mischen. Die Ampel zeigt Rot: Crescendo, das sich bei Grün in brutalem Vortrieb entlädt.

Prost tappt tatsächlich in die Abseitsfalle und bleibt dritter. Eine schwärzliche Wolke erhebt sich und verhüllt gnädig die Kettenreaktion, in der sich 80 Meter weiter an der Spitzkehre La Source Alesi, Piquet und Mansell sowie Suzuki, Warwick und Donnelly ineinander verkanten. Der Ruf „Drapeau rouge!" – rote Fahne – eilt wie ein Lauffeuer um die Strecke: Abbruch.

Bis zum Start zum Großen Preis von Belgien, aber das weiß noch niemand, ist es wieder eine Stunde.

il a dit au revoir à Ana et Christina. A 13 h 49, il s'assoit dans la voiture. A travers une mince tubulure couronnée d'un gros entonnoir circulaire, on ingurgite à la voiture les ultimes gouttes de carburant. Une colonne de liquide presse le réservoir en caoutchouc de la McLaren jusque dans les 1,50 m recoins contre la paroi du cockpit.

A 13 h 50, un mécanicien insère le volant. Des officiels armés de sifflet chassent tous ceux qui, professionnellement, n'ont rien à voir avec le Grand Prix. A 13 h 52, la carrosserie est mise en place tandis que Jean-Marie Balestre, le Président de la Fédération Internationale de l'Automobile, après un bref conciliabule avec Prost et un salut de tête militaire en direction de Senna, prend une pose d'empereur sur la ligne de départ. Une sonnerie stridente, à 13 h 55, parvient à faire partir une dernière équipe de télévision. Encore 3 minutes, annoncées par un coup de klaxon et une triple sonorité stridente: l'équipe de Berger s'affaire autour de la voiture. Encore 2 minutes: on démonte les couvertures chauffantes des pneu que l'on enlève quelques secondes plus tard. Encore 1 minute: la McLaren est remise sur ses roues et l'on démarre son moteur qui ajoute sa sonorité au bruit d'enfer qui se fait entendre.

A 14 heures précises, les 26 voitures de course s'ébranlent, majestueuses, pour le tour de formation à la vitesse recommandée de 130 km/h. Les mécaniciens se dirigent vers les stands. A 14 h 04, l'hélicoptère qui reproduit le tracé du circuit dans le ciel légèrement couvert annonce le retour du plateau, avec les voitures dont les roues arrière patinent, avant d'occuper leur place sur la grille de départ.

«Il ne faut surtout pas que j'étouffe le moteur, sinon il y en aura un qui va me rentrer dedans», pense Berger à ce moment-là. Ressent-il quelque chose comme une joie anticipée, le plaisir du combat? «Absolument pas! Plus l'on

Tense anticipation: the formation lap is about to get underway.
Gespannte Erwartung: Gleich geht es auf die Formationsrunde.
La tension est à son comble: le tour de formation est imminent.

monte haut, plus la pression augmente.» Les monoplaces entonnent leur chœur de hurlements à perforer les tympans ponctués de coups d'accélérateurs rageurs qui évoquent une rafale de mitraillette. Les feux sont au rouge: un crescendo qui se transcende en une accélération brutale dès qu'ils passent au vert.

Prost tombe réellement dans le piège et part en troisième position. Un nuage noir s'élève et noie avec miséricorde la réaction en chaîne qui se produit 80 m plus loin, à l'épingle de La Source lorsque s'accrochent les voitures d'Alesi, Piquet et Mansell ainsi que de Suzuki, Warwick et Donnelly. Le cri «Drapeau rouge!» résonne le long de la piste: interruption. Jusqu'au départ du Grand Prix de Belgique, mais cela, à ce moment-là, personne ne le sait encore, il va de nouveau falloir attendre une heure.

New Heights with Honda 161

With victory in sight: Senna at Phoenix (1). Marlboro world: the sponsor is ever-present, especially at Monaco (2).

Den Sieg vielleicht schon vor Augen: Senna in Phoenix (1). Marlboro-Welt: Der Sponsor ist immer präsent, insbesondere in Monaco (2).

La victoire enfin à portée de la main: Senna à Phoenix (1). Marlboro World: le sponsor est toujours présent, a fortiori à Monaco (2).

New Heights with Honda

New Heights with Honda

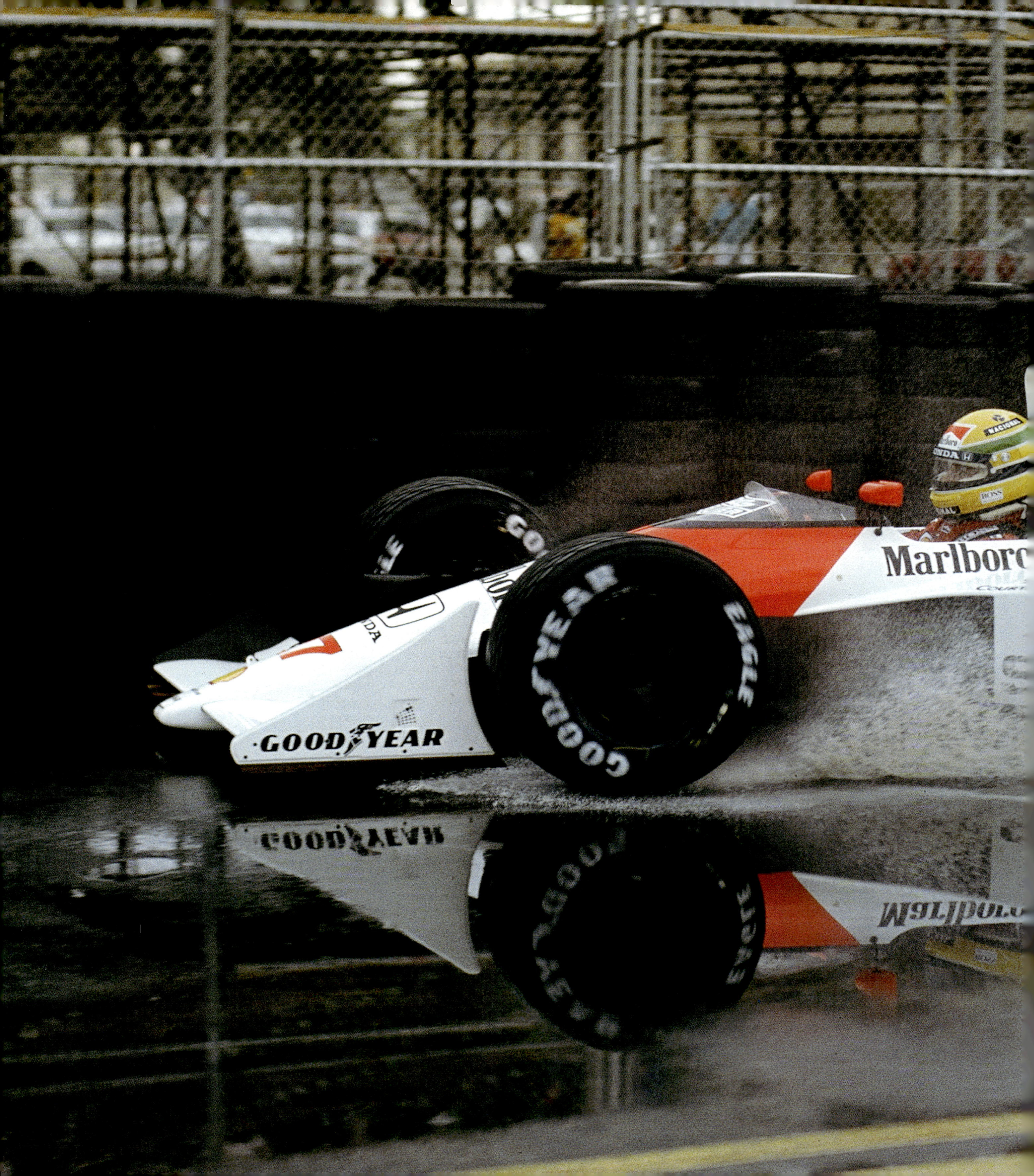

Marlboro
GOODYEAR
GOODYEAR EAGLE

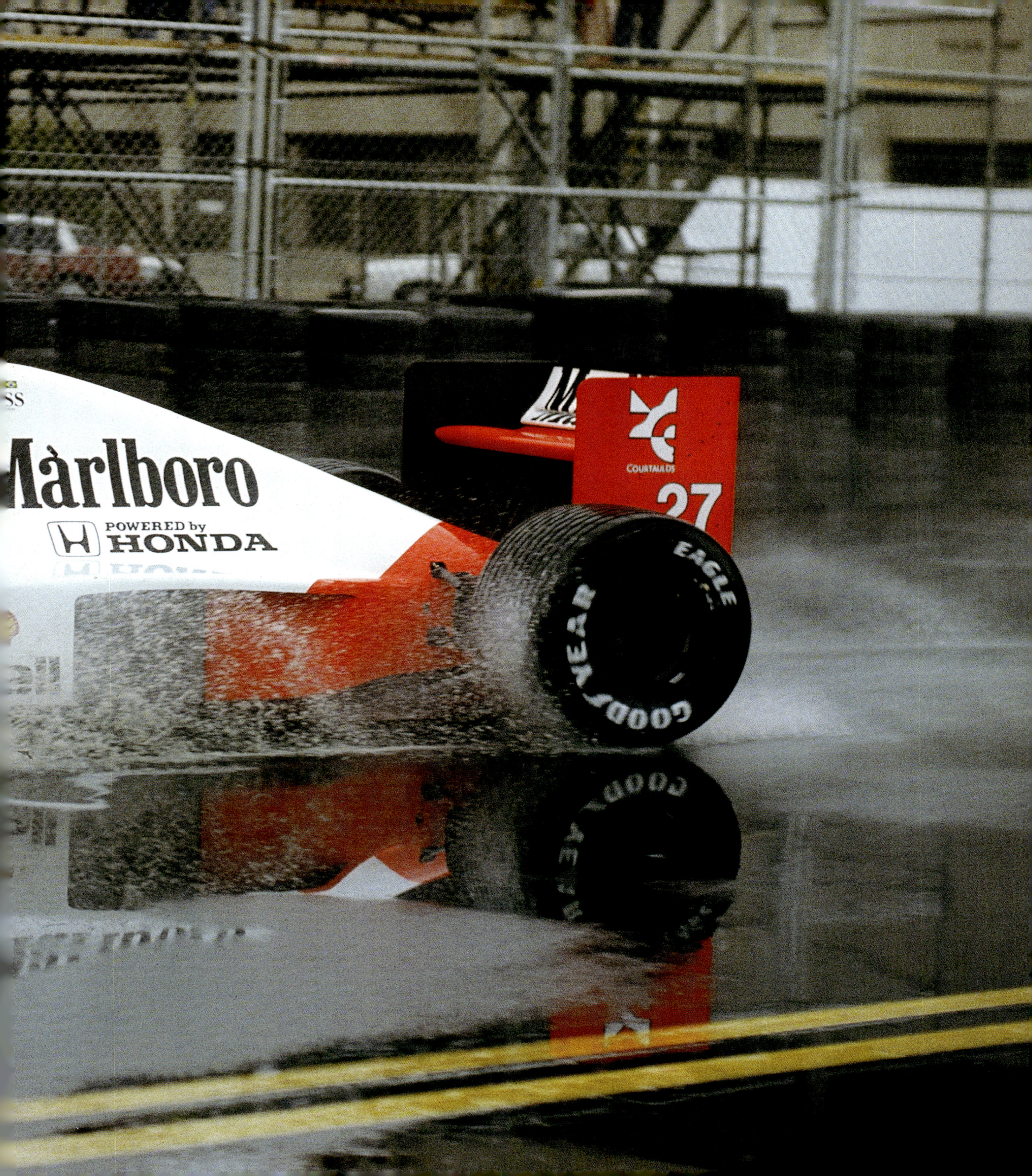

Marlboro
POWERED by
HONDA
COURTAULDS
27
EAGLE
GOODYEAR

(Previous pages) Rainy reflections: a wet Saturday in Phoenix. Even a Citroën 2 CV would run the risk of hydroplaning.

(Vorherige Seiten) Wasser-Spiegel: nasser Samstag in Phoenix. Da würde schon einem Citroen 2 CV Aquaplaning drohen.

(Pages précédentes) Jeux d'eau: samedi détrempé à Phoenix. Même une Citroën 2 CV risquerait de faire de l'aquaplaning.

New Heights with Honda

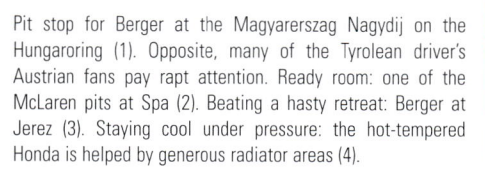

Pit stop for Berger at the Magyarerszag Nagydij on the Hungaroring (1). Opposite, many of the Tyrolean driver's Austrian fans pay rapt attention. Ready room: one of the McLaren pits at Spa (2). Beating a hasty retreat: Berger at Jerez (3). Staying cool under pressure: the hot-tempered Honda is helped by generous radiator areas (4).

Boxenhalt für Berger beim Magyarerszag Nagydij auf dem Hungaroring (1). Auf der anderen Seite schauen viele österreichische Fans des fidelen Tirolers aufmerksam zu. Bereitstellungsraum: eine McLaren-Box in Spa (2). Bereit zum Abmarsch: Berger in Jerez (3). Um ein angenehmes Betriebsklima bemüht: Dem hitzigen Temperament des Honda wirken große Kühlflächen entgegen (4).

Arrêt aux stands pour Berger lors du Magyarerszag Nagydij au Hungaroring (1). De l'autre côté, les nombreux fans autrichiens du toujours gai Tyrolien observent la scène attentivement. Préparation: un stand McLaren à Spa (2). A vos marques, prêts, partez: Berger à Jerez (3). Toujours garder la tête froide: de gros radiateurs rafraîchissent le Honda qui a tendance à chauffer (4).

New Heights with Honda

McLaren 1991

In the extreme environment of Grand Prix racing, the most attractive solution is not always the best. Admittedly, the Type RA121E V12, which Honda co-developed as a joint venture with McLaren in 1991, represents an increase in prestige compared to arch-rival Ferrari. But hidden in the concept are disadvantages. The engine is larger, heavier and thirstier than its ten-cylinder predecessor. In this season, the laboratories of fuel suppliers like Shell and AGIP will provide high-test witches' brews, each tankful costing the equivalent of a decent small used sedan. With these continually changing concoctions, it is incredibly difficult to get an accurate feel for the V12's fuel consumption, much less to reduce it. It is mid-season before the TAG-McLaren subsidiary TAG Electronics provides a solution. Additional items on the squawk list are high internal friction losses, which lead to higher temperatures, and inadequate oil supply causing crankshaft bearing failure.

As is his habit, Senna spends an extended winter vacation in Brazil, and leaves the Grand Prix off-season drudgery to Gerhard Berger and the two test drivers, Jonathan Palmer and Allan McNish. On March 8, when he gets out of the new car for the first time after the first practice for the first race in Phoenix, he seems impressed by the MP4/6 chassis, which bears the unmistakable aerodynamic stamp of Ferrari defector Henri Durand. Regarding the new Honda engine, however, he is worried. "We've missed the boat," he suspects, but then proceeds to win the first four races.

Then the tide turns in favor of the Williams-Renault liaison. Lead driver Nigel Mansell is determined not to let the likes of Ayrton Senna get the better of him. The warning shot fired at Montreal, where both Williams occupy the first row on the grid, is still ringing in the ears of the McLaren team when Mansell's teammate, Riccardo Patrese, wins the Mexican Grand Prix on the bumpy asphalt of Autodromo Hermanos Rodriguez. This is followed by three wins by Mansell, in Magny-Cours, Silverstone and Hockenheim, while Senna is seemingly mocked by his on-board computer, which won't tell him the true state of his fuel reserves. In Hungary, Honda rearms the team with a new V12, which spins to nearly 15,000 rpm. Senna promptly wins at Budapest and Spa; at Monza, Estoril and Barcelona, he must once again yield to the Anglo-French alliance.

He still becomes world champion, as usual in Suzuka, well before the actual end of the season, and this time without making contact with the enemy. At the beginning of the 10th lap, just as Mansell radios his pit to report the mission going according to plan, he grinds to a halt in a gravel pit due to driver error.

Nicht immer erweist sich im Extremtest des Grand-Prix-Alltags die attraktivste Lösung als die beste. Gewiß bedeutet der V12 Typ RA121E, den Honda 1991 zum Joint Venture mit McLaren beisteuert, einen Zuwachs an Prestige gegenüber dem Konkurrenten Ferrari. Er birgt jedoch Nachteile. Der Motor ist größer, schwerer und hungriger als sein Vorgänger mit zehn Zylindern. In dieser Saison werden in den Hexenküchen der Treibstofflieferanten wie Shell oder AGIP potenzsteigernde Giftbrühen zum Gegenwert eines gepflegten Kleinwagens pro Tankfüllung zusammengebraut. Angesichts ihrer ständig wechselnden Mixturen ist es ungemein schwierig, die Freßlust des V12 akkurat zu kontrollieren, geschweige denn zu zügeln. Erst Mitte des Jahres findet die TAG-McLaren-Tochter TAG Electronics eine Lösung. Daß erhebliche innere Reibungsverluste zu höheren Temperaturen und eine mangelhafte Ölversorgung gelegentlich zu Schäden an den Lagern der Kurbelwelle führen, sind weitere Posten auf der Mängelliste.

Gemäß seiner Gewohnheit legt Senna einen ausgiebigen Winterurlaub in Brasilien ein und überläßt die Plackerei der Grand-Prix-freien Monate Gerhard Berger sowie den beiden Testfahrern Jonathan Palmer und Allan McNish. Als er am 8. März nach dem ersten Training zum ersten Rennen in Phoenix zum ersten Mal aus dem Wagen steigt, zeigt er sich angetan von dem Chassis MP4/6, das unverkennbar die aerodynamische Handschrift des Ferrari-Überläufers Henri Durand trägt. Hinsichtlich des neuen Honda-Treibsatzes indessen plagt ihn die Sorge. „Wir haben", argwöhnt er, „den Anschluß verloren." Spricht's – und gewinnt die ersten vier Läufe.

Dann aber wendet sich das Blatt zugunsten der Liaison von Williams und Renault. Dort sitzt mit Nigel Mansell ein Pilot am Volant, der leidenschaftlich entschlossen ist, sich nicht einmal von einem Ayrton Senna die Wurst vom Brot nehmen zu lassen. Der Warnschuß von Montreal, wo die beiden Williams in der ersten Startreihe stehen, gellt den Rotweißen noch in den Ohren, da gewinnt Mansells Kollege Riccardo Patrese bereits den Großen Preis von Mexiko auf dem buckligen Asphalt des Autodromo Hermanos Rodriguez. Anschließend sattelt Mansell selbst drauf mit drei Siegen in Magny-Cours, Silverstone und Hockenheim, während Senna von seinem Bordcomputer gefoppt wird, der ihn über die tatsächliche Restmenge an Benzin tückisch im unklaren läßt. In Ungarn rüstet Honda nach mit einem neuen V12, der sich fast bis 15 000/min drehen läßt. Darauf siegt Senna prompt in Budapest und in Spa, in Monza, Estoril und Barcelona muß er sich allerdings wieder der anglofranzösischen Allianz beugen.

Weltmeister wird er dennoch, wie üblich vorzeitig in Suzuka, und diesmal ohne jegliche Feindberührung: Zu Beginn der zehnten Runde hat Mansell gerade telefonisch seiner Box gemeldet, alles laufe nach Plan, da ruht sein Williams auch schon im Kiesbett – ein Fahrfehler.

All await his command: Ron Dennis at Monza (left). Berger, flying on instruments: on Friday, a deluge of biblical proportions inundates the Autodromo José Carlos Pace at Interlagos (above). Behind the scenes: in the back rooms of Formula 1, electronics rule the day (below). Portrait of the Artist as a Young Man: Ayrton Senna da Silva (right).

Alles hört auf mein Kommando: Ron Dennis in Monza (links). Blindflug für Berger: Über den Autodromo José Carlos Pace in Interlagos entlädt sich am Freitag Regen von alttestamentarischer Ergiebigkeit (oben). Hinter den Kulissen: In den Hinterhöfen der Formel 1 regiert längst die Elektronik (unten). Portrait of the Artist As a Young Man: Ayrton Senna da Silva (rechts).

Chef d'orchestre : Ron Dennis à Monza (à gauche). Berger à l'aveuglette : le vendredi, un véritable déluge noye l'Autodromo José Carlos Pace à Interlagos (en haut). En coulisses : l'électronique règne depuis longtemps en maître dans l'arrière-cour de la Formule 1 (en bas). Portrait of the Artist As a Young Man: Ayrton Senna da Silva (à droite).

New Heights with Honda

La solution la plus séduisante n'est pas toujours optimale dans les conditions extrêmes qui font le quotidien dans le monde des Grands Prix. Le V12 RA121E, la dot de Honda en 1991 pour le joint venture avec McLaren, équivaut à un gain de prestige par rapport à son concurrent de chez Ferrari. Mais cela ne va pas sans inconvénients. Le moteur est plus gros, plus lourd et plus glouton que son prédécesseur à dix cylindres. Cette saison-là, les alchimistes des pétroliers, Shell et AGIP, concoctent des potions magiques aux relents toxiques dont un plein de réservoir représente la contre-valeur d'une petite voiture. Mais ils modifient en permanence leurs mystérieuses formules et il est donc pratiquement impossible de maîtriser la gloutonnerie du V12 et, a fortiori, de la juguler. TAG Electronics, filiale de TAG-McLaren, ne trouve la solution que vers le milieu de la saison. Deux autres déficits hypothèquent ce moteur: d'intolérables pertes par frictions qui entraînent des températures excessives et une lubrification irrégulière qui fait occasionnellement gripper les paliers de vilebrequin.

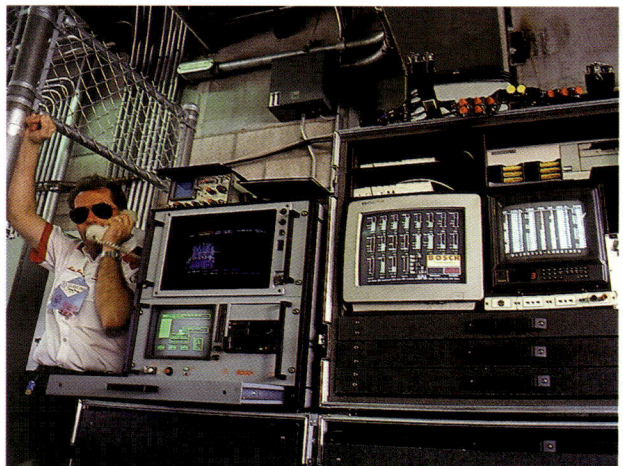

Fidèle à son habitude, Senna se repose une grande partie de l'hiver au Brésil et laisse les exténuants essais d'intersaison à Gerhard Berger ainsi qu'aux deux pilotes essayeurs Jonathan Palmer et Allan McNish. Lorsqu'il s'extrait pour la première fois de la voiture, le 8 mars, à l'issue de la première séance de qualifications pour la course inaugurale de la saison, à Phoenix, il se déclare emballé par le châssis MP4/6 qui porte incontestablement la griffe aérodynamique de Henri Durand, un transfuge de Ferrari. Quant au nouveau Honda, par contre, son front se plisse de soucis. «On va avoir du pain sur la planche», se plaint-il, ce qui ne l'empêche pas de gagner les quatre premiers Grands Prix de la saison. Mais, dès lors, la chance passe dans le camp de la coalition Williams-Renault. Son volant a été confié à Nigel Mansell, un pilote passionnément décidé à ne pas s'en laisser compter, même pas par un Ayrton Senna. Le coup de semonce de Montréal, où les deux Williams monopolisent la première ligne de la grille de départ, résonne encore aux oreilles des rouges et blancs que Riccardo Patrese, le coéquipier de Mansell, remporte le Grand Prix du Mexique sur le circuit bosselé de l'Autodromo Hermanos Rodriguez. Ensuite, c'est Mansell lui-même qui prend les choses en main en remportant trois victoires consécutives à Magny-Cours, Silverstone et Hockenheim alors que Senna est «lâché» par son ordinateur de bord qui le laisse dans l'ignorance absolue quant à la véritable quantité d'essence demeurant dans son réservoir. Pour la Hongrie, Honda revoit sa copie et présente un nouveau V12 qui peut tourner jusqu'à près de 15 000 tr/mn. La revanche de Senna ne se fait pas attendre: il gagne à Budapest et à Spa, mais, à Monza, à Estoril et à Barcelone, il doit de nouveau s'avouer vaincu par la coalition franco-britannique.

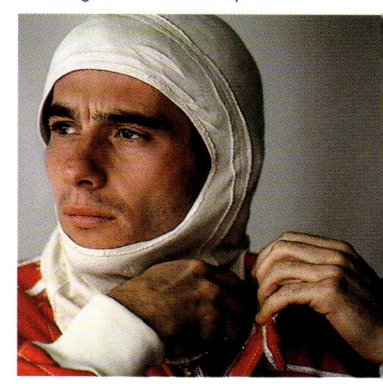

Cela ne l'empêche pas de se faire sacrer champion du monde: comme d'habitude, prématurément et à Suzuka, mais, cette fois-ci, sans le moindre contact physique avec un adversaire. Au début du dixième tour, Mansell fait savoir par radio à son stand que tout marche comme sur des roulettes et, instantanément, sa Williams se retrouve dans le bac à gravier – sanction immédiate d'une erreur de pilotage.

New Heights with Honda

Fire down below: the car's center of gravity is lowest when ground clearance approaches zero. Senna at Monza (1) and Silverstone (2). Senna and Berger at the start on the Circuito de Catalunya, Montmelo, Barcelona (3).

Feuer unterm Hintern: Der Schwerpunkt liegt am niedrigsten, wenn die Bodenfreiheit gegen Null tendiert – Senna in Monza (1) und Silverstone (2). Senna und Berger beim Start auf dem Circuito de Catalunya, Montmelo, Barcelona (3).

Feu au derrière: le centre de gravité est optimal lorsque la garde au sol est pratiquement nulle – Senna à Monza (1) et à Silverstone (2). Senna et Berger lors du départ sur le Circuito de Catalunya, à Montmelo, près de Barcelone (3).

New Heights with Honda

New Heights with Honda

Open to the public: working conditions in Monaco would raise the hackles of any union shop steward (1). Stopping on a dime: Senna pits during the Iceberg United States Grand Prix (2–4).

Unter Einschluß der Öffentlichkeit: Die Arbeitsbedingungen in Monaco müßten jeden engagierten Gewerkschaftsfunktionär auf die Palme bringen (1). Auf den Punkt gebracht: Boxenstopp für Senna beim Iceberg United States Grand Prix (2–4).

Ouvert au public: les conditions de travail à Monaco devraient inciter le moindre syndicaliste à saisir les tribunaux (1). Pas une seconde à perdre: arrêt aux stands pour Senna lors de l'Iceberg United States Grand Prix (2–4).

New Heights with Honda

(Following pages) Symphony in six colors: Ayrton Senna at Magny-Cours.
(Folgende Seiten) Sinfonie für sechs Farben: Ayrton Senna in Magny-Cours.
(Pages suivantes) Symphonie en six couleurs : Ayrton Senna à Magny-Cours.

New Heights with Honda

New Heights with Honda

New Heights with Honda

McLaren 1992

Without doubt, 1992 is the year of Nigel Mansell and the Williams FW14B. The numbers speak for themselves: fifteen starts from the front row, fourteen poles, nine first-place finishes — a world record which will stand until it is eclipsed by Michael Schumacher in 1995. Many a smaller team would have been happy with the five McLaren victories, three for Senna, two for Berger. For Ron Dennis and his crew, however, these represent no more than crumbs from the Williams table. Monaco is a fine example. Senna's fifth win in the Principality is blocked until Mansell makes an unscheduled pit stop. A slow tire leak, he thinks, is impeding his progress.

Ron Dennis has nothing but good things to say about the McLaren MP4/7 chassis. From an engineering standpoint, it is the best yet. To work down to the minimum weight limit of 500 kg with a V12 filling the engine bay is no simple matter. The power plant and the various items essential to its care and feeding, like fuel lines and the tank, add more weight than in the case of a V10.

For this season, Honda has developed a new V12 with pneumatic valve actuation, which permits higher revs and therefore more power. Its cylinder banks form a 75° vee, compared to the 60° angle of its predecessor, which lowers the center of gravity slightly. However, the first example isn't put on the dynamometer until late December 1991, which utterly disrupts any planning for the 1992 season. Dennis first works under the assumption that the debut of the MP4/7 will have to be delayed until the Spanish Grand Prix on May 3. Meanwhile, the team will have to make do with a reworked version of the previous year's model. However, in view of the Williams FW14B's success in pre-season testing and at the first race in Kyalami on March 1, and the Williams' remarkable reliability, McLaren's mastermind decides to move the deadline forward, to the Brazilian Grand Prix in early April. Senna is getting restless; Honda will withdraw from Formula 1 at the end of the season. What engine would McLaren use in the 1993 season? Dennis won't show his hand, not even to his superstar; perhaps he's holding nothing.

Still, the year ends on a positive note for the four-year alliance between Honda and McLaren. Gerhard Berger's victory in Adelaide, on November 8, marks the end of the relationship, just as Alain Prost's win at Jacarepagua on April 3, 1988 marked its beginning. It is the Austrian driver's last race for McLaren. There is the lure of a fat contract from Ferrari, and in view of Senna's dominance, he has to consider his own career.

Kein Zweifel, 1992 ist das Jahr des Nigel Mansell und des Williams FW14B. Die Zahlen sprechen ja für sich, 15 Starts aus der ersten Reihe, 14 Pole Positions, neunmal Platz eins – ein Weltrekord, den erst Michael Schumacher 1995 wieder einstellen wird. Über die fünf McLaren-Siege – drei für Senna, zwei für Berger – wäre so manches kleinere Team durchaus glücklich gewesen. Für Ron Dennis und seine Mannschaft bedeuten sie allemal Almosen, Brosamen überdies, die vom Tisch des Williams-Rennstalls fallen, wie zum Beispiel in Monaco. Dort ist der Weg für Sennas Triumph Nummer fünf im Fürstentum verbarrikadiert, bis Mansell außerplanmäßig seiner Box einen Besuch abstattet. Ein schleichender Plattfuß, so scheint ihm, behindert seine Fahrt.

Dabei hat Ron Dennis über das Chassis des McLaren MP4/7 nur Gutes zu berichten. Es sei in technischer Hinsicht bislang das beste. Sich mit einem Zwölfzylinder im Motorenabteil an das vorgeschriebene Mindestgewicht von 500 Kilogramm heranzuarbeiten, ist gar nicht so einfach. Sowohl das Triebwerk als auch die Vorkehrungen zu seiner Ernährung wie die Benzinzuleitungen und der Tank bringen mehr Gewicht auf die Waage, als das bei einem V10 der Fall wäre. Bei Honda hat man für diese Saison einen neuen V12 mit pneumatischer Ventilsteuerung geschmiedet, die höhere Drehzahlen und damit mehr Pferdestärken gestattet. Seine Zylinderbänke spreizen sich im Winkel von 75° gegenüber 60° beim Vorgänger, was den Schwerpunkt leicht absenkt. Indes: Nicht vor Ende Dezember 1991 lärmt das erste Exemplar auf der Bremse, was die Planung für 1992 völlig über den Haufen wirft. Dennis geht zunächst davon aus, daß das Debüt des MP4/7 bis zum Großen Preis von Spanien am 3. Mai verschoben werden muß. Bis dahin wird man sich mit einer überarbeiteten Version des Vorjahrswagens behelfen. Angesichts der Erfolge des Williams FW14B schon beim Testen im Vorfeld der Serie und beim ersten Rennen in Kyalami am 1. März und auch wegen der bemerkenswerten Zuverlässigkeit des Konkurrenzfabrikats entschließt sich der McLaren-Impresario allerdings, diesen Termin vorzuverlegen auf den Grand Prix von Brasilien Anfang April.

Schon aber drängelt Senna ungeduldig: Honda wird sich nach Ablauf der Saison aus der Formel 1 zurückziehen. Mit welcher Maschine werden die McLaren 1993 an den Start gehen? Dennis mag nicht einmal seinem Superstar gegenüber seine Karten aufdecken, vielleicht hat er auch einfach ein schlechtes Blatt.

Immerhin schließt das Jahr mit einem positiven Akzent für die vierjährige Allianz von Honda und McLaren: Ein Sieg für Gerhard Berger in Adelaide markiert am 8. November das Ende der Beziehung, so wie einst der Sieg Alain Prosts ihren Beginn in Jacarepagua am 3. April 1988. Es ist das letzte Rennen des Österreichers für McLaren. Ein üppiges Angebot von Ferrari winkt, und angesichts der Dominanz Sennas muß er schließlich auch an seine Karriere denken.

I n'y a pas de doute : 1992 est l'année de Nigel Mansell et de sa Williams FW14B. Les chiffres parlent une langue éloquente : 15 départs en première ligne, 14 pole positions, neuf premières places – un record du monde qui ne sera battu qu'en 1995, par Michael Schumacher. Quelle équipe du milieu de peloton n'aurait pas été satisfaite des cinq victoires remportées par McLaren – trois pour Senna et deux pour Berger. Mais, pour Ron Dennis et son équipe, ce n'est là qu'une aumône, les miettes du festin que l'écurie Williams laisse avec clémence à ses adversaires, comme à Monaco par exemple. Un obstacle incontournable barre la voie du triomphe numéro 5 de Senna dans la Principauté jusqu'à ce que Mansell se voie contraint de rallier son stand de façon imprévue. Une crevaison lente, croit-il, handicape sa progression.

Jusque-là, Ron Dennis ne tarit pas d'éloges sur le châssis de la McLaren MP4/7. C'est, à son avis, le meilleur sur le plan technique, ne manque-t-il pas de préciser. Se rapprocher le plus possible du poids minimum réglementaire de 500 kg n'est pas une sinécure avec un douze-cylindres dans le dos. Aussi bien le moteur lui-même que les durits d'essence et le réservoir accusent plus de poids sur la balance que ce ne serait le cas avec un V10.

Chez Honda, on a dessiné pour cette saison un nouveau V12 à distribution pneumatique des soupapes qui permet de flirter avec des régimes plus élevés et, donc, s'avère plus puissant. Ses bancs de cylindres décrivent un angle de 75°, contre 60° pour son prédécesseur, ce qui permet d'abaisser légèrement le centre de gravité. Mais le hic est que le premier exemplaire ne fait crisser les freins qu' avant la fin décembre 1991, ce qui bouleverse complètement la planification du calendrier pour 1992. En un premier temps, Ron Dennis pense que l'on va devoir reporter les débuts de la MP4/7 au Grand Prix d'Espagne, le 3 mai. En attendant, il faudra bien se contenter d'une version retravaillée de la voiture de l'année précédente. Compte tenu des succès remportés par la Williams FW14B dès les essais d'intersaison et lors de la première course, à Kyalami le 1er mars, mais aussi en raison de la fiabilité extraordinaire de sa concurrente, l'impresario de McLaren décide toutefois d'anticiper cette date au Grand Prix du Brésil, début avril.

Mais Ayrton Senna piaffe déjà d'impatience : à l'issue de la saison, Honda va se retirer de la Formule 1. Avec quel moteur les McLaren s'aligneront-elles au départ en 1993 ? Ron Dennis refuse avec entêtement de découvrir ses cartes à sa superstar, mais peut-être est-ce tout simplement parce qu'il n'a pas vraiment d'atouts dans sa manche...

Toujours est-il que l'année s'achève sur une note positive pour l'alliance de quatre ans entre Honda et McLaren : la victoire remportée par Gerhard Berger sur le circuit d'Adelaïde, le 8 novembre marque la fin de cette relation, à l'instar de la victoire d'Alain Prost qui en avait ponctué le début, à Jacarepagua, le 3 avril 1988. C'était l'ultime course de l'Autrichien pour McLaren. Ferrari lui fait un pont d'or et, vu la domination de Senna, il faut tout de même bien qu'il pense lui aussi à sa carrière.

Third in qualifying, fifth in the race, angered by the stupidity of new colleagues on the track: Gerhard Berger at Kyalami (left). A man sees red and white: at Monza, Senna lands a cleverly-driven third victory of the season (above). Good to race: after a small fire on his Honda engine during Friday practice, Gerhard Berger hoofs it back to his pit at Montreal. He will win the Grand Prix on Sunday (below). A veritable giant: Ayrton Senna is in fact the outstanding driver of his age (right).

Dritter im Training, fünfter im Rennen, verärgert über die Trotteligkeit der neuen Kollegen auf der Strecke: Gerhard Berger in Kyalami (links). Ein Mann sieht rotweiß: In Monza landet Senna seinen klug herausgefahrenen dritten Saisonsieg (oben). Gut im Rennen: Nach einem Feuerchen an seiner Honda-Maschine beim Freitagstraining kehrt Gerhard Berger in Montreal zu Fuß an die Box zurück. Den Grand Prix wird er gewinnen (unten). Wahre Größe: Ayrton Senna ist in der Tat der überragende Fahrer seiner Zeit (rechts).

Troisième aux essais, cinquième en course, furieux de la négligence de ses nouveaux collègues sur la piste: Gerhard Berger à Kyalami (à gauche). Un homme voit rouge et blanc : à Monza, Senna signe sa troisième victoire de la saison, fruit d'une grande intelligence de la course (en haut). Bien en jambes : après un début d'incendie de son moteur Honda, lors des essais du vendredi, Gerhard Berger, à Montréal, rentre à pied aux stands. Il gagnera le Grand Prix (en bas). Le plus grand: Ayrton Senna est réellement le meilleur pilote de son temps (à droite).

New Heights with Honda

New Heights with Honda

Brothers in arms: at Monaco, Senna and Williams pilot Nigel Mansell finish the race with exactly the spacing seen here on the the cool-down lap (1). Parking problems: at Magny-Cours, both McLarens return from practice simultaneously (2).

Brüderlich vereint: Mit dem gleichen Abstand wie hier in der Auslaufrunde sind Senna und Williams-Pilot Mansell in Monaco über die Ziellinie gefahren (1). Parkprobleme: Die beiden McLaren sind in Magny-Cours gerade gleichzeitig aus dem Training zurückgekehrt (2).

Fraternellement réunis: à Monaco, Senna et Nigel Mansell, le pilote Williams, franchissent la ligne d'arrivée avec exactement le même écart qu'ici, lors du tour d'honneur (1). Problèmes de stationnement: à Magny-Cours, les deux McLaren regagnent simultanément leur stand lors des essais (2).

New Heights with Honda

Ayrton Senna, relegated to third place behind the Williams at Kyalami (1). The laws of chance: at Monza, this configuration of Senna and Berger will only be seen during practice (2). Leadership material: before Senna can chalk up his 38th Grand Prix victory, the Monza autodrome will demand more than an hour of hard labor. Jean Alesi in the Ferrari, as well as the rest of the pack, can only look on from a distance (3). Full volley fire: at Magny-Cours, the competition is spared this view of the McLaren (4). Late afternoon at Monza: the autumn sun casts slanting rays onto the final laps of the Gran Premio d'Italia (5).

In Kyalami auf Rang drei hinter den Williams zurückgeworfen: Ayrton Senna (1). Regie des Zufalls: Diese Konstellation von Senna und Berger stellt sich in Monza nur während des Trainings ein (2). Führernatur: Aber bis zu Sennas 38. Grand-Prix-Sieg ist im Autodrom von Monza noch mehr als eine Stunde harter Arbeit zu leisten. Jean Alesi im Ferrari und all die anderen haben das Nachsehen (3). Feuer aus allen Rohren: Diese Ansicht der McLaren bleibt der Konkurrenz in Magny-Cours im Rennen allerdings weitgehend erspart (4). Spätnachmittag in Monza: In der Schlußphase des Gran Premio d'Italia fällt die Herbstsonne schräg ein (5).

A Kyalami, Ayrton Senna (1) retombe au troisième rang derrière les deux Williams. Le hasard comme chef d'orchestre: cette constellation de Senna et Berger ne se produira à Monza que durant les qualifications (2). Un leader inné: avant la 38e victoire en Grand Prix de Senna, sur l'autodrome de Monza, il lui faudra encore plus d'une heure de dur travail. Jean Alesi, sur Ferrari, et tous les autres sont bernés (3). Feu de toutes pièces: cette vue de la McLaren sera toutefois pratiquement épargnée à ses concurrents lors de la course de Magny-Cours (4). Fin d'après-midi à Monza: le soleil automnal éclaire en diagonale la phase finale du Gran Premio d'Italia (5).

4

5

New Heights with Honda 181

Hand crafted: although it is a complex collage reflecting the state of the art in engineering, like a suffering patient, the delicate high-tech device known as the McLaren MP4/7A still requires the human touch.

Hand-Werk: Eine raffinierte Collage auf dem letzten Stand der Dinge, dürstet das filigrane High-Tech-Gerät McLaren MP4/7A dennoch nach menschlicher Zuwendung wie ein wehleidiger Patient.

Œuvre d'art: un collage raffiné qui représente l'état de l'art; et pourtant, le filigrane engin hich-tech qu'est la McLaren MP4/7A a besoin des mêmes soins attentifs qu'un grand malade.

(Following pages) A study in black and white: third place for Senna at Estoril. Sometimes, he admits after the race, his car felt OK, other times like a tricycle.

(Folgende Seiten) Schwarzweißmalerei: Rang drei für Senna in Estoril. Manchmal, sagt er nach dem Rennen, habe sich sein Wagen okay angefühlt, manchmal wie ein Dreirad.

(Pages suivantes) Black and white : troisième rang pour Senna à Estoril. Parfois, dit-il après la course, sa voiture avait l'air OK et, parfois, il avait l'impression d'être au volant d'un tricycle.

New Heights with Honda 183

Lotaria Nacional
totobola totoloto
S C M L Departamento de JOGOS
Lotaria Nacional
totobola totoloto
7UP 7UP 7UP 7UP

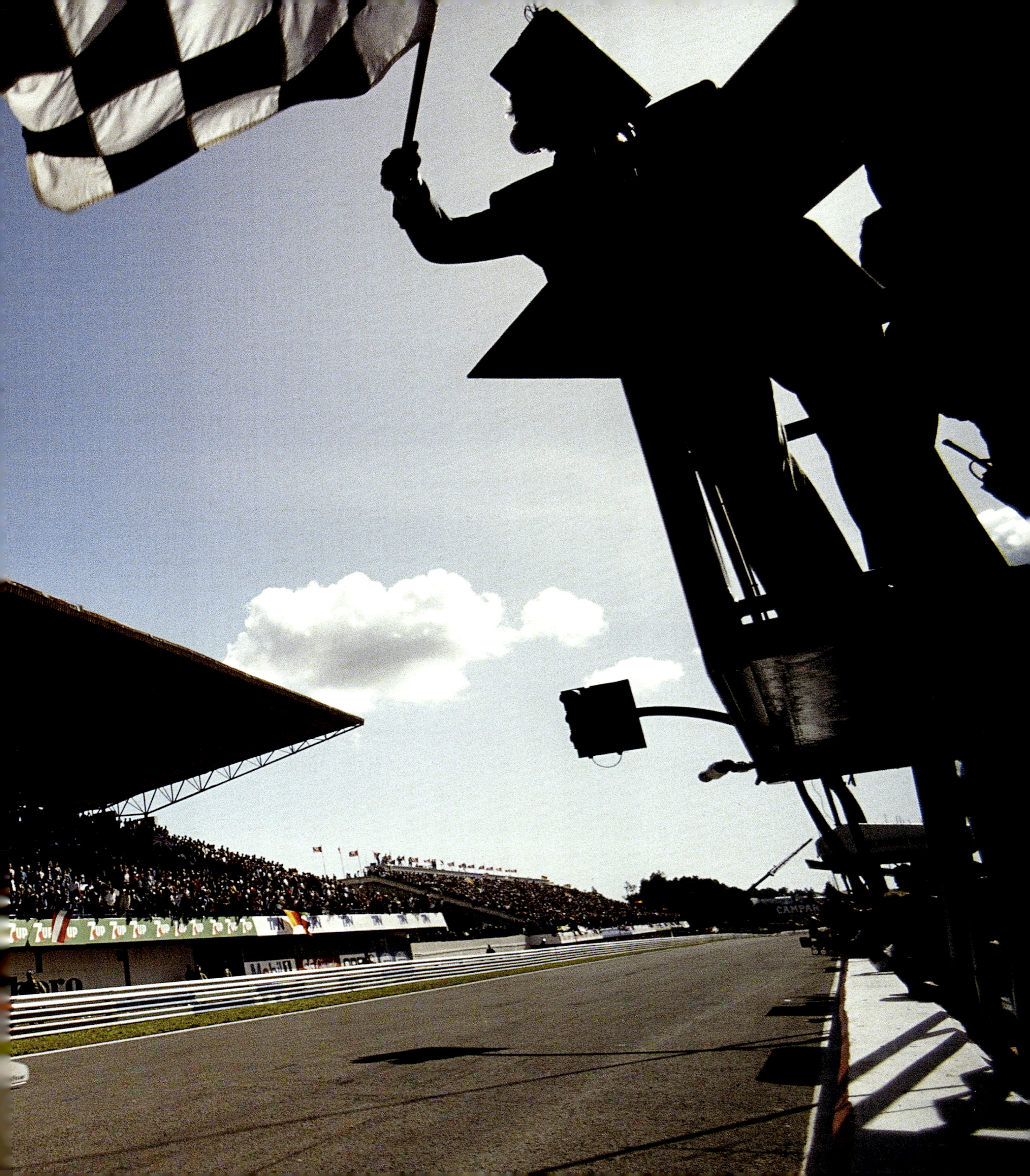
7UP

McLaren 1993

Having collected four drivers' and four constructors' championships over the preceding five seasons, McLaren should have no problems finding a new engine supplier for the 1993 season. However, the search is not quite so straightforward. A complicated deal with Renault, involving acquisition of the Ligier racing team, is vetoed by French fuel giant and Williams sponsor Elf, because McLaren is powered by Shell products.

So McLaren has to stand in line with the other Ford clients, reaching an agreement in October 1992. Benetton boss Flavio Briatore, a Ford customer since 1987, eyes the deal with suspicion. In actuality, McLaren has to be satisfied with the Mark VII model of the Ford HB V8, while Benetton drivers Michael Schumacher and Riccardo Patrese have exclusive use of the Mark VIII – and the higher revs provided by its pneumatic valve actuation – up to the British Grand Prix.

At the same time, Woking is putting the finishing touches on a formidable package. The MP4/8, presented on February 15, 1993, exemplifies the state of the art, with computer-controlled active suspension as well as advanced data acquisition and telemetry. At TAG-McLaren subsidiary TAG Electronics, a team under Dr Udo Zucker has taken another look at the small, compact engine and provided it with a sophisticated electronic management system. Ayrton Senna, back from his extended Brazilian vacation, has high praise for his new mount after testing at Silverstone, and backs it up with results: second place behind Alain Prost, driving a Williams, at the season opener in Kyalami, first place in the rain at the Circuito Carlos Pace near São Paulo and again in the wet at Donington Park. There, in typically foul English weather, the great Brazilian delivers a masterpiece. Two races later, he collects his sixth annual win at the Monaco Grand Prix. Two more victories in Japan and Australia are a fitting end to his years with McLaren. At Suzuka, he shakes his fist at impudent rookie Eddie Irvine; the Irishman had the nerve to repass Senna after being lapped by the living legend.

Meanwhile, teammate Michael Andretti is experiencing the darkest days of his career. A star in the Indycar series back home in the United States, and scion of a famous racing family, he feels like a professional wrestler at a philologists' conference. The cars, with their clever technology, are alien to him, the race tracks unfamiliar. Added to this is growing anxiety; six of his thirteen Grands Prix end in crashes. After Monza, he is replaced by McLaren test driver Mika Hakkinen, a man with a future and luck on his side.

Contemplative: electronics specialist Udo Zucker (left). Master of Monaco: Senna after his sixth victory in the Principality. His greeting is also his farewell (above). Shocking news at Estoril on Friday morning: Senna will leave McLaren. The Brazilian declares his intentions while wearing a Senna shirt (below). Big heads: Michael Schumacher and Ayrton Senna, as caricatures. The scene is the Hungaroring (right).

Grüblerisch: Elektronik-Fachmann Udo Zucker (links). Meister von Monaco: Senna nach seinem sechsten Sieg im Fürstentum. Sein Gruß ist auch ein Lebewohl (oben). Schock am Freitag früh in Estoril: Senna wird McLaren verlassen. Der Brasilianer erklärt – im Sennahemd (unten). Dickköpfe: Michael Schumacher und Ayrton Senna in karikaturenhafter Verzerrung. Schauplatz ist der Hungaroring (rechts).

Songeur: le spécialiste de l'électronique, Udo Zucker (à gauche). Le champion de Monaco: Senna après sa sixième victoire dans la Principauté. Son salut est aussi un adieu (en haut). Choc le vendredi matin à Estoril: Senna va quitter McLaren. Le Brésilien s'explique – en polo frappé au sigle de Senna (en bas). Grosses têtes: Michael Schumacher et Ayrton Senna ressemblent à une bizarre caricature. Le théâtre en est le Hungaroring (à droite).

Mit einem Guthaben von vier Fahrer- und vier Konstrukteurenweltmeisterschaften in den vorhergehenden fünf Jahren auf dem Erfolgskonto, sollte McLaren International beim Shopping auf dem Motorenmarkt für die Saison 1993 eigentlich problemlos fündig werden. Dem ist aber keineswegs so. Ein komplizierter Deal mit Renault, in dem der Erwerb des Ligier-Rennstalls inbegriffen gewesen wäre, scheitert am Veto des französischen Treibstoff-Giganten und Williams-Sponsors Elf, denn McLaren füttert seine Triebwerke mit Produkten von Shell.

Also reiht man sich ein in die Schlange der Ford-Klientel und wird sich auch im Oktober 1992 handelseinig, argwöhnisch beäugt von Benetton-Boß Flavio Briatore, der seit 1987 Stammkunde ist. In der Tat muß sich McLaren mit der Evolutionsstufe VII des Ford HB V8 begnügen, während das Benetton-Gespann Michael Schumacher und Riccardo Patrese bis zum British Grand Prix exklusiv über den Typ Mark VIII verfügt, dessen pneumatische Ventilsteuerung höhere Drehzahlen erlaubt.

Gleichwohl schnürt man in Woking ein formidables Paket: Der MP4/8, vorgestellt am 15. Februar 1993, verkörpert den letzten Stand der Kunst, mit computerkontrollierter aktiver Aufhängung sowie fortschrittlicher Datenerfassung und Telemetrie. Ein Team des TAG-McLaren-Satelliten TAG Electronics unter Dr. Udo Zucker hatte sich der leichten und kompakten Maschine noch einmal angenommen und ihr ein raffiniertes elektronisches Management verordnet. Ayrton Senna, aus dem Langzeiturlaub in Brasilien zurückgekehrt, spendet seinem neuen Dienstwagen beim Test in Silverstone spontanen Beifall und bestätigt diesen auch durch entsprechende Ergebnisse: Platz zwei hinter Alain Prost auf Williams beim Auftakt in Kyalami, Rang eins in den beiden Regenrennen auf dem Circuito Carlos Pace bei São Paulo und in Donington Park. Dort, bei englischem „Schmuddelwetter", liefert der große Brasilianer eines seiner Meisterstücke ab. Zwei Läufe später folgt Abonnementsieg Nummer sechs in Monaco. Mit zwei weiteren Erfolgen in Japan und in Australien rundet er seine Dienstzeit bei McLaren würdig ab. In Suzuka setzt es Fausthiebe für den frechen Novizen Eddie Irvine: Der Ire hatte sich an dem Naturdenkmal Ayrton Senna vergangen, indem er ihm nach dem Überrunden noch einmal vorfuhr.

Stallgefährte Michael Andretti durchläuft unterdessen die schwärzeste Phase seiner Laufbahn. Star der Indycar-Serie in den heimischen USA und Sproß einer berühmten Rennfahrer-Dynastie, fühlt er sich in der Formel 1 wie ein Freistilringer auf einem Kongreß von Philologen. Die Wagen mit ihrer ausgeklügelten Technik sind ihm fremd, unbekannt die Strecken. Dazu gesellt sich wachsende Nervosität: Sechs seiner 13 Grand Prix beendet er in Crashs. Nach Monza ersetzt ihn McLaren-Testpilot Mika Hakkinen, ein Mann mit Zukunft und Fortüne, wie sich erweisen wird.

Avec à son actif respectivement quatre titres au championnat du monde des pilotes et des constructeurs au cours des cinq années précédentes, McLaren devrait, croit-on, trouver sans difficulté sur le marché un moteur digne d'elle pour la saison 1993. Or, ce n'est absolument pas le cas. Un accord compliqué avec Renault, qui était conditionné par le rachat de l'écurie Ligier, achoppe sur le veto interjeté par Elf, la major française fournisseur de carburant et sponsor de Williams. McLaren a en effet un contrat avec Shell pour ses moteurs.

Il faut donc, bon gré mal gré, aller rejoindre la queue des clients de Ford avant de bel et bien parvenir à signer un accord en octobre 1992, ce qui n'a évidemment pas l'air de plaire à Flavio Briatore, le directeur de course de Benetton, qui est depuis 1987 leur fidèle et meilleur client. De fait, McLaren doit se contenter de l'évolution VII du Ford HB V8 alors que le tandem de Benetton, Michael Schumacher et Riccardo Patrese, dispose en exclusivité, jusqu'au Grand Prix de Grande-Bretagne, de la version Mark VIII dont la commande de soupapes pneumatique autorise des régimes supérieurs.

Woking prépare pendant ce temps-là un binôme formidable: la MP4/8, présentée le 15 février 1993, qui incarne l'état de l'art, et sa suspension active pilotée par ordinateur, le tout pimenté d'une saisie des données avec télémétrie qui est sans rivale. Une équipe de TAG Electronics, le satellite de TAG-McLaren, placée sous la direction du Dr Udo Zucker s'est une nouvelle fois penchée sur le léger et compact moteur pour lui implanter une gestion électronique hypersophistiquée. Ayrton Senna, de retour de ses longues vacances au Brésil, se déclare spontanément enthousiasmé par sa nouvelle monture lors des essais de Silverstone et confirme aussi cette impression par des résultats correspondants: second derrière Alain Prost sur Williams à Kyalami, pour l'inauguration de la saison, puis deux victoires lors des manches, courues sous la pluie, sur le Circuito Carlos Pace de São Paulo et à Donington Park. Ce jour-là, sous un déluge typiquement anglais, le grand Brésilien livrera une course d'anthologie. Deux manches plus tard, l'abonné à la victoire signe son sixième triomphe à Monaco. Avec deux autres succès, au Japon et en Australie, il met un point final à son passage chez McLaren d'une façon digne de son talent. A Suzuka, l'irrespectueux néophyte Eddie Irvine se verra toutefois roué de coups. L'Irlandais avait commis un crime de lèse-majesté contre Ayrton Senna en rendant la monnaie de sa pièce au Brésilien qui venait de lui prendre un tour.

Michael Andretti, le coéquipier de Senna, traverse pendant ce temps la phase la plus sombre de sa carrière. Superstar de la série Indycar aux Etats-Unis, sa patrie, et rejeton d'une célèbre dynastie de pilotes de course, il se sent en Formule 1 dans la peau d'un champion de lutte gréco-romaine au milieu d'un congrès de philologues. Les voitures d'une extrême sophistication technique lui font perdre son latin. De plus, il doit découvrir chacun des circuits. A cela s'ajoute sa nervosité croissante: il termine six de ses 13 Grands Prix par une collision ou une sortie de route. Après Monza, il est remplacé par le pilote essayeur de McLaren, Mika Hakkinen, un homme auquel l'avenir tend les bras, comme on allait le constater par la suite.

The Lean Years

The Lean Years

New driving urge: the space behind the pilot's head is now occupied by an off-the-shelf Ford HB V8 Series V, with the latest engine management system by TAG Electronics. This scene is at Kyalami (1). Well illuminated: Senna in his pit during the Spanish Grand Prix (2, 3). Uncertainties: at Kyalami, Senna attempts to determine where he has lost 0.088 seconds to Alain Prost in practice (4).

Neuer Antrieb: Im Nacken des Piloten residiert nun der Ford HB V8 Serie V von der Stange, mit dem fortschrittlichen Management von TAG Electronics. Wir sind in Kyalami (1). Gut ausgeleuchtet: Senna in seiner Box beim spanischen Grand Prix (2, 3). Verunsichert: In Kyalami versucht Senna zu ergründen, woher 88/1000 Sekunden Trainingsrückstand zu Alain Prost im Williams rühren (4).

Nouvelle motivation: dans la nuque du pilote jappe désormais le Ford HB V8 Série V de confection, mais avec une gestion avancée de TAG Electronics. Nous sommes à Kyalami (1). Bien éclairé: Senna dans son stand au Grand Prix d'Espagne (2, 3). Dubitatif: à Kyalami, Senna a du mal à comprendre comment et pourquoi il peut bien avoir 88 millièmes de seconde de retard sur Alain Prost et sa Williams en qualifications (4).

The Lean Years

1

2

190   The Lean Years

Hour of the strategist (1–3): at the Brazilian Grand Prix, Senna is best able to compensate for changing conditions and wins, ahead of Hill (Williams) and Schumacher (Benetton).

Stunde des Strategen (1–3): Auf die wechselnden Bedingungen beim Großen Preis von Brasilien stellt sich Senna am besten ein und siegt vor Hill (Williams) und Schumacher (Benetton).

L'heure du stratège (1–3): Senna s'adapte mieux aux conditions changeantes du Grand Prix du Brésil et gagne devant Hill (Williams) et Schumacher (Benetton).

The Lean Years 191

The Lean Years

Under pressure: two accidents on Friday at Imola, where Senna appears just five minutes before the start of practice (1). A punch in the nose: a Thursday crash at Sainte Dévote in Monaco, and a sore wrist for the remainder of the weekend (2). Stroke of genius: in miserable weather at the European Grand Prix in Donington, Senna drives in a league of his own (3). The Brazilian only manages fourth place at Hockenheim. One reason: a spin on the first lap, after a difference of opinion with Prost's Williams (4).

Unter Druck: zwei Unfälle am Freitag in Imola, wo Senna erst fünf Minuten vor Trainingsbeginn zum Dienst erscheint (1). Nasenstüber: Crash am Donnerstag beim Anflug auf Sainte Dévote in Monaco, Schmerzen im Handgelenk für den Rest des Wochenendes (2). Genie-Streich: Im Schmuddelwetter von Donington beim European Grand Prix fährt Senna in einer anderen Liga (3). Nur Platz vier in Hockenheim für den Brasilianer. Einer der Gründe: Dreher in der ersten Runde nach einer Meinungsverschiedenheit mit Prost im Williams (4).

Sous pression : deux accidents le vendredi à Imola, où Senna ne fait son arrivée que cinq minutes avant le début des essais (1). Petit coup sur le nez : crash, le jeudi, à l'entrée de Sainte Dévote, à Monaco ; douleurs au poignet pour le reste du week-end (2). Coup de génie : pour l'European Grand Prix, à Donington, il tombe des hallebardes ; Senna est sur une autre planète (3). Quatrième place seulement pour le Brésilien à Hockenheim. L'une des raisons : tête-à-queue au premier tour après une divergence de vues avec Prost sur Williams (4).

The Lean Years

McLaren 1994

When the pact between McLaren and Peugeot is made public in early October 1993, Ron Dennis makes a daring prediction. Of course, the project will take time to mature. But he expects to win races in 1994.

Reality is quite different. McLaren is hard hit by the departure of Ayrton Senna, and his death on May 1 at Imola makes his loss permanent. The team is on the brink of a painful plunge into the anonymity of the backmarkers. The relationship with the French, led by their racing boss Jean-Pierre Jabouille, remains remarkably frosty. Experiences with the Peugeot V10, brainchild of former Renault employee Jean-Pierre Boudy, are also less than encouraging. A power increase during the season is hardly to be expected. True, by the end of the season the engines are putting out 80 bhp more than at the beginning of the year, but the competition, above all Ford, Ferrari and Renault, hasn't been asleep either. The Peugeot A6 has a narrow power band, runs hot, is cursed by a multitude of mechanical ills and has a high thirst for oil and coolant.

In Woking on January 20, 1994, Dennis and Jabouille literally pull the wraps off the McLaren MP4/9-Peugeot. The chassis resembles that of its predecessor, apart from a reworked floor and different side pods. The clutch is actuated by small paddles on the steering column. Mika Hakkinen raves about this concept; it eliminates the fraction of a second needed to move the right foot from the throttle to the brake and back again. Moreover, it promotes the symbiosis between driver and car, no longer interrupted by major body movements.

Dennis also predicts that Hakkinen is world champion material. The first hint comes in the second qualifying session for the Portuguese Grand Prix in Estoril, 1993, where the blond Finn bumps an amazed Senna from third to fourth place on the grid. Real proof, however, will take longer. In 1994, the power relationships are such that Hakkinen, with his second place in Spa and five third-place finishes, takes only small steps toward something much bigger.

Until just days before the season opener at Interlagos on March 27, teammate Martin Brundle is not certain of a job. Dennis is holding open an option for Alain Prost, who is considering a return to Formula 1. The steadfast Briton, too, is unable to achieve a win, but he does achieve the curious result of finishing once in every position from second through sixth. After one year, his term of enlistment with McLaren expires. The same is true for Peugeot. On October 25, it is announced that the two organizations will part company – on good terms.

Als Anfang Oktober 1993 der künftige Pakt zwischen McLaren und Peugeot publik gemacht wird, wagt Ron Dennis eine kühne Prognose: Gewiß brauche das Projekt seine Zeit. Dennoch werde man 1994 Rennen gewinnen.

Die Realität sieht anders aus: McLaren steht vor einem schmerzlichen Absturz in die Anonymität der hinteren Plätze, ohnehin hart getroffen durch das Scheiden Ayrton Sennas, aus dem durch den Tod des Brasilianers am 1. Mai in Imola ein Verlust für immer wird. Das Verhältnis zu den Franzosen unter ihrem Sportchef Jean-Pierre Jabouille bleibt eigenartig frostig. Wenig ermutigend sind auch die Erfahrungen, die man mit dem Peugeot V10 macht, Produkt eines Teams um den früheren Renault-Mitarbeiter Jean-Pierre Boudy. Eine Steigerung während des Grand-Prix-Jahres ist kaum zu verzeichnen. Zwar gebietet man am Ende der Saison über 80 PS mehr als am Anfang, aber auch die Konkurrenz schläft nicht, vor allem Ford, Ferrari und Renault. Der Peugeot A6 verfügt lediglich über ein schmales Drehzahlband, erhitzt sich übermäßig, wird von allerlei mechanischen Defekten heimgesucht und tendiert dazu, Öl und Kühlwasser zu verschlingen.

Buchstäblich enthüllt wird der McLaren MP4/9 Peugeot am 20. Januar 1994 in Woking durch Dennis und Jabouille. Das Chassis gleicht dem des Vorgängers, abgesehen von einem überarbeiteten Boden und anderen Seitenkästen. Die Kupplung wird durch kleine Paddel an der Lenksäule aktiviert. Mika Hakkinen schwört auf diese Auslegung: So entfielen die Sekundenbruchteile, die der rechte Fuß auf seinem Weg vom Gaspedal zur Bremse und zurück benötige. Darüber hinaus fördere sie die Symbiose zwischen Fahrer und Wagen, die nicht mehr durch heftige Körperbewegungen unterbrochen und somit gestört werde.

Hakkinen – auch das prophezeit Dennis – sei aus dem Stoff, aus dem man Weltmeister macht. Anlaß dafür bietet das zweite Qualifikationstraining zum Großen Preis von Portugal in Estoril 1993, als der blonde Finne den verdutzten Senna vom dritten auf den vierten Platz in der Startaufstellung verstoßen hat. Der Beweis läßt indessen noch ein wenig auf sich warten. 1994 sind die Kräfteverhältnisse so beschaffen, daß Hakkinen mit seinem zweiten Rang in Spa sowie fünf dritten Plätzen nur eine kleine Anzahlung auf Größeres leisten kann.

Teamkollege Martin Brundle muß um seine Anstellung bis wenige Tage vor dem ersten Lauf in Interlagos am 27. März bangen. So lange hält Dennis eine Option für Alain Prost offen, der eine Rückkehr in die Formel 1 überdenkt. Auch für den zuverlässigen Briten Brundle reicht es zu keinem Sieg. Dafür sorgt er allerdings für ein Kuriosum, indem er die Positionen zwei bis sechs je einmal belegt. Seine Zeit bei McLaren läuft nach einem Jahr ab. Das gleiche gilt für Peugeot: Am 25. Oktober gibt man bekannt, man werde sich trennen – in bestem Einvernehmen.

Flying Finn, the Second: Mika Hakkinen (left). Proven power: Martin Brundle (right). All good things come from above: Team Marlboro McLaren at the Pacific Grand Prix in Aida, Japan (above). Dead man's turn: when Senna is killed at Imola on May 1, the posters for Monaco have already been printed (below).

Fliegender Finne II: Mika Hakkinen (links). Bewährte Kraft: Martin Brundle (rechts). Alles Gute kommt von oben: Team Marlboro McLaren beim Pacific Grand Prix im japanischen Aida (oben). Werbung mit einem Toten: Als Senna am 1. Mai in Imola stirbt, sind die Plakate für Monaco offenbar bereits gedruckt (unten).

Le Finlandais volant II: Mika Hakkinen (à gauche). La fiabilité faite homme: Martin Brundle (à droite). Tout ce qui est bon vient du ciel: le Team Marlboro McLaren lors du Pacific Grand Prix, à Aida, au Japon (en haut). Publicité avec un mort: lorsque Senna se tue à Imola, le 1er mai, les affiches pour le Grand Prix de Monaco sont apparemment déjà imprimées (en bas).

The Lean Years

À l'annonce du pacte entre McLaren et Peugeot, début octobre 1993, Ron Dennis ose une prédiction téméraire : certes, dit-il, tout nouveau projet doit mûrir. Mais son intention est néanmoins bel et bien de gagner des courses en 1994.

Or, la réalité sera bien différente : McLaren sombre dans l'anonymat douloureux des fonds de grille et de classement, déjà profondément meurtrie par le départ d'Ayrton Senna, qui sera une perte éternelle pour les milieux de la compétition lorsque le Brésilien se tuera en course le 1er mai à Imola. Les rapports avec les Français, avec à leur tête l'ancien pilote de Formule 1 Jean-Pierre Jabouille, restent étonnamment froids. Tout comme sont décourageantes les expériences faites avec le Peugeot V10, enfant d'une équipe constituée autour d'un ancien motoriste de Renault, Jean-Pierre Boudy. On n'enregistre pratiquement aucun progrès durant la saison de Grands Prix. Certes, à l'issue de cette saison, le Peugeot V10 développe 80 ch de plus qu'au début, mais la concurrence non plus n'a pas dormi, ce qui vaut surtout pour Ford, Ferrari et Renault. Le Peugeot A6 ne possède qu'une plage de régimes très étroite et chauffe exagérément. Handicapé par une multitude de défauts mécaniques, il a tendance à consommer sans retenue huile et eau de refroidissement.

Le 20 janvier 1994, Ron Dennis et Jean-Pierre Jabouille dévoilent, au sens propre du mot, leur McLaren MP4/9 Peugeot à Woking. Son châssis est identique à celui de la monoplace de l'année précédente, abstraction faite d'un nouveau fond plat et de nouveaux pontons latéraux. L'embrayage est actionné par de petites palettes sur la colonne de direction. Mika Hakkinen ne jure plus que par ce système : il permet de gagner quelques fractions de seconde, celles dont le pied droit avait besoin pour passer de l'accélérateur à la pédale de frein et vice versa. De plus, ajoute-t-il, il favorise la symbiose entre le pilote et sa voiture qui n'est plus interrompue ni, donc, dégradée par des mouvements brutaux du corps.

Hakkinen – encore une prophétie de Ron Dennis – est du bois dans lequel sont taillés les champions du monde. Sa prédiction s'appuie notamment sur la seconde séance de qualifications du Grand Prix du Portugal, à Estoril en 1993, lorsque le Finlandais blond repousse un Senna abasourdi de la troisième à la quatrième place sur la grille de départ. Il faudra pourtant attendre de longues années avant que la prédiction de Ron Dennis se vérifie. En 1994, les rapports de forces sont tels que Hakkinen ne peut que laisser entrevoir quelques facettes de son talent avec sa seconde place à Spa et cinq troisièmes places.

Son coéquipier Martin Brundle doit trembler jusqu'à quelques jours avant la première manche à Interlagos, le 27 mars, pour se voir confirmer chez McLaren. Cette longue attente est due au fait que Ron Dennis détient une option sur Alain Prost, qui envisage de faire son retour en Formule 1. Mais le fiable Britannique Brundle, lui non plus, n'a pas les moyens de remporter une victoire. Il signe cependant un exploit plutôt curieux en occupant respectivement une fois toutes les places du deuxième au sixième rang. Il ne fera qu'une seule saison chez McLaren. Ce qui vaut aussi pour Peugeot : le 25 octobre, les partenaires annoncent leur séparation – à l'amiable, tout au moins veulent-ils le faire croire.

The Lean Years

1

2

The Lean Years

We have liftoff: Hakkinen's demon ride through the steel cage of Monaco brings him a second place on the grid (1, 2). Off course: Brundle at Interlagos (3, 4).

Ziemlich abgehoben: Hakkinens rasende Fahrt durch den Eisenkäfig von Monaco bringt ihm Startplatz 2 ein (1, 2). Auf Abwegen: Brundle in Interlagos (3, 4).

Sans peur et sans reproches : le rythme effréné de Hakkinen à travers les grillages de Monaco lui vaut la deuxième place sur la grille de départ (1, 2). Sur la mauvaise piste : Brundle à Interlagos (3, 4).

The Lean Years

Zeroing in: the multifunction display in the McLaren MP4/9 cockpit (1). Problem child: the Peugeot A6 (2). Quick service: Brundle at Aida. His retirement in the 69th of 83 laps due to engine problems is imminent (3, 4).

Null-Lösung: Multifunktionsanzeige im Cockpit des McLaren MP4/9 (1). Sorgenkind: der Peugeot A6 (2). Zügige Abfertigung: Brundle in Aida. Doch schon droht das Aus in der 69. von 83 Runden – Motorschaden (3, 4).

La solution zéro : affichage multifonctions dans le cockpit de la McLaren MP4/9 (1). Bête noire : le Peugeot A6 (2). Enregistrement express : Brundle à Aida. Mais, déjà, le moteur fait des siennes et, au 69ᵉ de 83 tours, ce sera l'abandon (3, 4).

The Lean Years

McLaren 1995

For some time, there had been hints of an alliance between McLaren and Mercedes, to begin in 1995. It made perfect sense: after its victorious efforts on the touring car scene and Indy cars, the Stuttgart firm finally accepted the ultimate challenge of Formula 1. Two years of apprenticeship had been served with the Swiss Sauber team. Now it was time to look for a first-rate organization as partner. And McLaren International was looking for a way out of the depressing slump in which it had found itself since Senna's departure. The common denominator for both parties was ambition, driven by a glorious past. Dennis finds Mercedes' own engine subsidiary Ilmor (whose name is a combination of founders Mario Illien and Paul Morgan) in Brixworth a congenial partner. While Neil Oatley and Henri Durand are working on the chassis in Woking, a hundred miles farther north, Ilmor eagerly puts the wishes of McLaren's chief into motion. The stepped underbody, required by the rules as of this season, leaves little room for the oil, water and hydraulic pumps and the exhaust manifold. As a result, Illien spreads the angle between the cylinder banks of his new Type F0110 to 75° – three more degrees than in his previous 3.5 liter power plant. This allows the hydraulic pump to be placed in the valley between the V10's cylinder banks, while a spiral exhaust manifold makes room for the two remaining pumps.

A flurry of media attention focuses on the question of who will fill the second seat alongside Mika Hakkinen. Sponsor Marlboro insists on countering the latest star in the heavens, Michael Schumacher, with the established brilliance of Nigel Mansell, knowing full well that Ron Dennis and his passionate countryman have never had the best chemistry. However, the shaken Formula 1 community witnesses the rapid decline of a former icon. It begins when the stocky Englishman is quite literally a bad fit for the MP4/10's cockpit. A new cockpit is tailored for him in only 33 days, but the aging lion has to sit out the first two races of the season. Plagued by problems, at Imola he finishes mid-pack. During practice for Barcelona, Mansell finally throws in the towel, forever, after a vicious spin. "From Hero to Zero," as a British daily puts it. As at the beginning of the season, his place is taken by the jovial Mark Blundell. But first, the team will have to practice humility and modesty. The dubious highlight of the year is the Gran Premio d'Italia, where Hakkinen finishes second, and Blundell fourth – but not before Schumacher's Benetton, both Ferraris and both Williams drop out. Miraculously, the Finn walks away from a serious practice crash at the season finale in Adelaide, uninjured and with his ability to work unaffected.

Schon eine Zeitlang hatte sich eine Verbindung von McLaren und Mercedes ab 1995 abgezeichnet. Die Sache machte Sinn. Nach ihrem Siegeszug durch die Tourenwagenszene und bei den Indycars wollten sich die Stuttgarter der ultimativen Herausforderung der Formel 1 stellen. Zwei Lehrjahre hatte man mit dem Schweizer Sauber-Rennstall zugebracht. Nun kam nur noch eine erste Adresse in Frage. Und McLaren International suchte einen gangbaren Weg aus der Talsohle, in der man seit Sennas Kündigung ein freudloses Dasein fristete. Der gemeinsame Nenner: Ambition, gespeist aus einer glorreichen Vergangenheit.

Mit der Mercedes-Motorenfiliale Ilmor (das Kürzel verschränkt die Namen der beiden Gründer Mario Illien und Paul Morgan) in Brixworth findet Ron Dennis einen kongenialen Partner. Während in Woking unter den Händen von Neil Oatley und Henri Durand das Chassis MP4/10 heranreift, geht man 100 Meilen weiter nördlich bereitwillig auf die Wünsche des McLaren-Chefs ein. Der gestufte Boden, den das Regelwerk ab dieser Saison vorschreibt, läßt den drei Pumpen für Öl, Wasser und die Hydraulik sowie dem Auspuffkrümmer wenig Spielraum. Folglich erweitert Illien den Winkel zwischen den Zylinderbänken seines neuen Dreiliters Typ F0110 auf 75° – drei mehr als beim bisherigen 3,5-Liter-Aggregat. So kann die Hydraulikpumpe im Tal des V10 angesiedelt werden, während ein spiralförmiger Krümmer im Souterrain Platz für die beiden anderen schafft.

Einen mächtigen Medienwirbel verursacht die Besetzung der Planstelle neben Mika Hakkinen. Sponsor Marlboro drängt darauf, gegen den neuen Fixstern Michael Schumacher mit dem etablierten Star Nigel Mansell aufzutrumpfen, wohl wissend, daß die Chemie zwischen Ron Dennis und seinem leidenschaftlichen Landsmann nie sonderlich stimmte. Dann aber wird eine erschütterte Formel-1-Gemeinde Zeuge, wie das Monument Mansell zügig wegrostet. Das beginnt damit, daß dem stämmigen Briten der McLaren MP4/10 im wahrsten Sinne des Wortes nicht paßt. In nur 33 Tagen schneidert man ihm ein Cockpit nach Maß. Die ersten beiden Grand Prix des Jahres muß der alternde „Löwe" deshalb aussetzen. Gebeutelt von Problemen, landet er in Imola abgeschlagen im Mittelfeld. Während des Trainings in Barcelona wirft Mansell schließlich nach einem wüsten Dreher das Handtuch, für immer. „From Hero to Zero", titelt eine englische Tageszeitung, einst ein Held, nun ein Nichts. Seine Stelle nimmt, wie bereits zu Beginn der Saison, der joviale Mark Blundell ein.

Doch vorerst muß man sich in Demut und Bescheidenheit üben. Zum trüben Highlight des Jahres wird der Gran Premio d'Italia: Rang zwei für Hakkinen, Platz vier für Blundell – aber erst, nachdem Schumachers Benetton sowie beide Ferrari und beide Williams ausgefallen sind. Aus einem schweren Trainingsunfall beim Saisonfinale in Adelaide geht der Finne auf wundersame Weise lebendig und mit ungebrochener Arbeitskraft hervor.

Sunny disposition: only managing 16th on the grid in Buenos Aires, then dropping out of the race with engine damage, Mark Blundell nevertheless seems happy (left). Winged victory: Mika Hakkinen's MP4/10 has the basic shape of a hand grenade, with numerous aerodynamic aids tacked on (above). Still life with helmet and gloves (below). In Montreal, Hakkinen torpedoes Johnny Herbert's Benetton on the first lap at the Pits Hairpin. He immediately washes his hands of any guilt, and maintains his innocence during his later report at the McLaren pit (right).

Sonniges Gemüt: Nur Startplatz 16 in Buenos Aires, im Rennen ausgefallen mit Motorschaden. Dennoch ist Mark Blundell guter Dinge (links). Flügel-Stürmer: Mika Hakkinens MP4/10 hat grundsätzlich die Form einer Eierhandgranate. Dazu kommen zahlreiche aerodynamische Hilfen (oben). Stilleben mit Helmen und Handschuhen (unten). In Montreal hat Hakkinen Johnny Herberts Benetton in der ersten Runde an der Pits Hairpin torpediert. Gleichwohl wäscht er seine Hände in Unschuld, auch beim Rapport an der Box (rechts).

Gaieté indéfectible : 16e seulement sur la grille de départ à Buenos Aires, abandon en course sur panne de moteur. Et pourtant, Mark Blundell reste de bonne humeur (à gauche). Dans son dessin originel, la MP4/10 de Mika Hakkinen a une forme de grenade sur laquelle on a greffé de nombreux appendices dynamiques (en haut). Nature morte avec casques et gants (en bas). A Montréal, durant le premier tour, Hakkinen torpille la Benetton de Johnny Herbert à hauteur de l'épingle des stands. Il se prétend cependant innocent, même lorsqu'il fait son rapport à ses chefs (à droite).

Il y a un certain temps déjà que s'esquissait la liaison entre McLaren et Mercedes en 1995. Ce qui était logique. Après ses triomphes répétés en championnat Tourisme et dans la série Indycar, le constructeur de Stuttgart voulait relever le défi suprême de la Formule 1. Après deux ans d'apprentissage avec l'écurie suisse Sauber, seul un top-team entrait en ligne de compte. Or, McLaren cherchait justement un partenaire aux reins solides pour sortir du creux de la vague où elle végétait depuis le départ de Senna. Dénominateur commun : une ambition nourrie d'un passé glorieux.

A la filiale moteurs de Mercedes, Ilmor (acronyme des noms des deux fondateurs, Mario Illien et Paul Morgan), à Brixworth, Ron Dennis trouve un partenaire génial digne de lui. Alors que le châssis MP4/10 est en gestation à Woking entre les mains de Neil Oatley et Henri Durand, 100 miles plus au Nord, les désirs du chef de McLaren sont exécutés séance tenante. Le fond plat à étage que le règlement prescrit à partir de cette saison laisse peu de marge de manœuvre pour les trois pompes à huile, eau et hydraulique ainsi que pour le collecteur d'échappement. Contraint, Illien élargit donc l'angle entre les bancs de cylindres de son nouveau 3 litres, le F0110, à 75° – 3 de plus que pour le précédent 3,5 litres. Il peut donc placer la pompe hydraulique au creux du V10 tandis que les volutes du collecteur d'échappement de chaque côté du bloc laissent la place pour les deux autres pompes.

La nomination du second pilote aux côtés de Mika Häkkinen engendre un suspense palpitant dans les médias. Tout en sachant fort bien qu'il n'y avait aucun atome crochu entre Ron Dennis et son compatriote à la passion inextinguible, le sponsor Marlboro fait malgré tout le forcing pour que McLaren recrute la superstar Nigel Mansell pour faire contrepoids à la nouvelle étoile au firmament des pilotes de Formule 1, Michael Schumacher. Mais les milieux de la Formule 1 sont les témoins émus de la vitesse à laquelle le monument Mansell se met à perdre toute motivation. Tout débute par une anecdote grotesque : le Britannique qui a entre-temps pris du poids ne parvient pas à se glisser dans l'étroit baquet de la McLaren MP4/10. En 33 jours seulement, on lui concevra un cockpit à sa mesure. Le «Lion» vieillissant doit assister en spectateur aux deux premiers Grands Prix de l'année. Chahuté par les problèmes, à Imola, il n'occupe qu'une place anonyme en milieu de peloton. Durant les essais de Barcelone, découragé par un fulminant tête-à-queue, Mansell jette finalement l'éponge, définitivement. «From Hero to Zero», titre un quotidien anglais, jadis un héros, aujourd'hui un zéro. Comme en début de saison déjà, c'est le jovial Mark Blundell qui hérite de son cockpit. Mais le pilote britannique doit tout d'abord faire preuve d'humilité et de modestie. Il faut attendre le Gran Premio d'Italia pour que l'écurie signe un succès relatif avec un second rang pour Hakkinen et un quatrième pour Blundell – qui plus est, seulement après les abandons de la Benetton de Schumacher, des deux Ferrari et des deux Williams. Le Finlandais ressort miraculeusement vivant, d'un très grave accident survenu aux essais de l'ultime course de la saison, à Adelaïde, faisant, plus tard, preuve d'une énergie aussi vaillante qu'auparavant.

The Lean Years

Glorious technology: the rear suspension of the MP4/10 (1) and the Mercedes FO110 engine with its convoluted exhaust system (2) at the Grande Premio do Brasil. Joint leadership (3): McLaren boss Ron Dennis (center), Mercedes racing director Haug (left) at Monza. End of a legend: after 18 laps of the Spanish Grand Prix, Nigel Mansell disappears into his pit, and from the lists of starters and money winners in Formula 1 (4). Precarious situation: at Spa, in the neighboring pit, Eddie Irvine's goes out in a blaze of glory. Soon, Blundell will race away from the inferno (5).

Belle-Technik: Hinterradaufhängung des MP4/10 (1) und Mercedes-Triebwerk FO110 mit Auspuffgewürm (2) beim Grande Premio do Brasil. Doppelspitze (3): McLaren-Boß Ron Dennis (Mitte), Mercedes-Rennleiter Haug (links) in Monza. Martyrium eines Monuments: Am Ende der 18. Runde des Großen Preises von Spanien verschwindet Nigel Mansell in seiner Box und aus den Starter- und Gehaltslisten der Formel 1 (4). Brenzliche Situation: auf dem Nachbargrundstück in Spa fackelt gerade Eddie Irvines Jordan ab. Gleich wird sich Blundell nach seinem Boxenstopp von dem Brandherd entfernen (5).

La beauté de la technique : suspension arrière de la MP4/10 (1) et moteur Mercedes FO110 avec les spaghettis des pots d'échappement (2) au Grande Premio do Brasil. Double fer de lance (3) : Ron Dennis (au centre), le chef de McLaren, et Norbert Haug (à gauche), le directeur de course de Mercedes, à Monza. Martyre d'un monument : à la fin du 18ᵉ tour du Grand Prix d'Espagne, Nigel Mansell disparaît dans son stand et, par la même occasion, des grilles de départ et d'émargement de la Formule 1 (4). Le feu aux trousses : juste à côté, la Jordan d'Eddie Irvine s'est emflammée, à Spa ; Blundell doit attendre la fin de son arrêt ravitaillement pour pouvoir s'éloigner de l'incendie (5).

The Lean Years

1

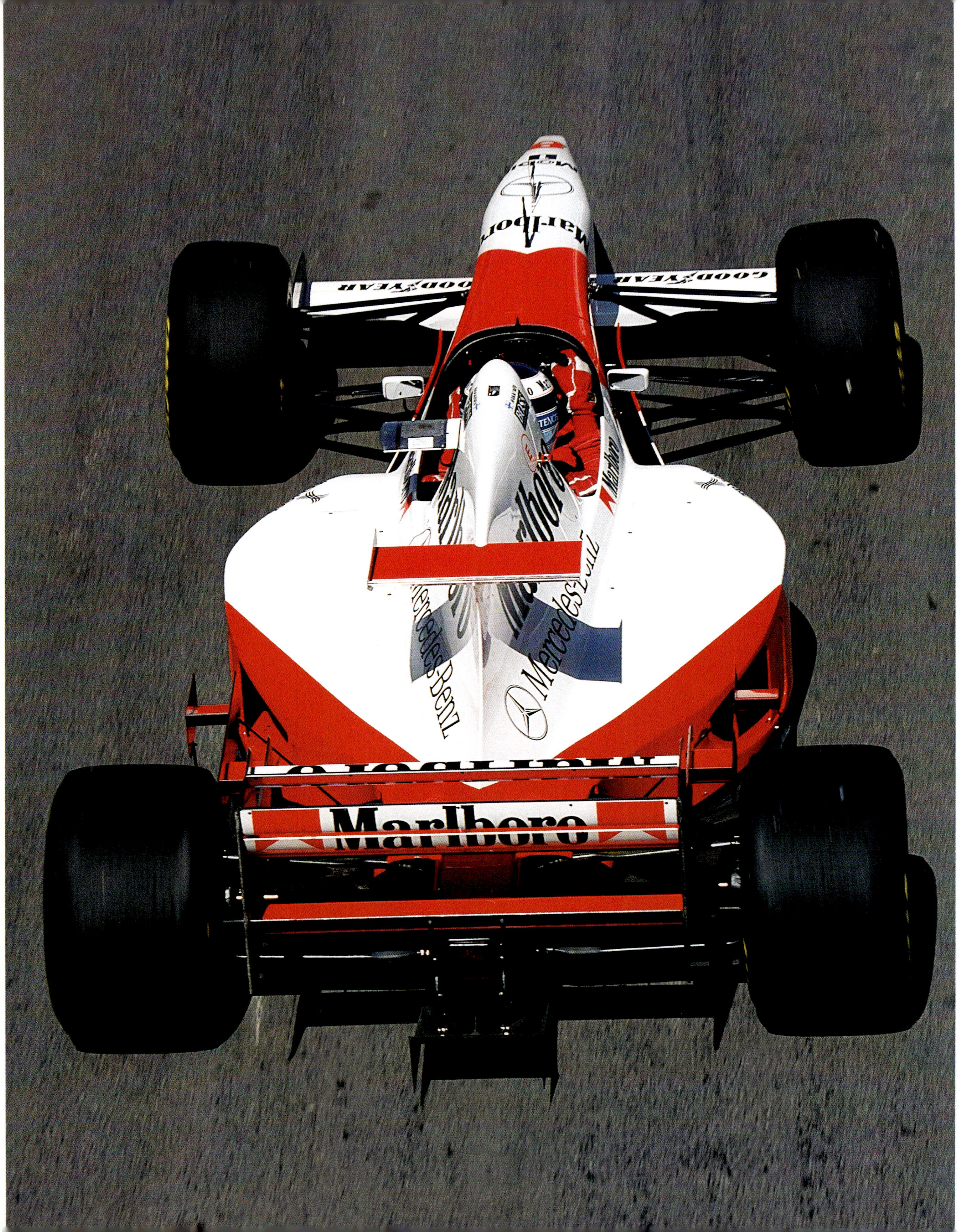

2

Not one for the record books: Blundell brings home one point in Brazil (1), another in Britain, even though he comes in on three tires and one wheel (2), and retirement in Canada (3). At the end of the season, he has amassed only 13 championship points. Part of the blame lies with the car.

Kein Ruhmesblatt: Ein Punkt für Blundell in Brasilien (1), ein weiterer in England, wenn auch auf drei Rädern und einer Felge (2), Ausfall in Kanada (3). Am Ende springen nur 13 Zähler im Championat heraus. Aber es liegt auch am Wagen.

Pas de quoi être fier: un point pour Blundell au Brésil (1), un autre en Angleterre, bien que sur trois roues seulement et une jante (2), abandon au Canada (3). Bilan à la fin du championnat: 13 points seulement. Mais la voiture est aussi mise en cause.

(Previous pages) Opposing traffic: Mika Hakkinen (1) and Mark Blundell (2) at Budapest.
(Vorherige Seiten) Gegenverkehr: Mika Hakkinen (1) und Mark Blundell (2) in Budapest.
(Pages précédentes) A contre-courant: Mika Hakkinen (1) et Mark Blundell (2) à Budapest.

The Lean Years

The Lean Years 207

McLaren 1996

Anyone who expects great deeds from the McLaren-Mercedes alliance in 1996 is to be disappointed. In Formula 1, the unlikely happens immediately, but miracles take a bit longer. Arch-rival Ferrari, for example, has been waiting for its next world championship for over 250 Grands Prix.

After the debacle on October 1, 1995 at the Grand Prix of Europe on the Nürburgring, things can only get better. At that race, neither car was able to bring its tires up to operating temperature, and matters were not improved by the engine's sluggish throttle response. Under the eyes of the full complement of Daimler-Benz management, Mika Hakkinen finishes in eighth place, two laps behind Michael Schumacher's winning Benetton, while Mark Blundell retires after an accident.

That weekend, an official announcement is made regarding the Briton's replacement for the coming season: David Coulthard will switch over from Williams. With a second-place finish behind Ligier pilot Olivier Panis, the Scotsman has his best finish of the season at the rainy "Grand Prix of Also-Rans" in Monaco on May 19, 1996. He might even have won if time had not been lost through pit stops. If only...

Meanwhile, the genesis of the Formula 1 car proceeds at a pace typical of Grand Prix projects, where the only constant is change. The MP4/11 chassis, again the work of Neil Oatley assisted by Steve Nichols, is 90 per cent new and 60 per cent stiffer than its predecessor. The drivers complain about difficulty turning into corners. Help arrives in two stages; the first is delivered in time for the Grand Prix of Europe, again on the Nürburgring but this time early in the season on April 28, and the second a week later, just in time for Imola. A short wheelbase version is tried on an experimental basis in Monaco. As of Magny-Cours, it becomes standard issue.

The F0110 Stage 3 power plant, weighing all of 120 kg and capable of turning 16,000 rpm, roars for the first time on February 3. There follows a continuous process of evolution, particularly with regard to the engine's response. Test results are evaluated, along with dyno runs at Ilmor in Brixworth and Mercedes-Benz in Stuttgart, where entire Grand Prix races can be simulated. The engine is coupled to a longitudinal semi-automatic transmission, a cooperative effort with TAG Electronics.

It is a time of transition. The end of the 1996 season also marks the end, after 23 years, of the mutually beneficial business relationship with the tobacco giant Philip Morris.

Many had already assumed that Marlboro red and white were McLaren's official team colors, a sort of counterpoint to Ferrari red.

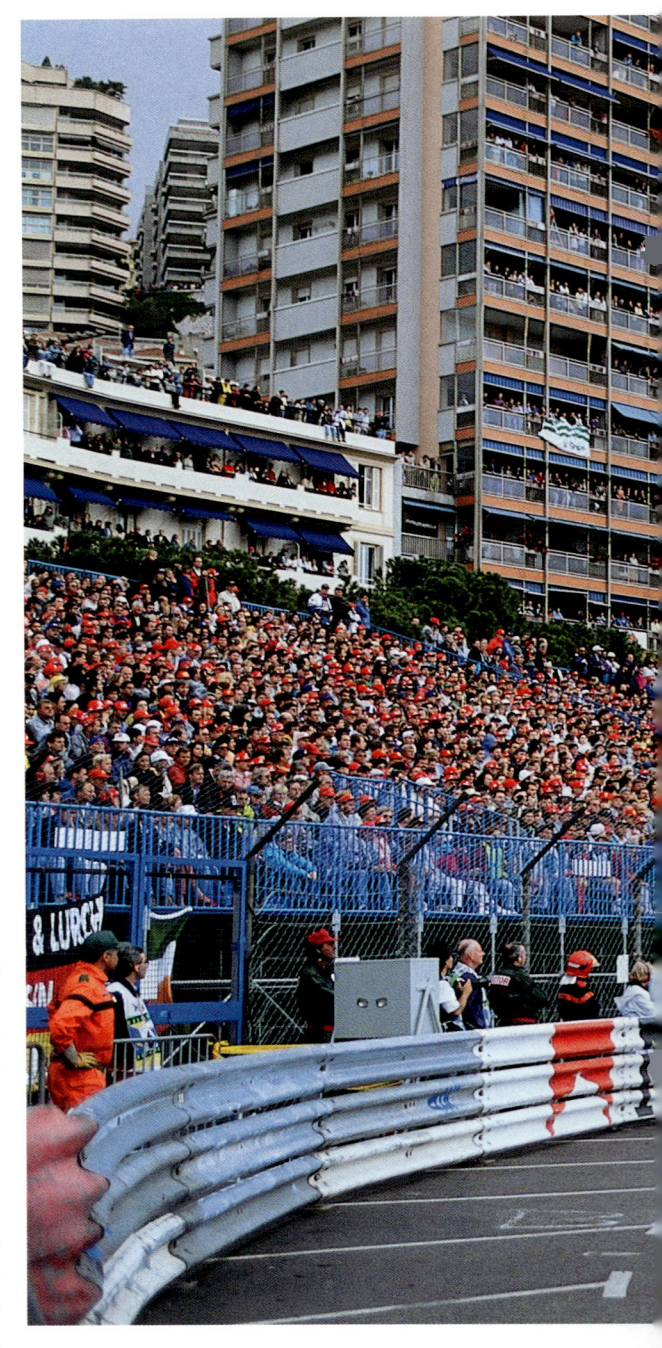

"This German mineral water has too much carbonation." At Imola, David Coulthard's expert opinion seems of little interest to Ron Dennis (left). A point in the Principality: Hakkinen is not yet one of the major players in the amphitheater of Monaco (above, right). Summit meeting: retired racer and McLaren advisor Alain Prost with FIAT president Giovanni Agnelli at Silverstone (below).

„Diese deutschen Mineralwasser haben einfach zuviel Kohlensäure." Ron Dennis läßt die Expertise David Coulthards in Imola augenscheinlich völlig kalt (links). Ein Punkt im Fürstentum: Noch gehört Hakkinen im Amphitheater von Monaco nicht zu den Hauptdarstellern (oben, rechts). Gipfeltreffen: Renn-Rentner und McLaren-Berater Alain Prost und Fiat-Präsident Giovanni Agnelli in Silverstone (unten).

«Ces eaux minérales allemandes ont tout simplement beaucoup trop de gaz carbonique.» L'expertise de David Coulthard, à Imola, laisse apparemment Ron Dennis de marbre (à gauche). Un point en Principauté : dans l'amphithéâtre de Monaco, Hakkinen ne fait pas encore partie des acteurs principaux (en haut, à droite). Rencontre au sommet : Alain Prost, retraité de la course et conseiller de McLaren, bavardant avec Giovanni Agnelli, le président de Fiat, à Silverstone (en bas).

Q'aura été grande la déception de ceux qui espéraient des exploits spectaculaires de l'alliance entre McLaren et Mercedes dès 1996. En Formule 1, ce qui est normalement impossible est, certes, fait tout de suite, mais les miracles demandent un peu plus de temps, et sa grande rivale, elle-même, l'écurie Ferrari, par exemple, attend depuis déjà plus de 250 Grands Prix de pouvoir remporter son prochain titre de championne du monde.

Après la débâcle du Grand Prix d'Europe sur le circuit du Nürburgring, le 1er octobre 1995, tout ne peut, de toute façon, qu'aller mieux : ce jour-là, les pneumatiques des deux MP4/10 ne parviennent pas à atteindre la température idéale indispensable; de plus, le moteur réagit mollement aux ordres donnés par l'accélérateur, ce qui n'est pas de nature à améliorer les choses. Sous les yeux de la direction de Daimler-Benz réunie au grand complet, Mika Hakkinen termine 8e, avec deux tours de retard sur le vainqueur Michael Schumacher et sa Benetton, tandis qu'un accident a contraint Mark Blundell à l'abandon.

Ce week-end-là, on apprend officiellement qui succédera, l'année suivante, au Britannique : David Coulthard, qui doit quitter Williams. Avec une seconde place derrière le pilote Ligier Olivier Panis, l'Ecossais signe le meilleur résultat de la saison lors du Grand Prix, noyé par la pluie, de Monaco, le 19 mai 1996, le Grand Prix des outsiders. Il aurait même pu remporter la victoire si l'on n'avait pas gaspillé autant de temps lors des arrêts aux stands. Dans le bilan de McLaren, on conjugue souvent au conditionnel...

La gestation de toute monoplace de Formule 1 s'effectue entre-temps avec une dynamique digne de celle des Grands Prix: la mutation est devenue un état permanent. Le châssis de la MP4/11, une fois de plus l'œuvre de Neil Oatley avec Steve Nichols comme valeureux assistant, est neuf à 90 % et a une rigidité supérieure de 60 % à celle de l'ancien modèle. Mais les pilotes se plaignent d'avoir du mal à l'inscrire dans les virages. On y remédie donc en deux étapes : jusqu'au Grand Prix d'Europe, une fois de plus sur le Nürburgring, mais cette fois-ci dès le 28 avril, et, encore une fois juste à temps, pour Imola, une semaine plus tard. Une version à empattement raccourci est engagée à titre expérimental à Monaco et deviendra la norme à partir de Magny-Cours.

Le moteur F0110 Evolution 3, qui ne pèse que 120 kg et dont le régime culmine à 16 000 tr/mn, fait entendre ses premiers hurlements le 3 février. Débute alors une évolution qui sera, elle aussi, continue, notamment sur le plan de la spontanéité. C'est en cela que convergent les résultats des essais sur la piste et au banc moteur chez Ilmor à Brixworth ou chez Mercedes-Benz à Stuttgart, où l'on peut simuler le déroulement de Grands Prix entiers. Le moteur est accolé à une boîte semi-automatique longitudinale à six vitesses, réalisée en commun avec TAG Electronics.

Tout a une fin : à l'issue de la saison 1996 s'achève la liaison, fructueuse pour les deux parties, avec le cigaretier Philip Morris – une alliance qui aura duré 23 ans. Certains avaient déjà considéré la livrée rouge et blanche de Marlboro arborée par les McLaren comme les couleurs de l'écurie, en quelque sorte un contrepoint au rouge de Ferrari.

The Lean Years

210 The Lean Years

The razor's edge: disguised MP4/11 suspension parts at Estoril (1). Road ready: parts of a 3D Mclaren puzzle in a bizarre arrangement (2). Responsible for Mercedes motorsports: board member Professor Jürgern Hubbert. Passion plays a part (3). For the crews, Melbourne provides limited room (4).

Messers Schneide: Verkleidete Teile der Aufhängung des MP4/11 in Estoril (1). Reisefertig: Teile des 3-D-Puzzles McLaren MP4/11 in bizarrem Arrangement (2). Zuständig für den Mercedes-Motorsport: Vorstandsmitglied Professor Jürgen Hubbert. Leidenschaft ist auch dabei (3). Zweireiher: Für das Personal steht in Melbourne nur wenig Raum zur Verfügung (4).

Effilés comme une lame de couteau: éléments carénés de la suspension de la MP4/11 à Estoril (1). Prêt à rouler: des éléments du puzzle en trois dimensions qu'est la McLaren MP4/11 bizarrement réunis (2). Responsable de la compétition automobile chez Mercedes-Benz: Jürgen Hubbert, membre du Directoire et professeur. Ce qui n'exclut pas pour autant la passion (3). Espace compté: le personnel se marche presque sur les pieds à Melbourne (4).

The Lean Years 211

Restricted vision: after Karl Wendlinger's serious accident at Monaco in 1994, the rules require tall cockpit sides for added head protection (1). Septathlon: Mika Hakkinen makes a strong showing and finishes third at Spa (2). White flag: after water pump failure in Hungary, Coulthard drops out on lap 23 with an overheated engine and disappears into the trackside scenery (3–5).

Begrenzter Blickwinkel: Solchermaßen hochgewölbte Flanken als Kopfschutz sind vorgeschrieben in den Nachwehen von Karl Wendlingers schwerem Unfall in Monaco 1994 (1). Sieben-Kampf: Eine starke Vorstellung beschert Mika Hakkinen den dritten Rang in Spa (2). Weiße Fahne: Nachdem die Wasserpumpe antriebslos geworden ist, überhitzt Coulthards Motor in Ungarn und verendet in Runde 23. Der Pilot flankt ins Nirgendwo neben der Piste (3–5).

Angle de vision limité : depuis le grave accident de Karl Wendlinger à Monaco en 1994, ces flancs relevés et rembourrés sont prescrits pour protéger la tête des pilotes (1). Les Sept mercenaires : une troisième place à Spa récompense la remarquable prestation de Mika Hakkinen (2). Drapeau blanc : sa pompe à eau étant tombée en panne, le moteur de David Coulthard est victime d'une surchauffe en Hongrie et agonise au 23ᵉ tour. Le pilote se réfugie dans le no man's land du bord de la piste (3–5).

The Lean Years

3

4

5

The Lean Years   213

1

Trying to get a grip: in the soggy inferno of the Gran Premio Marlboro de España, nobody can match Michael Schumacher's genius. Mika Hakkinen (1) even has to suffer the indignity of being lapped. In qualifying, the Finn managed no better than tenth place (2).

Mit beschränkter Haftung: Beim nassen Inferno des Gran Premio Marlboro de España kann niemand dem Genius Michael Schumacher das Wasser reichen. Mika Hakkinen (1) muß sogar die Schmach einer Überrundung ertragen. Beim Qualifying sprang für den Finnen nur Rang zehn heraus (2).

Un seul émergera: dans le déluge infernal du Gran Premio Marlboro de España, tous les pilotes sombrent dans le sillage du génie Michael Schumacher. Mika Hakkinen (1) lui-même subira l'affront d'un tour de retard. En qualifications, le Finlandais se sera seulement classé dixième (2).

2

The Lean Years 215

McLaren 1997

The McLaren MP4/12 is baptized twice: first, on January 14, 1997 in Woking, wearing the simple orange livery of an earlier age, and again on February 13 in the London's exclusive Alexandra Palace Hotel, in the colors of its new sponsor, West. It is an agreeable combination, this "race car as art object." In the late 1990s, it is a media event, celebrated like the appearance of a prizefighter at the ring. Pop icons, among them the Spice Girls, give the McLaren spectacular an extra dash of flavor, a worthy frame for the two drivers, sweltering in their working garb.

Quite possibly the most beautiful car in the field, the MP4/12 cannot deny the shaping influence of the wind tunnel. Still, there is some room for improvement; just before Imola, it is announced that as of August 1, McLaren has contracted aerodynamics guru Adrian Newey, who played no small part in the success of the Williams team.

The latest creation out of Brixworth causes quite a stir. The "E" version of Mario Illien's F0110 engine is the smallest and lightest power plant in Formula 1. Rumor has it that it is also the most powerful. And of the "F" version, first seen in Barcelona practice and three weeks later in the Montreal race, it is said that more than 740 bhp are on tap, at more than 16,000 rpm.

Because silver dominates the new McLaren livery, speculation is rife that the team would like to tie into Mercedes' sacred traditions of the 1930s and 1950s, especially since one of the stars of yesteryear, Manfred von Brauchitsch, is in attendance at the London media event. The public is only too happy to pull the old "Silver Arrows" concept out of the dusty closet of history. But Mercedes sports director Norbert Haug reins in their enthusiasm; this honorary title must first be earned. Indeed, the team is not spared its share of setbacks. At Monaco, for example, in the hope of better weather, Hakkinen is sent out to play on the rain-soaked streets wearing slicks while Coulthard races on intermediates. In the second lap, the Scot spins as he brakes for the harbor chicane, and stalls the engine. Attempting to avoid his teammate, the Finn bounces off the guardrail and collides with Jean Alesi's Benetton. On the Nürburgring, for the Grand Prix of Luxembourg, both cars are well in the lead, only to succumb to the same oil slick, one lap apart.

But McLaren is also capable of winning again. Coulthard wins the season opener in Melbourne, and proves himself again in Monza. After Michael Schumacher's unholy ramming tactics at the season finale in Jerez, it is clear that Jacques Villeneuve, driving a Williams, will be crowned world champion. During the race, Ron Dennis radios Coulthard to let his teammate pass. The Scotsman obeys team orders, and maintains a respectable distance. His body language after the race, however, speaks volumes...

Der McLaren MP4/12 wird gleichsam zweimal aus der Taufe gehoben: einmal am 14. Januar 1997 in Woking im schlichten Orange der frühen Jahre, zum zweiten Mal am 13. Februar im Londoner Nobelhotel Alexandra Palace in den Farben des neuen Sponsors West. Die Komposition ist gefällig: der Rennwagen als Kunstwerk. In den Spätneunzigern zelebriert man dergleichen wie den Auftritt eines Faustkämpfers vor dem Fight. Dem McLaren-Spektakel gibt Kultpersonal der Popszene wie die Spice Girls die rechte Würze – ein würdiger Rahmen für die beiden Piloten in schweißtreibender Dienstkleidung. Vielleicht das schönste Fahrzeug im Feld, kann der MP4/12 die formende Kraft des Windkanals nicht verleugnen. Gleichwohl gibt es in dieser Hinsicht noch Spielräume: Kurz vor Imola macht die frohe Botschaft die Runde, McLaren habe vom 1. August an den Aerodynamik-Guru Adrian Newey verpflichtet, der ein nicht unbeträchtliches Scherflein zum Erfolg des Williams-Teams beigesteuert hat.

Auch die jüngste Kreation aus Brixworth macht von sich reden. Die Version E von Mario Illiens Triebwerk F0110 ist der kleinste und leichteste Motor in der Formel 1. Man munkelt, er sei auch der stärkste. Über die Variante F, in Barcelona im Mai im Training und in Montreal drei Wochen später auch im Rennen eingesetzt, wird kolportiert, sie gebe über 740 PS bei mehr als 16 000/min ab.

Daß in der Livree des McLaren-Teams die Farbe Silber überwiegt, nährt die Vermutung, man wolle an geheiligte Untertürkheimer Traditionen der dreißiger und fünfziger Jahre anknüpfen, zumal Alt-Star Manfred von Brauchitsch der Präsentation des MP4/12 beiwohnt. Bereitwillig holt das Publikum den Begriff „Silberpfeile" aus den Schubladen der Geschichte. Doch Mercedes-Sportchef Norbert Haug wiegelt ab: Diesen Ehrentitel müsse man sich erst einmal verdienen. In der Tat bleiben dem Team auch diesmal diverse Tiefschläge nicht erspart. Zum Beispiel in Monaco: In der Hoffnung auf besseres Wetter schickt man Hakkinen auf Slicks und Coulthard auf Intermediates auf die regennassen Straßen des Fürstentums. In der zweiten Runde dreht sich der Schotte beim Anbremsen der Hafenschikane und würgt den Motor ab. Beim Versuch auszuweichen prallt der Finne von der Leitplanke ab und kollidiert mit Jean Alesis Benetton. Oder am Nürburgring, beim Großen Preis von Luxemburg: Da verenden beide Wagen nach souveräner Führung mit einer Runde Abstand in derselben Öllache.

Aber McLaren kann auch wieder siegen. Den Auftakt in Melbourne gewinnt Coulthard, der sich in Monza erneut durchsetzt. Daß Jacques Villeneuve auf Williams Weltmeister wird, steht beim Finale in Jerez nach Michael Schumachers unseligem Rammstoß fest. Dort teilt Ron Dennis Coulthard per Funk mit, er möge seinen Stallgefährten vorbeilassen. Der Schotte pariert und hält sich diplomatisch zurück. Aber seine Körpersprache nach dem Rennen spricht Bände...

Retro-look rollout: in testing at Jerez in February, the MP4/12 still appears in classic McLaren orange (left). Masked men: like their charges out on the track in their heavy protective gear, the similarly clad pit crews also compete with one another. At issue are valuable tenths of seconds (above). Windshield wiper: standard pit service includes cleaning the driver's visor (below). Of inestimable value: many would say that the Grands Prix are turning into a battle between Ferrari driver Michael Schumacher and McLaren designer Adrian Newey (right).

Roll-out im Retrolook: Bei Tests im Februar in Jerez ist der MP4/12 noch in klassischem McLaren-Orange livriert (links). Wer hat Angst vor dem schwarzen Mann? Wie die Vermummten draußen auf der Piste arbeiten auch die Vermummten drinnen in der Boxengasse gegeneinander. Es geht um kostbare Zehntelsekunden (oben). Scheibenwischer: Zum Kundendienst am Piloten zählt das Putzen des Visiers (unten). Unbezahlbare Kraft: Manche werden sagen, die Grand Prix gerieten immer mehr zum Kampf des Ferrari-Piloten Michael Schumacher gegen den McLaren-Konstrukteur Adrian Newey (rechts).

Comeback with Mercedes

La McLaren MP4/12 est pour ainsi dire portée deux fois sur les fonts baptismaux: une première fois le 14 janvier 1997, à Woking, dans la livrée orange des tout débuts de l'écurie et, une seconde fois, le 13 février, au prestigieux hôtel londonien Alexandra Palace, cérémonie pour laquelle elle porte les couleurs de son nouveau sponsor, West. Sa casaque est des plus séduisantes: la voiture de course comme œuvre d'art. A la fin des années 90, on célèbre un tel événement comme un boxer qui monte sur le ring en faisant jouer ses muscles. Un groupe culte de la musique pop comme les Spice Girls donne le piquant indispensable au spectacle mis en scène par McLaren – un cadre digne de la voiture et de ses deux pilotes vêtus de leur combinaison officielle qui fait perler la sueur à leur front.

La MP4/12, peut-être la plus belle F1 de tout le plateau, ne peut renier ses longs essais en soufflerie. Et encore y-a-t-il de la marge à ce propos: peu avant Imola, un scoop fait les manchettes des journaux: McLaren a recruté, à compter du 1er août, le gourou de l'aérodynamique Adrian Newey, l'un des pères du succès de l'écurie Williams.

La dernière création de Brixworth, elle aussi, est au top en matière de sophistication: la version E du moteur de Mario Illien, le F0110, est le plus petit et le plus léger moteur du plateau de Formule 1. Selon la rumeur, ce serait aussi le plus puissant. Quant à la version F, annoncée pour les essais de Barcelone en mai et qui débutera à Montréal, trois semaines plus tard, on murmure qu'elle développerait plus de 740 ch à plus de 16 000 tr/mn.

La livrée essentiellement argentée de l'écurie McLaren nourrit les soupçons que l'on veut s'abreuver aux traditions sacrées d'Untertürkheim des années 30 et 50, d'autant que le vénérable artiste du volant Manfred von Brauchitsch assiste à la présentation de la MP4/12. Il ne faut pas longtemps pour que le public fasse ressurgir la légende des «Flèches d'argent» des placards de l'histoire. Mais le directeur de la compétition chez Mercedes-Benz, Norbert Haug, le dénie: il faut tout d'abord mériter ce titre honorifique. De fait, cette fois-ci non plus, l'écurie ne sera pas épargnée par des revers en tout genre. Par exemple à Monaco: dans l'espoir que le temps s'améliorera, on envoie Hakkinen en slicks et Coulthard en intermédiaires dans les rues inondées de la Principauté. Au second tour, l'Ecossais part en tête-à-queue au freinage de la chicane du Port et cale son moteur. En voulant l'éviter, le Finlandais rebondit sur les glissières de sécurité et percute la Benetton de Jean Alesi. Ou encore au Nürburgring, théâtre du Grand Prix du Luxembourg: ce jour-là, les deux voitures, après avoir imposé leur loi et occupé souverainement la tête de la course, voient leur moteur se désintégrer à un tour de distance dans le même nuage d'huile.

Mais McLaren est aussi capable de vaincre de nouveau. La course inaugurale de Melbourne est le butin de Coulthard, qui obtiendra une nouvelle fois gain de cause à Monza. Jacques Villeneuve, sur Williams, est sacré champion du monde, verdict rendu, lors de la finale à Jerez, après un malheureux coup de boutoir donné inconsidérément par Michael Schumacher. Lors de cette course, Ron Dennis intime par radio à Coulthard de bien vouloir laisser passer son coéquipier. L'Ecossais obéit et, fin diplomate, ravale son dépit. Mais les traits de son visage après la course en disent plus que mille mots...

Roulage dans une ambiance nostalgique: lors des essais de février, à Jerez, la MP4/12 est encore peinte de la classique livrée orange de McLaren (à gauche). Qui a peur de l'homme noir? Comme les pilotes en cagoule sur la piste, les mécaniciens en combinaison, dans les stands, se livrent concurrence. Enjeu: de précieux dixièmes de seconde (en haut). Essuie-glace: surtout ne jamais oublier de nettoyer la visière du pilote (en bas). Quand le génie n'a pas de prix: certains disent que les Grands Prix se muent de plus en plus en un duel du pilote Ferrari Michael Schumacher contre l'ingénieur McLaren Adrian Newey (à droite).

Comeback with Mercedes

Clean solution: as is typical in the business, Mika Hakkinen's pit is as antiseptically clean as a maternity ward (1). Drivers are expected to take care of matters off the track as well. Here, Hakkinen checks a monitor to see how the competition is doing (2).

Saubere Lösung: Wie üblich in der Branche, ist Mika Hakkinens Box von der aseptischen Reinlichkeit einer Entbindungsstation (1). Wie aus dem Ei gepellt geht auch der Pilot selber seinem Dienstgeschäft nach. Hier schaut er gerade, was die anderen so machen (2).

Propreté absolue: comme cela est de règle dans ce métier, le stand de Mika Hakkinen a la pureté d'une salle d'opération (1). Le pilote, lui aussi, est d'une blancheur immaculée avant de se glisser au volant. Ici, il observe simplement ce que font les autres (2).

Comeback with Mercedes

1

In practice, periods of reflection (2) alternate with moments of feverish activity (1, 3). Decisions are made on the basis of thousandths of a second.

Wechselfälle: Im Training mischen sich Phasen der Besinnung (2) mit solchen von rasender Aktivität (1, 3). Abgerechnet wird nämlich nach Tausendstelsekunden.

Le calme avant la tempête: en qualifications, les phases de réflexion (2) précèdent celles d'activité fébrile (1, 3). Le compte est bon: au millième de seconde près.

Comeback with Mercedes

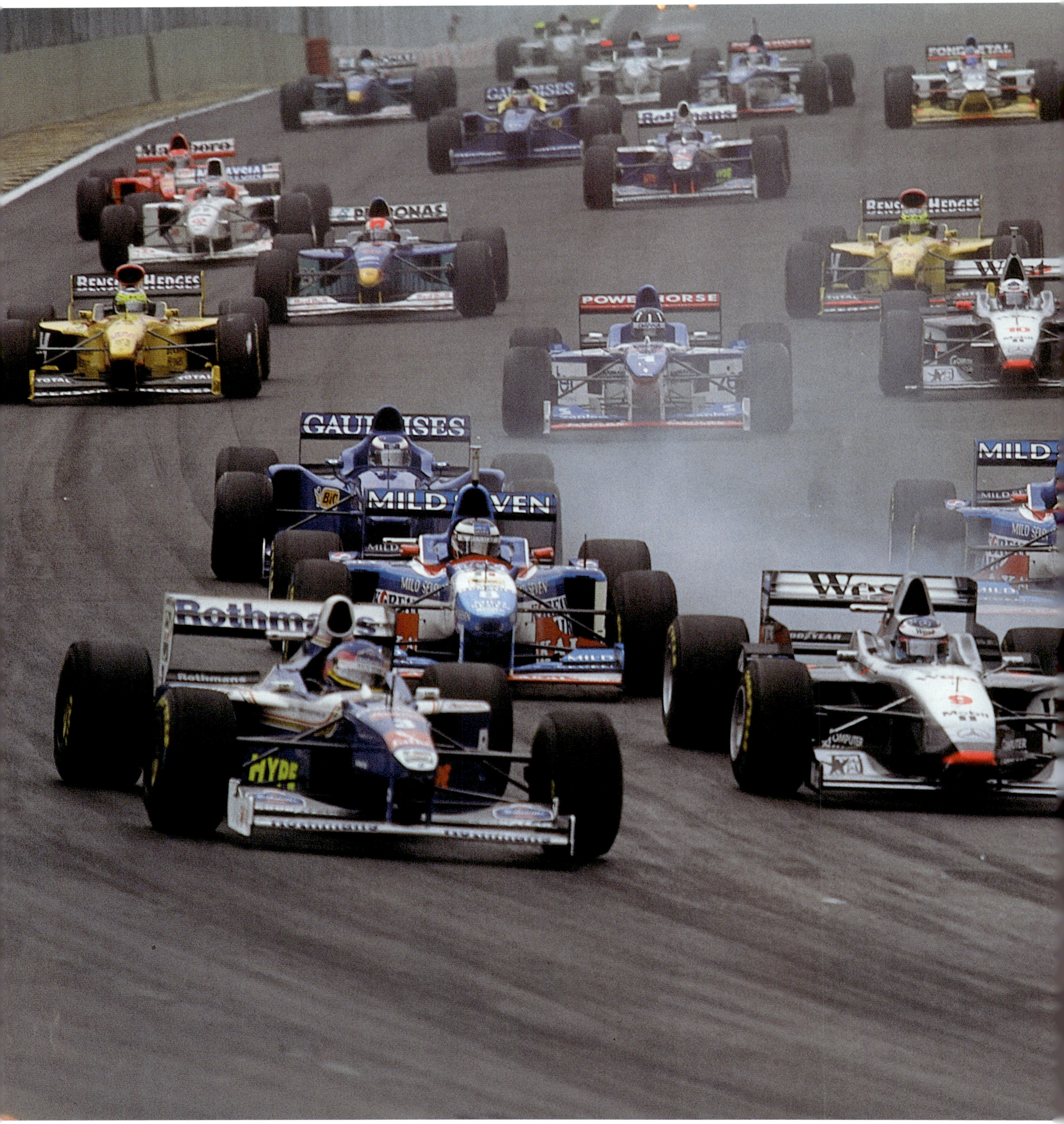

High traffic area: after the start of the Grande Premio do Brasil, Michael Schumacher's Ferrari disappears out of the frame, to the right. Mika Hakkinen (no. 9) tries to outbrake Jacques Villeneuve (Williams), holder of pole position and eventual winner (1). Infighting: at the Grand Prix of Luxembourg on the Nürburgring, Coulthard attacks Damon Hill's Arrows rent-a-ride (2), and later Villeneuve at Jerez (3). There, at the Grand Prix of Europe, the Scotsman finishes second in a Mercedes 1-2 win, as the Canadian is crowned world champion.

Ballungsgebiet: Nach dem Start zum Grande Premio do Brasil entflieht Michael Schumacher im Ferrari am rechten Bildrand. Mika Hakkinen (Nr. 9) versucht sich an Jacques Villeneuve (Williams), dem Inhaber der Pole Position und späteren Sieger, vorbeizubremsen (1). Infight: Beim Großen Preis von Luxemburg auf dem Nürburgring attackiert Coulthard Arrows-Kostgänger Damon Hill (2), in Jerez Villeneuve (3). Dort, beim Großen Preis von Europa, wird der Schotte zweiter in einem Mercedes-Doppelsieg und der Kanadier Weltmeister.

Lutte pour le moindre centimètre : après le départ du Grande Premio do Brasil, Michael Schumacher, sur Ferrari, s'échappe dans l'angle droit de la photo. Mika Hakkinen (n° 9) tente de piquer au freinage Jacques Villeneuve (Williams), titulaire de la pole position et futur vainqueur (1). Duel : lors du Grand Prix du Luxembourg, au Nürburgring, Coulthard attaque son compatriote de chez Arrows Damon Hill (2), à Jerez, Villeneuve (3). Ce jour-là, à l'issue du Grand Prix d'Europe, l'Ecossais terminera 2ᵉ du doublé Mercedes et le Canadien sera sacré champion du monde.

Comeback with Mercedes

Off-course excursion: Hakkinen in Magny-Cours qualifying. He managed only tenth on the grid in a spare car number 10 (1). Coming up in the world: while Hakkinen and Coulthard pull away at the Nürburgring, an overeager Ralf Schumacher in a Jordan initiates an expensive chain reaction (2). Close-order drill: Coulthard leads Frentzen (Williams) through Spa's La Source hairpin (3).

Ausflug ins Grüne: Hakkinen bei der Qualifikation in Magny-Cours, am Ende nur Startplatz zehn für die Nummer zehn im Reservewagen (1). Aufstieg in die erste Etage: Während Hakkinen und Coulthard am Nürburgring enteilen, löst der übereifrige Ralf Schumacher im Jordan eine kostspielige Kettenreaktion aus (2). Sehr aufgeschlossen: Coulthard vor Frentzen (Williams) in der Spitzkehre La Source in Spa (3).

Excursion dans la verdure: Hakkinen lors des qualifications à Magny-Cours avec, à la clef, seulement une dixième place sur la grille pour le numéro dix dans la voiture de réserve (1). L'impatience de la jeunesse: tandis que Hakkinen et Coulthard s'échappent en tête au Nürburgring, trop pressé, Ralf Schumacher, sur Jordan, déclenche une coûteuse réaction en chaîne (2). Ne pas se laisser rattraper: Coulthard talonné par Frentzen (Williams) à l'épingle de La Source à Spa (3).

Comeback with Mercedes

Comeback with Mercedes

Everything according to plan: at Melbourne, the MP4/12 wins its first time out with Coulthard at the wheel. For Ron Dennis, after three dry years, this success is like a welcome warm rain (1, 2). And then I got this call: Hakkinen reports his success in Jerez (3). Safety valve: drivers, bosses and other participants let loose at the last Grand Prix of the season (4).

Start nach Maß für McLaren-Mercedes: In Melbourne siegt der MP4/12 bei seinem ersten Rennen mit Coulthard am Lenkrad. Für Ron Dennis kommt das nach drei Jahren Abstinenz vom großen Erfolg wie ein warmer Regen (1, 2). Und dann erreichte mich dieser Anruf: Hakkinen berichtet am Telefon von seinem Erfolg in Jerez (3). Anständig einen auf die Lampe gegossen: Ausgelassenheit bei Fahrern, Bossen und weiteren Beteiligten beim letzten Grand Prix der Saison (4).

Départ d'anthologie pour McLaren-Mercedes: à Melbourne, la MP4/12 remporte sa première course avec Coulthard au volant. C'est une véritable délivrance pour Ron Dennis après trois ans sans la moindre victoire (1, 2). Et c'est alors que je reçois ce coup de téléphone: Hakkinen me fait part de sa victoire à Jerez (3). Allégresse une fois la tension retombée: pilotes, managers et autres acteurs peuvent se laisser aller après l'ultime Grand Prix de la saison (4).

Comeback with Mercedes

Comeback with Mercedes

McLaren 1998

In the 48th year of the postwar Grand Prix era, we witness a battle between a man and a marque: Ferrari driver Michael Schumacher against the entire West McLaren Mercedes team. This does not detract in the least from the efforts of the black and silver cars. David Coulthard cuts a much better figure than one might infer from his solitary victory at Imola. Mika Hakkinen, on the other hand, who betters the Scotsman by a score of 13:3 in qualifying times – nine pole positions, eight wins, three runners-up and four third places – enters the sport's unofficial hall of fame. Remarkably, in the seven years leading up to this incredible streak of good fortune which begins at the Grand Prix of Europe at Jerez in 1997, the Finn had not won a single Grand Prix, yet never lost faith in himself. Which race had given him the most satisfaction? Naturally, the Nürburgring, which up to that point had not exactly been a productive forum for the McLaren-Mercedes alliance. There, however, Hakkinen defeats his rival in the Ferrari carrying race number 3, in a fair fight, no excuses.

Yet not all is proceeding according to plan; the chaotic race at Spa is a perfect example. After a restart, Hakkinen, on intermediates, flies off in the first corner and damages his McLaren's front wing and left front wheel. Or at Monza; on the 46th lap, he suddenly tears straight through the second chicane at 280 kph, with a left front brake failure, yet still manages fourth place driving a well-worn MP4/13 bearing race number 8. But Schumacher, who is tied with Hakkinen on points after the Gran Premio d'Italia, is not immune to bad luck. In the penultimate race of the season, at Suzuka, his chance for the championship vanishes despite best qualifying time and fastest race lap. The German kills the engine of his Ferrari F300 and muffs the second restart, and so is forced to the back of the field for the third starting attempt. On lap 31, crossing the start-finish line, his right rear Goodyear tire bursts after picking up a bit of wreckage. As a result, Hakkinen is champion.

McLaren was never more dominant than at the beginning of the season, not least thanks to the perfect interplay between the MP4/13 chassis and the treaded tires of new supplier Bridgestone. In Melbourne, Hakkinen and Coulthard finish the last lap in tight formation, and at Interlagos, Schumacher, finishing third, very nearly suffers the ignominy of being lapped by both McLarens. Just as Grand Prix impresario Bernie Ecclestone fears plummeting TV audiences for his F1 soap opera, Goodyear, in its final season of Formula 1 racing, magically produces one more rubber miracle from its test tube, tires able to go head-to-head with their Japanese rivals. And suddenly the feared yawner turns into a thriller beyond compare.

Das Jahr 48 seit Beginn der neueren Grand-Prix-Zeitrechnung bringt den Kampf eines Mannes gegen eine Marke: den des Ferrari-Fahrers Michael Schumacher gegen das Team West McLaren Mercedes. Damit sollen die Verdienste der Piloten in Schwarzsilber keineswegs geschmälert werden. David Coulthard macht eine weitaus bessere Figur, als dies sein einziger Sieg in Imola vermuten läßt. Mika Hakkinen indessen, im Trainingsduell mit dem Schotten im Verhältnis 13:3 überlegen, entrücken seine neun Pole Positions, die acht ersten, drei zweiten und vier dritten Plätze in den Olymp der Großen dieses Sports. Ein Kuriosum: In den sieben Jahren vor Beginn dieser Glückssträhne mit dem Großen Preis von Europa in Jerez 1997 gewann der Finne noch keinen einzigen Grand Prix und verlor dennoch nie den Glauben an sich selbst. Welcher Erfolg ihm die größte Befriedigung gab? Natürlich der am Nürburgring, bis dahin nicht gerade ein ergiebiges Forum für das Bündnis von McLaren und Mercedes: Dort schlägt Hakkinen den Rivalen im Ferrari mit der Startnummer 3 gleichsam in offener Feldschlacht ohne Wenn und Aber. Gleichwohl läuft durchaus nicht alles nach Wunsch und Willen, beim Chaosrennen in Spa zum Beispiel, als er nach dem Neustart in der ersten Kurve auf Intermediates vom rechten Pfade abkommt und den Frontflügel sowie das linke Vorderrad des McLaren einbüßt. Oder in Monza: In der 46. Runde kreiselt er plötzlich mit Tempo 280 durch die zweite Schikane, Bremsdefekt vorn links – dennoch Rang vier mit dem lädierten MP4/13 mit der Startnummer 8. Aber auch Schumacher, nach dem Gran Premio d'Italia punktgleich mit Hakkinen, bleibt nicht verschont von Pech: Im vorletzten der zwei verbleibenden Rennen, in Suzuka, zerrinnen seine Chancen trotz Trainingsbestzeit und schnellster Runde. Der Deutsche hat den zweiten Fehlstart auf dem Kerbholz, als er den Motor des Ferrari F300 abwürgt. Beim dritten Anlauf muß er sich ganz hinten anstellen. In der 31. Runde platzt auf der Ziellinie seine Goodyear-Walze hinten rechts, weil sich ein Wrackteilchen seinen Weg in ihr Inneres gebahnt hat, und Hakkinen ist Champion.

Nie waren die McLaren überlegener als zum Anfang der Saison, nicht zuletzt wegen des perfekten Zusammenspiels des Chassis MP4/13 und der Rillen-Reifen des neuen Lieferanten Bridgestone. In Melbourne bleiben Hakkinen und Coulthard im letzten Durchgang unter sich, und in Interlagos muß sich Schumacher als dritter um ein Haar die Schmach der Überrundung durch die beiden bieten lassen. Schon gruselt es Regisseur Bernie Ecclestone vor sinkenden Einschaltquoten für seine Grand-Prix-Seifenoper, da zaubert Goodyear in seinem letzten Jahr in der Formel 1 noch einmal Pneus aus den Retorten, die denen des japanischen Konkurrenten gewachsen sind. Und schon entwickelt sich der befürchtete Langweiler zum Schocker ohne Beispiel.

Apparently, passion for Formula 1 has gone to the heads of these Japanese fans (left). Focus of attention: after setting fastest qualifying time, Hakkinen tells RTL reporter Kai Ebel, and a crowd of others, how he did it (above). Hakkinen at Imola, flanked by Mercedes motorsports managers Hubbert and Haug (below). Hand in hand: in Suzuka, Coulthard has the support of the fans (right).

Den japanischen Fans ist ihre Leidenschaft offenbar zu Kopfe gestiegen (links). Im Blickpunkt: Nach seiner Trainingsbestzeit in Ungarn erklärt Hakkinen dem RTL-Reporter Kai Ebel und vielen anderen, wie er es gemacht hat (oben). Holzauge sei wachsam: Hakkinen in Imola, gerahmt von den Mercedes-Motorsport-Managern Hubbert und Haug (unten). Hand in Hand: Auch in Suzuka ist Coulthard Sympathieträger (rechts).

La passion semble faire perdre la tête aux fans japonais (à gauche). L'explication: après sa pole position en Hongrie, Hakkinen explique au journaliste de RTL Kai Ebel et à de nombreux autres le secret de sa réussite (en haut). Bien entouré: Hakkinen à Imola, encadré par les managers de la compétition chez Mercedes J. Hubbert et N. Haug (en bas). Main dans la main: à Suzuka aussi, Coulthard est la cible de toutes les sympathies (à droite).

L'an 48 de l'ère moderne des Grands Prix voit la lutte d'un homme contre une marque: celle du pilote Ferrari, Michael Schumacher, contre l'équipe West-McLaren-Mercedes. Mais ceci ne signifie pas que les pilotes en noir et argent n'ont aucun mérite. Bien au contraire, David Coulthard fait bien meilleure figure que sa seule et unique victoire, signée à Imola, n'incite à le croire. Quant à Mika Hakkinen, qui a écrasé l'Ecossais avec un 13:3 au duel des meilleures positions sur la grille de départ, ses neuf pole positions, huit premières places, trois deuxièmes rangs et quatre troisièmes places l'élèvent dans l'Olympe des grands de ce sport. Détail révélateur: durant les sept années qui ont précédé cette période faste qui a commencé avec le Grand Prix d'Europe à Jerez en 1997, le Finlandais n'a pas gagné le moindre Grand Prix et n'a pourtant jamais perdu la foi en lui-même. Quel succès lui a donné la plus grande satisfaction? Bien sûr, la victoire au Nürburgring, circuit qui n'avait jusque-là pas été particulièrement favorable à l'alliance McLaren-Mercedes, loin s'en faut: sur ce circuit, Hakkinen bat son éternel rival au volant de la Ferrari numéro 3 en une lutte ouverte et sans la moindre circonstance atténuante.

Et pourtant, tout n'est pas pour le mieux dans le meilleur des mondes, ainsi lors de la course chaotique de Spa quand, après le second départ, il dérape dans le premier virage, chaussé de pneus intermédiaires, ce qui lui coûte l'aileron avant et la roue avant gauche de sa McLaren. Ou à Monza: au 46e tour, il part soudain en toupie, à 280 km/h, à travers la seconde chicane, suite à une défaillance du frein avant gauche – ce qui ne l'empêche pas de terminer 4e avec sa MP4/13 au numéro 8 désormais endommagée et handicapée. Mais Schumacher, qui se retrouve ex aequo au classement général avec Hakkinen après le Gran Premio d'Italia, n'est pas épargné par la malchance non plus: à l'avant-dernière des deux ultimes courses, à Suzuka, il voit s'échapper toutes ses chances malgré la pole position et le meilleur tour en course. Le pilote allemand se rend coupable du deuxième faux départ lorsqu'il cale le moteur de sa Ferrari F300. Pour la troisième tentative, il lui faudra donc s'aligner tout à la fin de la grille. Au 31e tour, dans la ligne droite des stands, son pneu Goodyear arrière droite se désintègre, lacéré par un débris qui gisait sur la piste, et Hakkinen est sacré champion.

Jamais les McLaren n'ont été plus souveraines qu'au début de la saison, aussi et surtout grâce à la parfaite interaction du châssis MP4/13 et des pneus rainurés du nouveau fournisseur, Bridgestone. A Melbourne, Hakkinen et Coulthard se disputent la victoire lors du dernier tour et, à Interlagos, Schumacher, troisième, évite de peu l'affront de se faire prendre un tour par ses deux rivaux. L'impresario vieillissant de la Formule 1, Bernie Ecclestone, se faisait déjà des cheveux blancs à la perspective de voir s'effondrer l'audimat de son sitcom des Grands Prix, que Goodyear, pour sa toute dernière année en Formule 1, tire encore de son chapeau des pneumatiques aptes à relever le gant face à son concurrent japonais. Et, ainsi, une saison dont on craignait qu'elle ne devienne lénifiante est en passe de se muer en un thriller palpitant.

Comeback with Mercedes

"And will that be another quarter liter of Trollinger red this evening?" Ron Dennis and Norbert Haug at Magny-Cours (1). During Nürburgring practice, Hakkinen tells Newey that in the last section of the course, the cars are mysteriously slow (2). Glued to the TV in Zeltweg: at the center Hakkinen's wife, Erja (3). A Hakkinen pit stop in France (4).

„Und heute abend wieder ein Viertele Trollinger?" Ron Dennis und Norbert Haug in Magny-Cours (1). Im letzten Teil der Strecke sei der Wagen unbegreiflich langsam, berichtet Hakkinen Adrian Newey während des Trainings am Nürburgring (2). Große Fernsehgemeinde in Zeltweg, im Mittelpunkt: Hakkinens Ehefrau Erja (3). Stippvisite: Hakkinen beim Boxenstopp in Frankreich (4).

« Et, ce soir, encore un petit verre de vin rouge ? » Ron Dennis et Norbert Haug à Magny-Cours (1). Dans la dernière partie du circuit, la voiture est soudain devenue d'une lenteur incompréhensible, explique Hakkinen à Adrian Newey durant les essais du Nürburgring (2). Omniprésence de la télévision à Zeltweg avec, au centre, Erja, l'épouse de Mika Hakkinen (3). Visite éclair: Hakkinen aux stands en France (4).

Comeback with Mercedes

Comeback with Mercedes

Comeback with Mercedes

The only things that stay dry at Silverstone are the start (1), the early stages, and British humor in general. Hakkinen leads Schumacher's Ferrari as of lap 38 (2); they switch places on lap 51, and the German wins in the home of democracy and motorsports.

Trocken bleiben in Silverstone lediglich der Start (1), die Anfangsphase und der englische Humor. Ab Runde 38 führt Hakkinen vor Schumacher im Ferrari (2), ab Runde 51 verkehrt sich die Reihenfolge, und der Deutsche siegt im Mutterland der Demokratie und des Rennsports.

A Silverstone, seuls le départ (1), le début de la course et l'humour anglais restent secs. Au 38e tour, Hakkinen prend la tête devant Schumacher sur Ferrari (2), position qui sera inversée au 51e tour, et le restera puisque l'Allemand gagne dans le pays qui a vu naître la démocratie et la compétition automobile.

Comeback with Mercedes

Comeback with Mercedes

Scenes from the hunt: after the second start to the chaotic Spa race, Hakkinen's McLaren and Schumacher's Ferrari collide just past the La Source hairpin. The result is retirement for the Finn, and bleak prospects for the championship (1–3). But then things look up after Schumacher tangles with Coulthard, and limps to the pits on three wheels (4). Black Friday: after this flyer in the first practice session at Stavelot, Mika's McLaren suffers deeper wounds than might first be apparent (5–8).

Jagdszenen aus den Ardennen: Nach dem zweiten Start zum Chaos-Rennen in Spa berühren sich Hakkinens McLaren und Schumachers Ferrari hinter der Haarnadel La Source, Out für den Finnen, trübe Aussichten im Kampf um das Championat (1–3). Doch dann wendet sich das Blatt, als Schumacher nach seiner Kollision mit Coulthard auf drei Rädern an die Box humpelt (4). Schwarzer Freitag: Bei diesem Abflug während der ersten Trainingssitzung am Streckenteil Stavelot trägt Mikas McLaren tiefere Wunden davon, als es den Anschein hat (5–8).

Scènes de chasse dans les Ardennes: après le deuxième départ de la course chaotique de Spa, la McLaren de Hakkinen et la Ferrari de Schumacher se touchent à l'épingle de La Source. Le Finlandais K.O., ses chances de remporter le championnat diminuent (1–3). Mais la chance lui sourit à nouveau lorsque, après sa collision avec Coulthard, Schumacher regagne les stands sur trois roues (4). Vendredi noir: à l'issue de cette sortie de route, durant la première séance d'essai, dans Stavelot, la McLaren de Mika conservera de plus profondes blessures que cela n'en a l'air (5–8).

Comeback with Mercedes

235

West
BRIDGESTONE
BRIDGESTONE
Mobil 1
Mercedes-Benz
BOSS
West
Schweppes
West
Sun
KENWOOD
BOSS
West

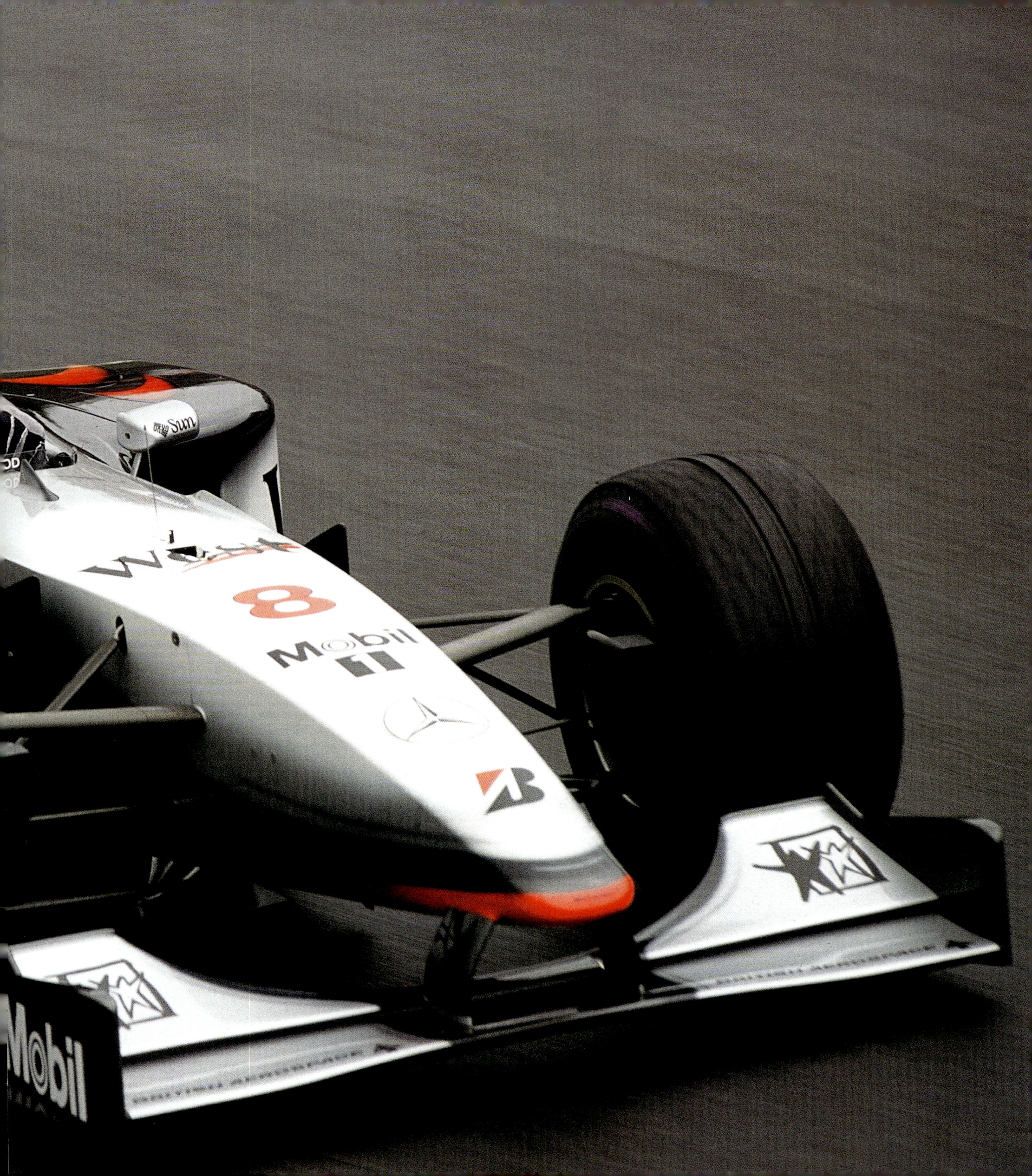
8
Mobil
1
Mobil

1

(Previous pages) Fourth place at the 69th Gran Premio d'Italia, and 1998 world champion: Mika Hakkinen aboard the McLaren MP4/13 at Monza.

(Vorherige Seiten) Rang vier beim 69. Gran Premio d'Italia, Weltmeister 1998: Mika Hakkinen auf McLaren MP4/13 in Monza.

(Pages précédentes) Quatrième place au 69ᵉ Gran Premio d'Italia et champion du monde 1998: Mika Hakkinen sur McLaren MP4/13 à Monza.

Comeback with Mercedes

In the bubbling whirlpool of emotions, the dominant colors had been black/red/gold and unadulterated Ferrari red. In Hungary, however, the cooler colors of countless Finnish flags enter the picture. Mika and McLaren are popular (1). In the racing dialect of body language, this expression represents triumph. In Hockenheim, victory tastes particularly sweet (2).

Im brodelnden Whirlpool der Emotionen dominierten bislang Schwarzrotgold und unvermischtes Ferrari-Rot. In Ungarn mischen sich bereits die kühleren Farben zahlreicher finnischer Fahnen ins Bild. Man mag Mika und McLaren (1). Im Sport-Dialekt der Körpersprache bedeutet dieser Ausdruck Triumph. Denn in Hockenheim schmeckt der Sieg besonders süß (2).

Dans le tourbillon des émotions dominait jusqu'à présent le noir-rouge-or et le rouge sans partage de Ferrari. En Hongrie, les couleurs plus froides de nombreux drapeaux finlandais viennent éclaircir ce tableau. On aime Mika et McLaren (1). Dans le dialecte gestuel du sport, cette expression est synonyme de triomphe. En effet, à Hockenheim, la victoire a un goût particulièrement savoureux (2).

Comeback with Mercedes

A hearty welcome: at the Nürburgring, Ron Dennis greets his star driver, Hakkinen, who has just vanquished Michael Schumacher in the battle of giants (1–3). Good omen: at Hockenheim, the protagonists of the 1997 European Grand Prix once again ascend to the podium, and again in the same order (4). Friendly gesture: as Hakkinen returns to the paddock after the Japanese Grand Prix, he gets a warm handshake from Michael Schumacher and a pat on the back from Eddie Irvine. It should be noted that in contrast to this happy scene, Suzuka has spawned and intensified many a bitter rivalry (5).

Herzliches Willkommen: Am Nürburgring begrüßt Ron Dennis seinen Star Hakkinen, der gerade Michael Schumacher im Duell der Giganten niedergerungen hat (1–3). Gutes Omen: In Hockenheim finden sich auf dem Podium die Protagonisten des Großen Preises von Europa in Jerez 1997 wieder – in der gleichen Rangfolge (4). Freundliche Geste: Als Hakkinen nach dem Großen Preis von Japan im Parc Fermé eintrifft, gibt es einen warmen Händedruck von Schumacher und einen Schlag auf die Schulter von Eddie Irvine. Notabene: Suzuka begründete und vertiefte schon so manche Männerfeindschaft (5).

Bienvenue cordiale: au Nürburgring, Ron Dennis félicite sa vedette Hakkinen, qui vient de battre Michael Schumacher à domicile dans le duel des titans (1–3). Bon augure: à Hockenheim, sur le podium, on retrouve les protagonistes du Grand Prix d'Europe à Jerez en 1997, et qui plus est, dans le même ordre (4). Geste amical: quand Hakkinen rentre au parc fermé, après le Grand Prix du Japon, il reçoit une chaleureuse poignée de main de Schumacher et une tape amicale sur l'épaule d'Eddie Irvine. Flash-back: Suzuka a souvent vu naître et s'approfondir certaines rivalités viriles (5).

Comeback with Mercedes

Comeback with Mercedes

McLaren 1999

Before the start of the season, Mercedes' motor sports director, Norbert Haug, surmises that "In 1999, we will see more than a simple duel for the world championship. Others will enter the fray." Still, he reflects, this sport is unpredictable. Indeed, the protagonists in this duel of titans are again likely to be McLaren Mercedes and Ferrari, Mika and Michael.

Both factions value continuity, and continued evolution. As early as the beginning of 1998, the pact between partners Mercedes-Benz and McLaren International was extended through 2002; the contracts for Mika Hakkinen and David Coulthard were renewed for one more season midway through 1998. The news to the outside world is that personal relationships within the McLaren team are cordial as well.

Even before the old design has begun its reign as champion, work begins on its successor. The MP4/14 chassis is brought to life in June, 1998. The Mercedes F0110 Series H engine first screams on the dynamometer on November 4. Its predecessor sparkled with a tetralogy of virtue: powerful, light, compact and economical. The new engine does all these things just a little bit better, and in addition it delivers more tractability with a usable torque curve beginning near 10,000 rpm.

Until mid-June, the battle with Ferrari remains undecided; indeed, there is a certain symmetry to the conflict. Three times, McLarens fill in the first row of the grid, at Melbourne, Interlagos and Imola. Then, at Monaco, Barcelona and Montreal, McLaren silver mixes with Ferrari red at the head of the grid. In these qualifying contests, until Michael Schumacher crashes the party in Canada, Hakkinen is out in front, even at the Gran Premio di San Marino where the contest with teammate Coulthard (who is again plagued by bad luck and breakdowns) goes down to thousandths of a second. The Finn's habit of snatching the pole in the final minutes of qualifying draws the admiration of McLaren's majority stockholder, Mansour Ojjeh. In this, he says, Hakkinen resembles the late Ayrton Senna.

Melbourne goes down as a loss for the champions, not least because their new machinery is still on the fragile side. Winner is the Ferrari of Eddie Irvine, who takes the victory in his stride. Hakkinen wins in Brazil, Schumacher at Imola. McLaren counters the historic Ferrari double victory in Monaco with its own 1-2 finish in Spain. At Montreal, it is once again Hakkinen's turn, while Schumacher, with victory in sight and with it the championship points lead, drops out on lap 30 of 69, shredding his hopes against the wall of the turn leading to the start/finish straight. Remarkably, the exact same thing happened to Hakkinen at Imola.

"1999", vermutet Mercedes-Motorsportchef Norbert Haug vor der Saison, „wird es nicht beim Duell um die Weltmeisterschaft bleiben. Da werden sich andere einmischen." Allerdings, fügt er nachdenklich hinzu, sei dieser Sport unberechenbar. In der Tat: Als Protagonisten erweisen sich nämlich wieder dieselben im Ringen der Giganten, McLaren Mercedes und Ferrari, Mika und Michael.

Allseits setzt man auf Kontinuität und kontinuierliche Evolution. Der Pakt der Partner Mercedes-Benz und McLaren International wurde schon zu Beginn des Jahres 1998 bis Ende 2002 verlängert, die Verträge für Mika Hakkinen und David Coulthard bereits bei Halbzeit der letztjährigen Serie um eine weitere Saison aufgestockt. Auch das Menschliche stimme, dringt als frohe Botschaft nach draußen, im Team herrsche wohlige Kuschelwärme.

Der alte König regiert noch, da läßt man schon den neuen leben: Die Arbeiten am Chassis MP4/14 beginnen im Juni 1998. Die Ausbaustufe H des Mercedes-Triebwerks F0110 schreit auf dem Prüfstand zum ersten Mal am 4. November auf. Schon die vorige glänzte durch eine Tetralogie der Tugend: stark, leicht, kompakt und sparsam. Die neue kann das alles noch ein bißchen besser und gibt sich überdies umgänglicher mit einem nutzbaren Drehzahlband von fast 10 000/min.

Bis Mitte Juni geht das Gefecht gegen Ferrari unentschieden aus, ergibt sich gar eine gewisse eigentümliche Symmetrie. Dreimal stehen anfänglich die McLaren in der ersten Reihe, in Melbourne, Interlagos und Imola. Dann, in Monaco, Barcelona und Montreal, verschränken sich McLaren-Silber und Ferrari-Rot schon in der Startaufstellung. Bis sich Michael Schumacher in Kanada als Störenfried bemerkbar macht, hat Hakkinen stets die Nase vorn, beim Gran Premio di San Marino sogar nach einem Zank um Tausendstelsekunden mit seinem Kollegen Coulthard, der im übrigen erneut von Pleiten, Pech und Pannen heimgesucht wird. Des Finnen Gewohnheit, sich die Pole Position erst in den letzten Minuten zu schnappen, erregt die Bewunderung von McLaren-Hauptaktionär Mansour Ojjeh. Hakkinen, sagt er, gleiche in dieser Hinsicht durchaus dem verstorbenen Senna.

Melbourne gerät zur Nullrunde für die Champions, nicht zuletzt weil ihr Arbeitsgerät noch von zerbrechlicher Konstitution ist. Vorn ist gleichwohl ein Ferrari, der des nicht einmal verdutzten Eddie Irvine. In Brasilien gewinnt Hakkinen, in Imola Schumacher. Den historischen Ferrari-Doppelerfolg von Monaco kontert McLaren mit dem ebenso historischen Doppelsieg in Spanien. In Montreal ist wieder Hakkinen an der Reihe, während Schumacher in der 30. von 69 Runden den Ferrari, seine schon sicher geglaubte Option auf den Sieg und seine Führung in der Meisterschaftswertung in der Eingangskurve zur Zielgeraden an der Wand zerschreddert, ein Fahrerfehler. Merkwürdig: Genau dasselbe – mutatis mutandis – passierte Hakkinen in Imola.

High spirits: after Mika Hakkinen's best qualifying time at Monaco, engine man Mario Illien and Mercedes vice president Jürgen Hubbert look eagerly to the future (left). Let us spray: at Barcelona, Adrian Newey resorts to time-honored countermeasures against Hakkinen's onslaught (above). Pole position for the Finn at Imola; photographers share his joy (below). At the end of the 90s, prudishness takes root even in the paddock, where a naked engine is regarded as an obscenity; a discreetly covered motor challenges the curious who would lift its veil of secrecy (right).

Hoch-Stimmung: Nach Mika Hakkinens Trainingsbestzeit in Monaco schauen Motorenmann Mario Illien und Mercedes-Topmanager Jürgen Hubbert noch frohgemut in die Zukunft (links). Schild-Bürger: In Barcelona greift Adrian Newey zu historisch bewährten Abwehrmethoden, um sich vor Hakkinens Spray-Attacke zu schützen (oben). Pole Position für den Finnen in Imola. Die Fotografen freuen sich mit (unten). Gut betucht: In den ausgehenden 90er Jahren zieht Prüderie in die Fahrerlager ein. Selbst die Nacktheit eines Motors wird zur Obszönität, eine Herausforderung zugleich für die vielen Neugierigen, den Schleier des Geheimnisses zu lüften (rechts).

Beau fixe : après la pole position de Mika Hakkinen à Monaco, le motoriste Mario Illien et le P.D.G. de Mercedes Jürgen Hubbert ne cachent pas leur optimisme (à gauche). Sauve qui peut : à Barcelone, Adrian Newey recourt à une méthode de défense historiquement éprouvée pour se protéger des attaques de Hakkinen (en haut). Pole position pour le Finlandais à Imola. Les photographes partagent sa joie (en bas). Bien emmitouflé : à la fin des années 90, le paddock cultive la pruderie. La nudité d'un moteur elle-même est une obscénité, et simultanément un défi pour les nombreux curieux qui souhaiteraient soulever un coin du voile (à droite).

Comeback with Mercedes

« Norbert Haug, le directeur de la compétition chez Mercedes, s'en doutait dès avant le début de la saison: en 1999, on n'en restera pas à un duel pour le championnat du monde. D'autres chercheront aussi à tirer leur épingle du jeu. » Avant d'ajouter, pensif, que rien n'était acquis dans ce sport. Et, de fait, ce sont une fois de plus les mêmes qui ont endossé le rôle de protagonistes dans la lutte des titans, McLaren Mercedes et Ferrari, Mika et Michael.

Des deux côtés, les acteurs misent sur la continuité et l'évolution permanente. Dès le début de l'année 1998, le pacte des deux partenaires Mercedes-Benz et McLaren International a été prorogé jusqu'à fin 2002 et, dès la mi-temps du dernier championnat, les contrats de Mika Hakkinen et David Coulthard ont été reconduits pour une saison supplémentaire. Autre information qui filtre sans peine à l'extérieur: rien ne vient troubler les rapports humains, chacun se sent bien dans l'équipe.

Le vieux roi régit encore que la relève se profile déjà à l'horizon: les travaux sur le châssis MP4/14 débutent en juin 1998. L'évolution H du moteur Mercedes FO110 fait entendre ses premiers feulements au banc d'essais le 4 novembre. La version précédente, déjà, avait réussi la quadrature du cercle avec ses vertus: puissance, légèreté, compacité et sobriété. Eh bien, la nouvelle fait tout cela encore un peu mieux et se révèle en outre plus civile avec une plage de régime utilisable de près de 10 000 tr/mn.

Jusqu'à la mi-juin, le duel contre Ferrari se solde par un match nul et l'on enregistre même une certaine symétrie des événements. Au début, les McLaren occupent trois fois de suite la première ligne: à Melbourne, Interlagos et Imola. Puis, à Monaco, à Barcelone et à Montréal, les rouges de Ferrari s'intercalent déjà entre les gris-argent de McLaren sur la grille de départ. Sauf au Canada, où Michael Schumacher joue les trouble-fête, Hakkinen pointe toujours en tête le museau de sa McLaren, et même, au Gran Premio di San Marino, après un duel pour des millièmes de seconde avec son coéquipier Coulthard auquel la poisse colle de nouveau aux basques. L'habitude du Finlandais de s'abroger la pole position au tout dernier moment force l'admiration de Mansour Ojjeh, l'actionnaire principal de McLaren. Hakkinen, dit-il, se montre à ce point de vue l'héritier légitime d'Ayrton Senna.

Pour les tenants du titre, Melbourne est un Waterloo, aussi et surtout parce que leurs destriers ne brillent pas par leur fiabilité. En tête, on trouve en effet une Ferrari, celle d'un Eddie Irvine qui ne s'en montre même pas surpris. Au Brésil, Hakkinen franchit la ligne d'arrivée en vainqueur; à Imola, c'est au tour de Schumacher. Le doublé historique de Ferrari à Monaco suscite une contre-attaque de McLaren avec un doublé tout aussi historique en Espagne. A Montréal, c'est de nouveau Hakkinen qui coiffe la couronne de lauriers. Au 30e de 69 tours, Schumacher commet une erreur de pilotage et désintègre sa Ferrari contre le mur à l'entrée de la ligne droite d'arrivée, voyant ainsi s'envoler une victoire qui lui tendait les bras et son leadership au championnat du monde. Etrange bégaiement de l'histoire: la même chose, jusque dans les moindres détails, était arrivée à Hakkinen à Imola.

Comeback with Mercedes

Excursion fare: from the photographer's perspective, the broad strip of asphalt which is the Autodromo José Carlos Pace at Interlagos can be made to vanish (1). Same location: in the instant the course goes green, the well-ordered twin columns of 21 race cars dissolve. At the front, the two McLarens jump into the lead (2). Balcony seat: using his crippled car as a vantage point, Hakkinen is forced to watch arch-rival Schumacher's drive to victory (3). He also wins at Monaco, but this time the tall blond is in contention to the end, taking third place and four valuable championship points (4).

Ausflug ins Grüne: Diese Perspektive des Fotografen läßt das breit asphaltierte Band des Autodromo José Carlos Pace zu Interlagos einfach von der Bildfläche verschwinden (1). Gleicher Schauplatz: Die ordentliche Doppelreihe der 21 Rennwagen beginnt sich im Augenblick nach dem Start aufzulösen. Vorn enteilen die beiden McLaren (2). Logenplatz: Mit seinem verkrüppelten Fahrzeug als Sitz wird Hakkinen in Imola ohnmächtig zum Augenzeugen der Siegesfahrt des Rivalen Schumacher (3). Dieser gewinnt auch in Monaco. Doch diesmal ist der große Blonde bis zum Schluß mit von der Partie, Platz drei und vier wertvolle Zähler fürs Championat (4).

Le bonheur est dans le pré : cette perspective du photographe fait disparaître comme par enchantement la large piste d'asphalte de l'Autodromo José Carlos Pace d'Interlagos (1). Même scène : la caravane bien ordonnée des 21 voitures de course se disperse dans toutes les directions dès que les feux rouges s'éteignent. En tête, les deux McLaren s'échappent déjà (2). Place de loge : avec sa voiture infirme comme siège, Hakkinen est le témoin impuissant, à Imola, de la marche triomphale de son rival Schumacher (3), qui gagne d'ailleurs aussi à Monaco. Mais, cette fois-là, le grand blond le talonne jusqu'au drapeau à damiers ; troisième place et quatre précieux points pour le championnat (4).

Comeback with Mercedes 245

Royally amused: at Barcelona, His Highness Juan Carlos of Spain experiences the effects of 800 bhp. The driver is Martin Brundle, who later says that he took great care to ensure that no harm came to His Majesty while entrusted to his care (1). Finale fortissimo: Hakkinen crosses the finish line at Montreal. Not far behind are Giancarlo Fisichella (Benetton) and Eddie Irvine in the second Ferrari (2), as his teammate's car rests abandoned against the wall (3). Exalted personage: in the parc fermé, the winner celebrates his success – and life in general (4).

Königlich amüsiert: In Barcelona kommt Seine Hoheit Juan Carlos in den Genuß des Vortriebs, den über 800 PS entfesseln können. Pilot ist Martin Brundle. Er sei, sagt er später, mit der ihm anvertrauten Majestät ungemein behutsam umgegangen (1). Finale fortissimo: Hakkinen überquert die Ziellinie in Montreal. Nicht allzuweit entfernt sind Giancarlo Fisichella (Benetton) und Eddie Irvine im zweiten Ferrari (2), während der erste verwaist an der Mauer lehnt (3). Hochgestellte Persönlichkeit: Im Parc Fermé freut sich der Sieger wenig später seines Erfolgs und seines Lebens (4).

La cour s'amuse : à Barcelone, Son Altesse Juan Carlos a le plaisir de découvrir ce que signifient plus de 800 ch. Son pilote est Martin Brundle. Il a conduit la majesté qui lui a été confiée avec une prudence extrême, dira-t-il plus tard (1). Finale fortissimo: Hakkinen franchit la ligne d'arrivée à Montréal – avec, à quelques encablures, Giancarlo Fisichella (Benetton) et Eddie Irvine sur la seconde Ferrari (2), alors que la première est toujours adossée au mur (3). Honneur au gagnant: dans le parc fermé, quelques instants plus tard, le vainqueur se réjouit sans retenue de son succès (4).

Comeback with Mercedes

(Following pages) Borderline case: in the quest for good practice times, the red and white rumble strips of the Circuit Gilles Villeneuve do not present much of an obstacle.

(Folgende Seiten) Grenz-Werte: Bei der Jagd auf eine gute Trainingszeit erweist sich die rotweiße Abweiskante des Circuit Gilles Villeneuve zu Montreal keineswegs als abweisend.

(Pages suivantes) Flirter avec la limite : lors de la chasse à un bon temps en qualifications, la ligne rouge et blanc du Circuit Gilles Villeneuve, à Montréal, n'intimide pas les pilotes.

Comeback with Mercedes

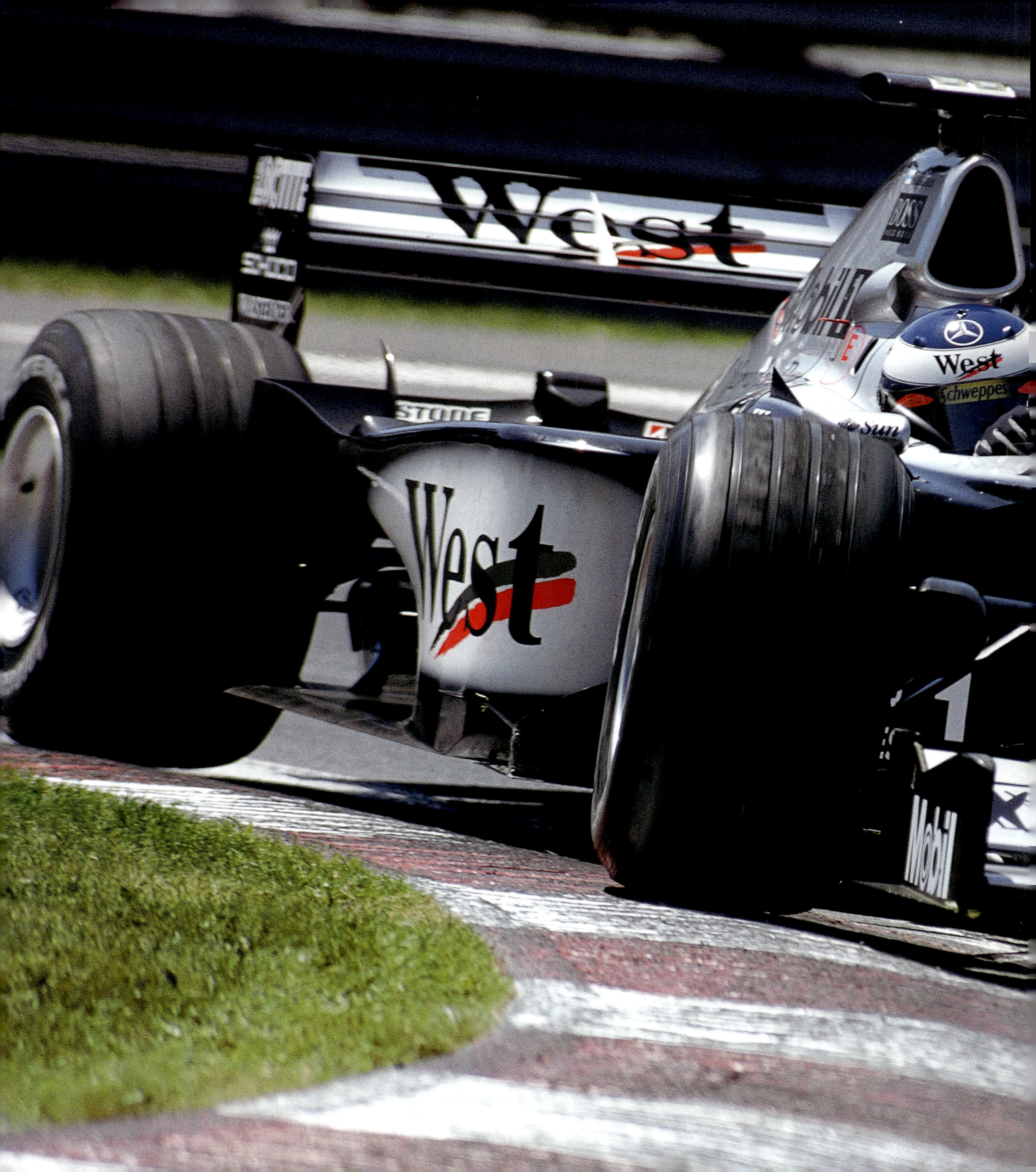
West
BOSS
West
West
Schweppes
Mobil

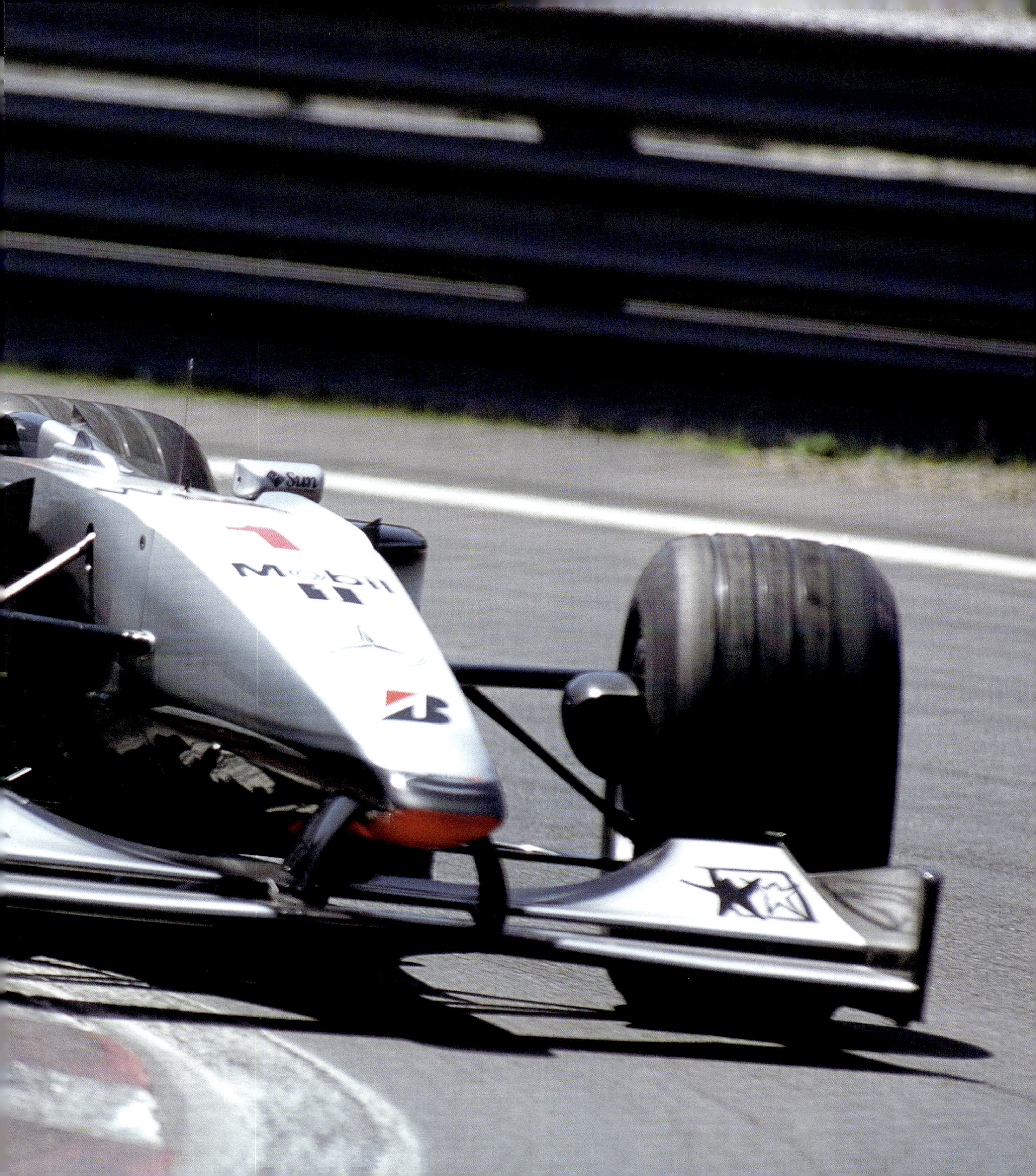
Sun
Mobil

McLaren Cars 1966–1999

1966
McLaren-Ford M2B

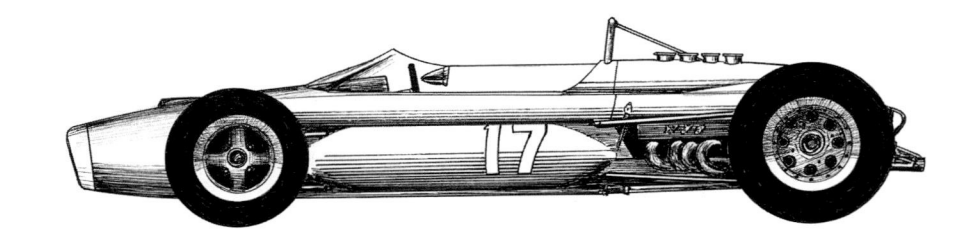

1967
McLaren-BRM M4B

1968
McLaren-Ford M7A

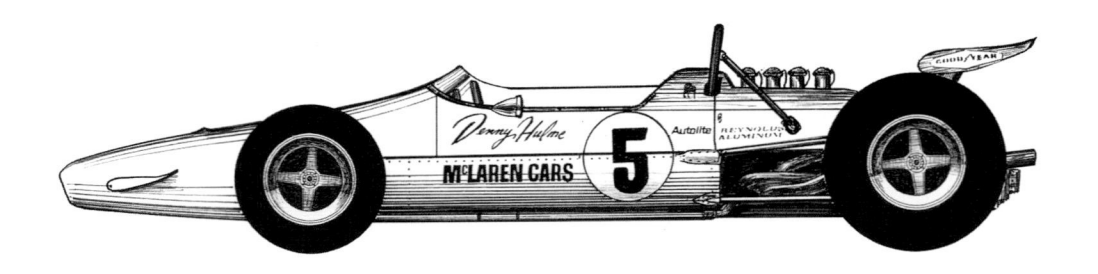

1969
McLaren-Ford M7A

1970
McLaren-Ford M14A

1971
McLaren-Ford M19A

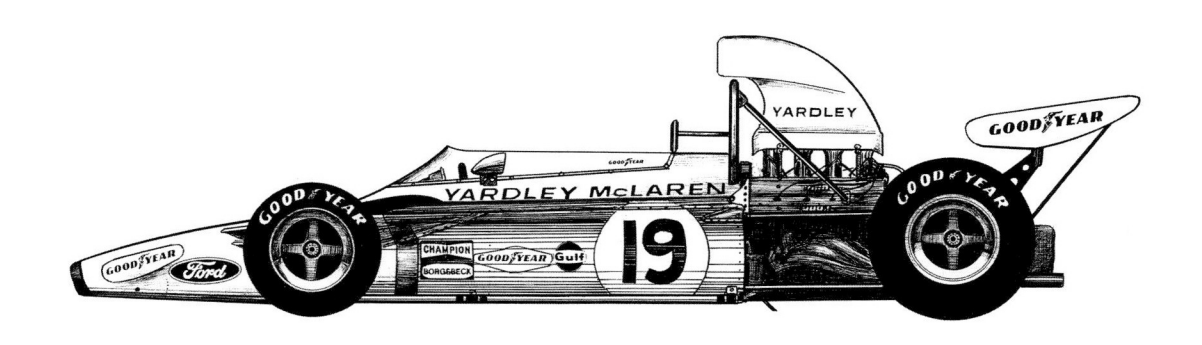

1972
McLaren-Ford M19C

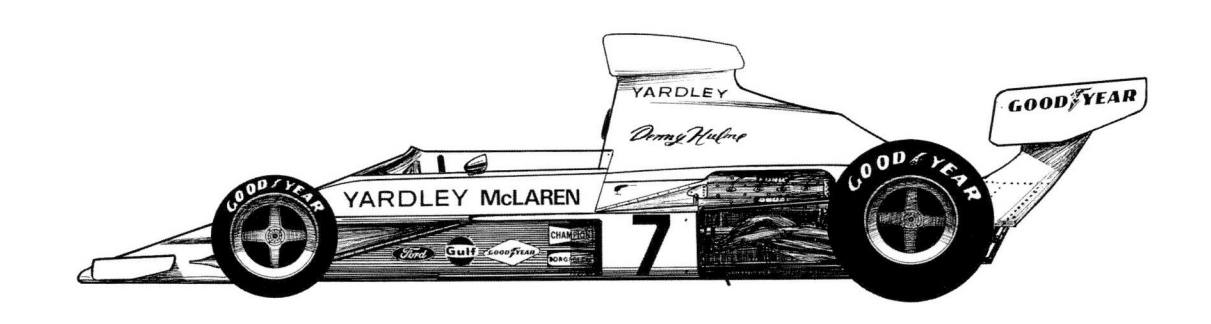

1973
McLaren-Ford M23

1975
McLaren-Ford M23

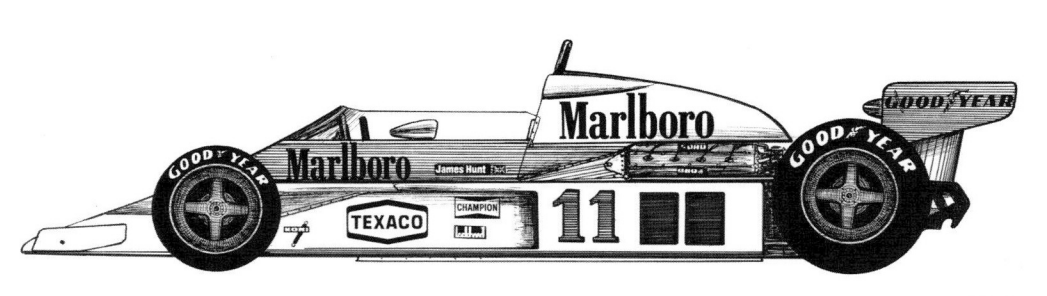

1976
McLaren-Ford M23

McLaren Cars 1966–1999

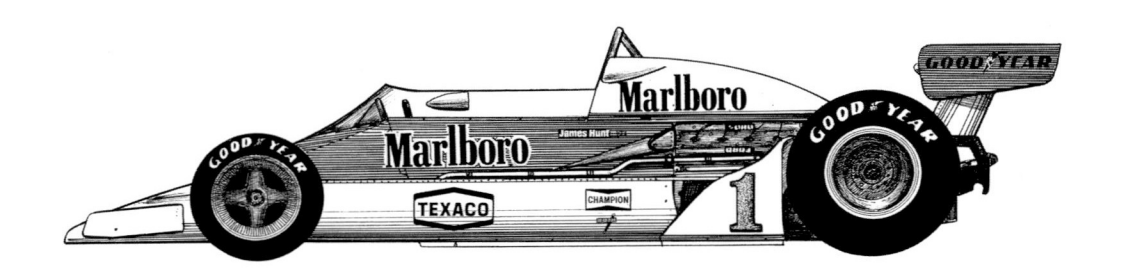

1977
McLaren-Ford M26

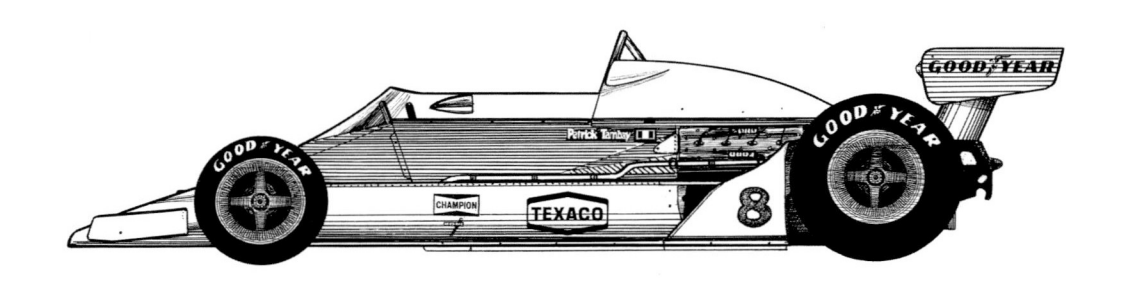

1978
McLaren-BRM M26

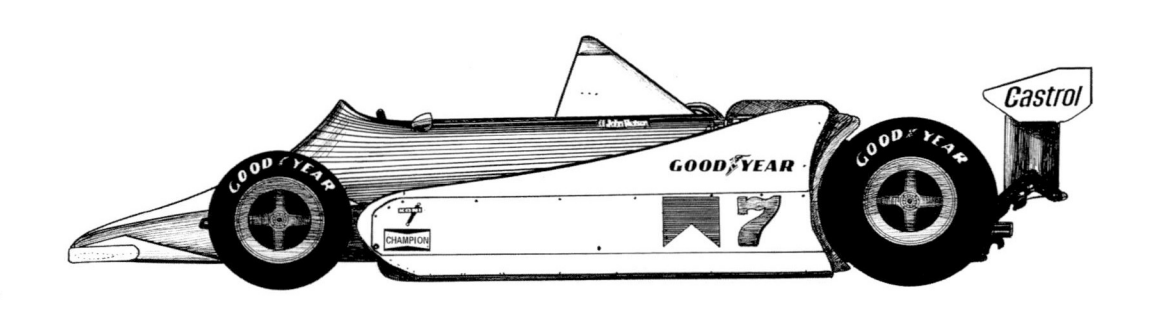

1979
McLaren-Ford M29/1

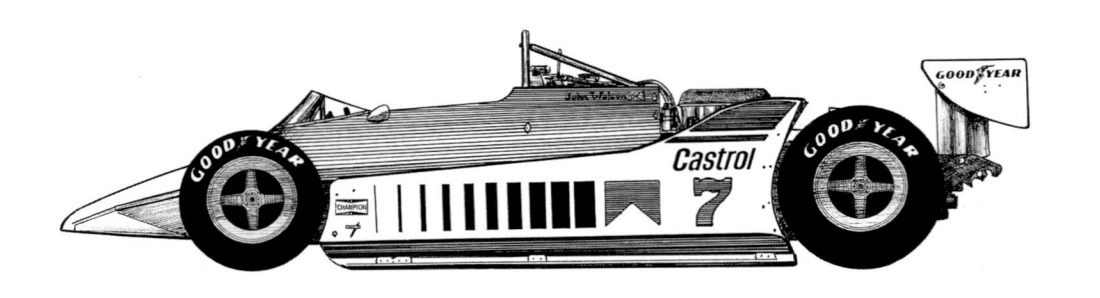

1980
McLaren-Ford M29B/2

1981
McLaren-Ford MP4

252   McLaren Cars 1966–1999

1982
McLaren-Ford MP4B

1983
McLaren-Ford MP4/1C

1985
McLaren-TAG Turbo

1986
McLaren-TAG Turbo MP4/2C

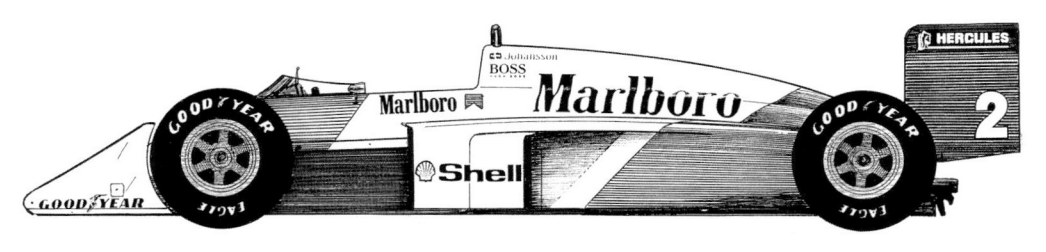

1987
McLaren-TAG Turbo MP4/3

McLaren Cars 1966–1999

1988
McLaren-Honda MP4/4

1990
McLaren-Honda MP4/5B

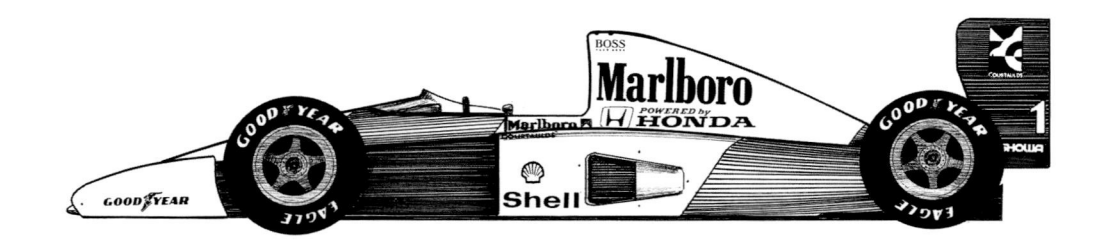

1991
McLaren-Honda MP4/6

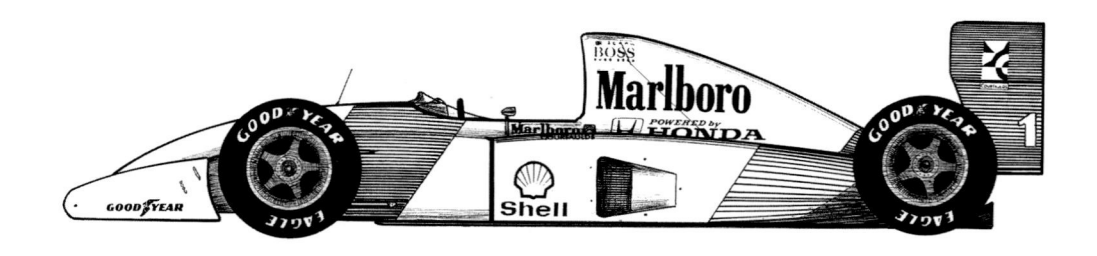

1992
McLaren-Honda MP4/7A

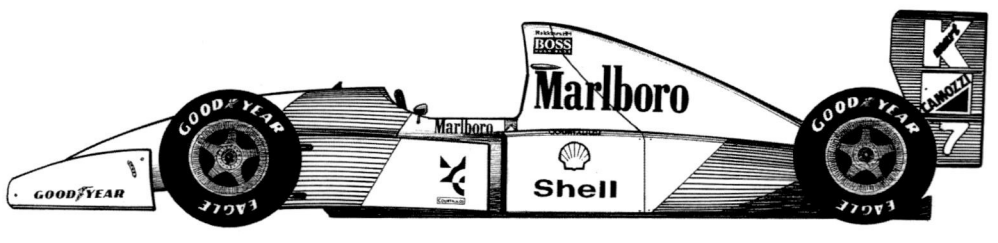

1993
McLaren-Ford MP4/8

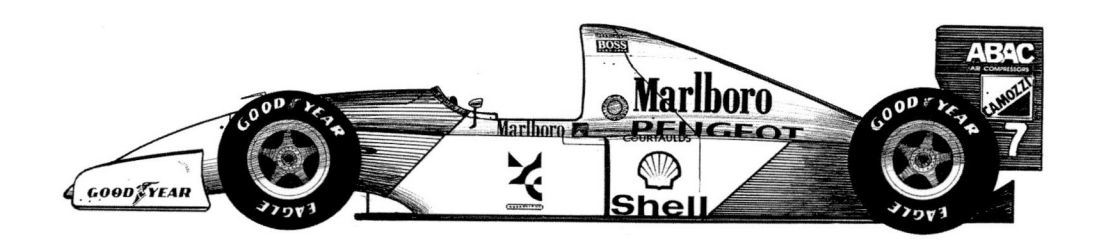

1994
McLaren-Peugeot MP4/9

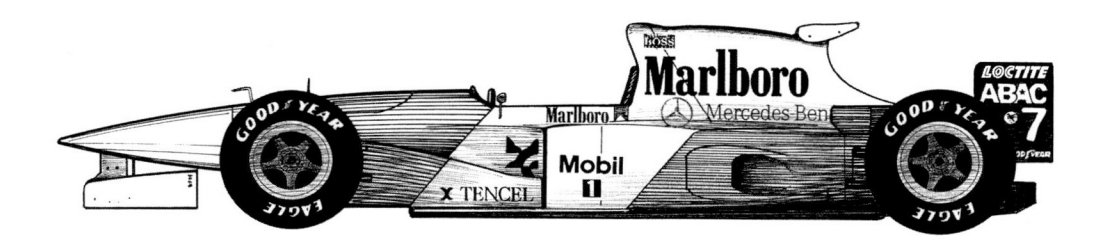

1995
McLaren-Mercedes MP4/10

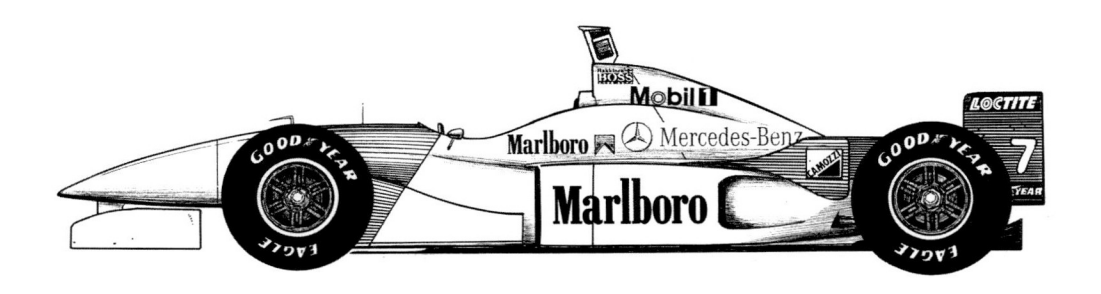

1996
McLaren-Mercedes MP4/11

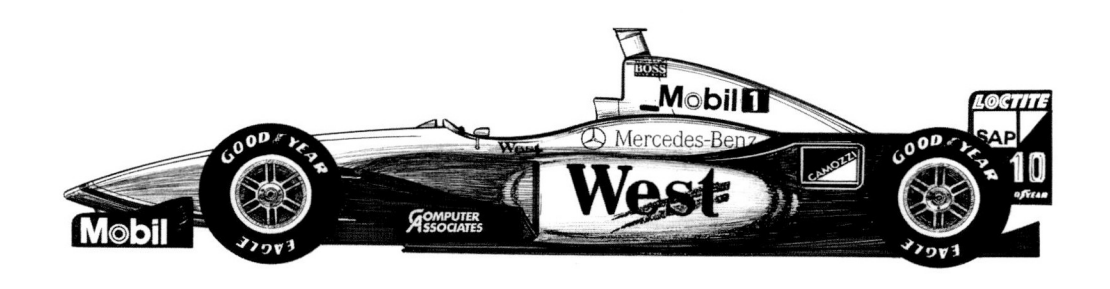

1997
McLaren-Mercedes MP4/12

1999
McLaren-Mercedes MP4/14

McLaren Cars 1966–1999

1974 Powered by Ford

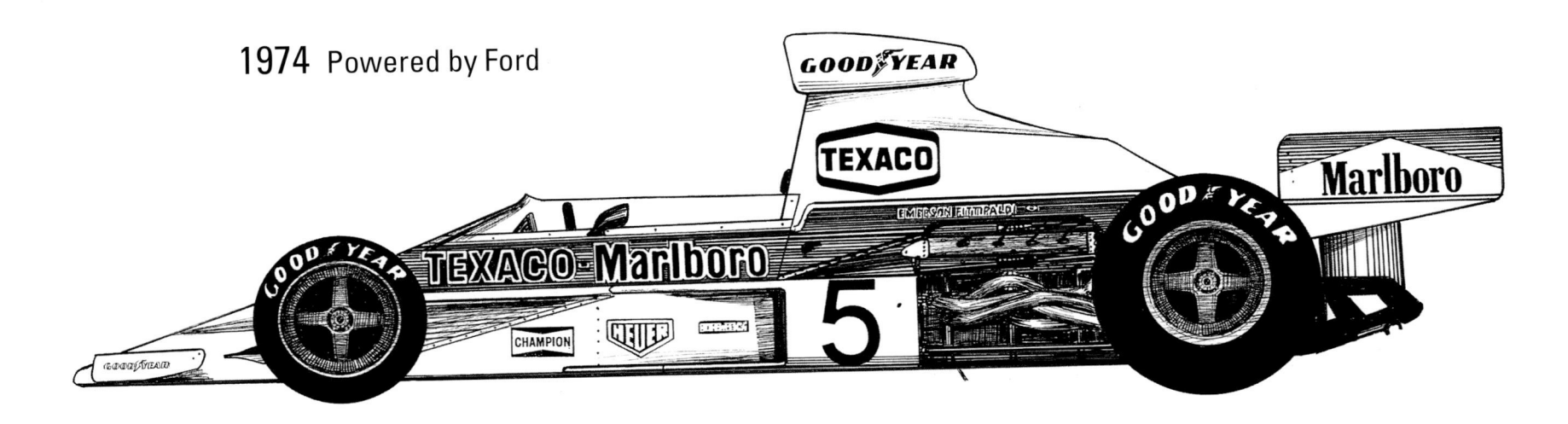

Designation:	McLaren M23
Year:	1974
Driver:	Emerson Fittipaldi
Engine:	Ford-Cosworth DFV
Configuration:	90-degree V8, four valves per cylinder, four overhead camshafts
Displacement:	2993 ccm
Bore and stroke:	85,7 x 64,8 mm
Fuel system:	Lucas fuel injection
Output:	465 bhp at 10,500 rpm
Gearbox:	Hewland FG 400, 5 gears + rev. Chassis

Chassis	
Frame:	full monocoque, engine as stressed member
Suspension front:	double wishbone, inboard springs
Suspension rear:	parallel lower links, single top links, twin radius rods, outboard springs
Brakes:	Lockheed
Dimensions	
Length, width:	4775 x 2210 mm
Wheelbase:	2720 mm
Weight:	575 kg

1984 Powered by Porsche

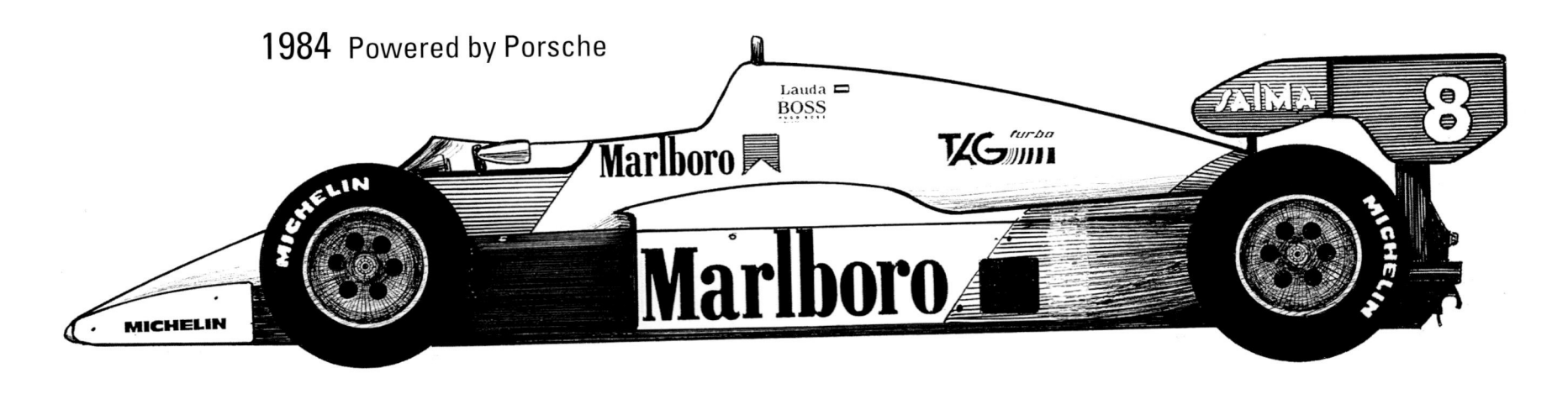

Designation:	McLaren MP4/2
Year:	1984
Driver:	Niki Lauda
Engine:	TAG Turbo TTE-P01
Configuration:	80-degree V6, four valves per cylinder, four overhead camshafts
Displacement:	1499 ccm
Bore and stroke:	82 x 47,3 mm
Fuel system:	Bosch fuel injection
Output:	700 bhp at 11,200/min
Gearbox:	McLaren/Hewland, 5 gears + rev.

Chassis	
Frame:	carbon fiber monocoque
Suspension front:	double wishbone pushrod
Suspension rear:	top rocker arms operating spring/damper units, lower wishbones
Brakes:	McLaren twin calipers, with SEP discs and pads
Dimensions	
Length, width:	4400 x 1810 mm (front)
Wheelbase:	2794 mm
Dry weight:	540 kg

1989 Powered by Honda

Designation:	McLaren MP4/5	**Chassis**	
Year:	1989	**Frame:**	carbon fiber monocoque
Driver:	Alain Prost	**Suspension front:**	double wishbone pushrod
		Suspension rear:	double wishbone pull rod
Engine:	Honda RA109E		
Configuration:	72-degree V10, four valves per cylinder, four overhead camshafts	**Brakes:**	Brembo/SEP
		Dimensions	
Displacement:	3490 ccm	**Length, width:**	4500 x 1819 mm (front)
Bore and stroke:	92 x 52,5 mm	**Wheelbase:**	2896 mm
Fuel system:	Honda PGMIG	**Weight:**	500 kg (formula weight)
Output:	685 bhp at 13,000 rpm		
Gearbox:	McLaren 6 gears + rev.		

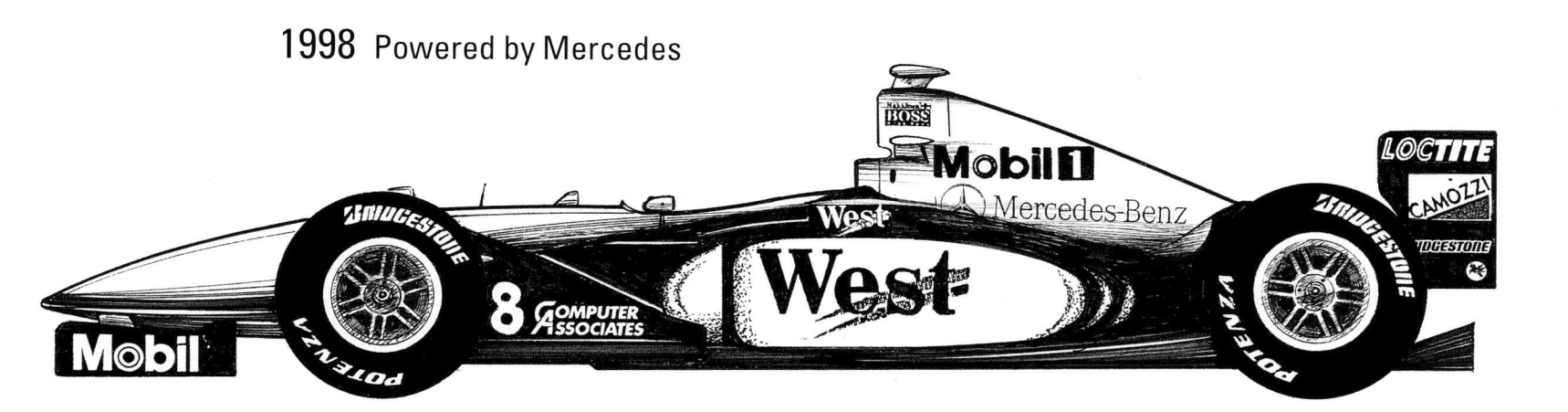

1998 Powered by Mercedes

Designation:	McLaren MP4/13	**Chassis**	
Year:	1998	**Frame:**	moulded carbon fiber / aluminium honeycomb composite monocoque
Driver:	Mika Hakkinen	**Suspension front:**	inboard torsion bar/damper system, double wishbone pushrod
Engine:	Mercedes-Benz F0110G		
Configuration:	72-degree V10, four valves per cylinder, four overhead camshafts	**Suspension rear:**	inboard torsion bar/damper system, double wishbone pushrod
Displacement:	2998 ccm	**Brakes:**	AP Racing calipers and master cylinders
Bore and stroke:	no indication		
Fuel system:	TAG 2000 Electronic System	**Dimensions**	
Output:	810 bhp at 17,600 rpm	**Length, width:**	4550 x 1800 mm
Gearbox:	McLaren longitudinal six-speed gearbox with semi-automatic operation	**Wheelbase:**	3100 mm
		Weight:	600 kg, driver included (formula weight)

Specifications

Glossar Glossaire

English	Deutsch	Français
bhp	PS	ch
Bore and stroke	Bohrung und Hub	Alésage et course
Body/Bodywork	Karosserie/Verkleidung	Carrosserie/Capot
Brake pad	Bremsbacke	Plaquette de frein
Brakes	Bremsen	Freins
Caliper	Bremssattel	Etrier de frein
Camshaft	Nockenwelle	Palier d'arbre à cames
Carbon fibre/fiber	Kohlefaser	Fibre de carbone
Catch fencing	Fangzäune	Grillages de sécurité
Chassis	Fahrgestell	Châssis
Configuration	Konfiguration	Configuration
Crankshaft	Kurbelwelle	Palier de vilebrequin
Damper/Shock absorber	Stoßdämpfer	Amortisseur
Degree	Grad	degré
Designation	Typenbezeichnung	Désignation
Disc	Scheibenbremse	Frein à disque
Displacement	Hubraum	Cylindrée
Double	Doppel-	Double
Driver	Fahrer	Pilote
Engine	Motor	Moteur
Four	Vier	Quatre
Frame	Rahmen	Structure
Front	Vorne, vordere	Avant
Fuel injection	Benzineinspritzung	Injection d'essence
Fuel system	Kraftstoffversorgung	Alimentation
Gear	Gang	Vitesse
Gearbox/Transmission	Getriebe	Boîte de vitesses
Halfshaft	Antriebswelle	Ouverture ménagée
Honeycomb structure	Honigwabenstruktur	Structure en nid d'abeilles
Inboard	Innenliegend	Embarqué
Injection	Einspritzung	Injection
Instrument panel	Amaturenbrett	Tableau de bord
Length	Länge	Longueur
Link	(Aufhängungs)-Lenker	Bras (de suspension)
Longitudinal	Längs	Longitudinal
Lower	Unterer	Inférieur
Master cylinder	Hauptzylinder	Maître-cylindre
Moulded/Molded	Gegossen	Fondu
Normally aspirated engine	Saugmotor	Moteur athmosphérique
Outboard	Außenliegend	Extérieur
Output	Leistung	Puissance
Overhead	Obenliegend	En tête
Pit	Box	Stands
Pull rod	Zugstrebe	Tirant
Pushrod	Druckstrebe	Poussoir
Radius rod	Längsstab	Bras longitudinal
Rear	Hinten, hintere	Arrière
Rear spoiler	Heckspoiler	Aileron arrière
Reverse	Rückwärts	En arrière
Rocker arm	Kipphebel	Culbuteur
Rpm	/min	tr/mn
Semi-automatic	Halbautomatik	Semi-automatiques
Side pods	Seitenpontons	Pontons latéraux
Six-speed gearbox	Sechsganggetriebe	Boîte à six vitesses
Slicks	Profillose Reifen	Pneus sans sculptures
Specifications	Technische Daten	Caractéristiques techniques
Speed	Gang	Vitesses
Spring	Feder	Ressort
Spring/damper unit	Federbein	Jambe de suspension
Stressed member	Tragendes Teil	Elément porteur
Suspension	Aufhängung	Suspension
Torque band	Drehzahlbereich	Plage de régimes
Torsion bar	Drehstabfeder	Barre de torsion
Traction	Bodenhaftung	Adhérence
Treaded tires	Rillen-Reifen	Pneus rainurés
Twin	Doppelt	Double
Valve	Ventil	Soupape
Weight	Gewicht	Poids
Wheelbase	Radstand	Empattement
Width	Breite	Largeur
Wishbone	Querlenker	Demi-arbres
Year	Baujahr	Année de production

Positions   Positionen   Positions

McLaren's position in the Constructor's Championship (in brackets after the year) and McLaren drivers and their placings in the World Championship (in brackets after the name).

Position von McLaren in der Konstruktorenweltmeisterschaft (in Klammern hinter dem Jahr) sowie die McLaren-Piloten und ihre Plazierungen im Fahrerchampionat (in Klammern hinter dem Namen).

Position de McLaren au championnat du monde des constructeurs (entre parenthèses, derrière l'année) et pilotes de McLaren et classement respectif au championnat du monde (entre parenthèses après le nom).

1966 (7)
Bruce McLaren (14)

1967 (8)
Bruce McLaren (14)

1968 (2)
Denny Hulme (3)
Bruce McLaren (5)
Dan Gurney (21)

1969 (4)
Bruce McLaren (3)
Denny Hulme (6)
Vic Elford (13)

1970 (4)
Denny Hulme (4)
Bruce McLaren (14)
John Surtees (17, auf McLaren Platz 6 in Zandvoort)
Dan Gurney (22)

1971 (6)
Denny Hulme (9)
Peter Gethin (aus 7 Rennen für McLaren keine Punkte)
Jackie Oliver (-)

1972 (3)
Denny Hulme (3)
Peter Revson (5)
Brian Redman (12)

1973 (3)
Peter Revson (5)
Denny Hulme (6)
Jody Scheckter (-)

1974 (1)
Emerson Fittipaldi (1)
Denny Hulme (7)
Mike Hailwood (10)

1975 (3)
Emerson Fittipaldi (2)
Jochen Mass (7)

1976 (2)
James Hunt (1)
Jochen Mass (9)

1977 (3)
James Hunt (5)
Jochen Mass (6)

1978 (8)
James Hunt (13) ex aequo mit
Patrick Tambay (13)
Bruno Giacomelli (-)

1979 (7)
John Watson (9)
Patrick Tambay (-)

1980 (7)
John Watson (10)
Alain Prost (15)

1981 (6)
John Watson (6)
Andrea de Cesaris (18)

1982 (2)
John Watson (2)
Niki Lauda (5)

1983 (5)
John Watson (6)
Niki Lauda (10)

1984 (1)
Niki Lauda (1)
Alain Prost (2)

1985 (1)
Alain Prost (1)
Niki Lauda (10)
John Watson (-)

1986 (2)
Alain Prost (1)
Keke Rosberg (6)

1987 (2)
Alain Prost (4)
Stefan Johansson (6)

1988 (1)
Ayrton Senna (1)
Alain Prost (2)

1989 (1)
Alain Prost (1)
Ayrton Senna (2)

1990 (1)
Ayrton Senna (1)
Gerhard Berger (4)

1991 (1)
Ayrton Senna (1)
Gerhard Berger (4)

1992 (2)
Ayrton Senna (4)
Gerhard Berger (5)

1993 (2)
Ayrton Senna (2)
Michael Andretti (11)
Mika Hakkinen (15)

1994 (4)
Mika Hakkinen (4)
Martin Brundle (7)
Philippe Alliot (-)

1995 (4)
Mika Hakkinen (7)
Mark Blundell (10)
Nigel Mansell (-)

1996 (4)
Mika Hakkinen (5)
David Coulthard (7)

1997 (4)
David Coulthard (3)
Mika Hakkinen (6)

1998 (1)
Mika Hakkinen (1)
David Coulthard (3)

Bibliography   Bibliographie

Deschenaux, Jacques
The Marlboro Grand Prix Guide 1950–1998
Charles Stewart & Co., Brentford 1999

Henry, Alan
McLaren, The Epic Years
Haynes Publishing, Sparkford 1998

Henry, Alan
Niki Lauda
Hazleton Publishing, Richmond 1989

Henry, Alan
Ayrton Senna
Hazleton Publishing, Richmond 1992

Hilton, Christopher
Conquest of Formula 1
Patrick Stephens Limited, Wellingborough 1989

Hunt, James
Against All Odds
Hamlyn Paperbacks, Feltham 1977

Nye, Doug
McLaren, The Grand Prix, Can-Am And Indy Cars
(new edition)
Hazleton Publishing, Richmond 1988

Schlegelmilch, Rainer W. and Lehbrink, Hartmut
Grand Prix de Monaco
Könemann, Köln 1998

Schlegelmilch, Rainer W. and Lehbrink, Hartmut
Portraits of the 60s
Könemann, Köln 1994

Small, Steve
The Grand Prix Who's Who Second Edition
Guinness Publishing, London 1996

Auto-Jahr

Autocourse

auto, motor und sport

Autosport

1976

1977

1978

1979

1980

1981

1982

1983

1984

1985

1986

1987

1988